“十二五”国家重点图书出版规划项目
中国社会科学院创新工程学术出版资助项目

文莱国旗

文莱国徽

首都斯里巴加湾市

国际会议中心（张明　摄）

列国志

GUIDE TO THE WORLD NATIONS

新版

刘新生　潘正秀

编著

BRUNEI

文莱

社会科学文献出版社
SOCIAL SCIENCES ACADEMIC PRESS (CHINA)

文莱王宫（胡善敏　摄）

帝国饭店（胡善敏　摄）

奥玛尔·阿里·赛里夫汀清真寺和石船（胡善敏　摄）

斯里巴加湾市苏丹基金会广场（胡善敏　摄）

哈桑纳尔·博尔基亚清真寺（洪少葵　摄）

哈桑纳尔·博尔基亚清真寺内景（胡善敏　摄）

华人庙宇腾云殿

奥玛尔·阿里·赛里夫汀广场

文莱“10亿桶原油纪念碑”主题公园（胡善敏　摄）

文莱大学

斯里巴加湾市市区公园

别具特色的水上村落（洪少葵　摄）

水上屋群

出版说明

《列国志》编撰出版工作自1999年正式启动，截至目前，已出版144卷，涵盖世界五大洲163个国家和国际组织，成为中国出版史上第一套百科全书式的大型国际知识参考书。该套丛书自出版以来，受到社会各界的广泛好评，被誉为“21世纪的《海国图志》”，中国人了解外部世界的全景式“窗口”。

这项凝聚着近千学人、出版人心血与期盼的工程，前后历时十多年，作为此项工作的组织实施者，我们为这皇皇144卷《列国志》的出版深感欣慰。与此同时，我们也深刻认识到当今国际形势风云变幻，国家发展日新月异，人们了解世界各国最新动态的需要也更为迫切。鉴于此，为使《列国志》丛书能够不断补充最新资料，更好地服务于社会各界，我们决定启动新版《列国志》编撰出版工作。

与已出版的144卷《列国志》相比，新版《列国志》无论是形式还是内容都有新的调整。国际组织卷次将单独作为一个系列编撰出版，原来合并出版的国家将独立成书，而之前尚未出版的国家都将增补齐全。新版《列国志》的封面设计、版面设计更加新颖，力求带给读者更好的阅读享受。内容上的调整主要体现在数据的更新、最新情况的增补以及章节设置的变化等方面，目的在于进一步加强该套丛书将基础研究和应用对策研究相结合，将基础研究成果应用于实践的特色。例如，增加了各国有关资源开发、环境治理的内容；特设“社会”一章，介绍各国的国民生活情况、社会管理经验以及存在的社会问题，等等；增设“大事纪年”，方便读者在短时间内熟悉各国的发展线索；增设“索引”，便于读者根据人名、地名、关键词查找所需相关信息。

顺应时代发展的要求，新版《列国志》将以纸质书为基础，全面整合国别国际问题研究资源，构建列国志数据库。这是《列国志》在新时期发展的一个重大突破，由此形成的国别国际问题研究资讯平台，必将更好地服务于中央和地方政府部门应对日益繁杂的国际事务的决策需要，促进国别国际问题研究领域的学术交流，拓宽中国民众的国际视野。

新版《列国志》的编撰出版工作得到了各方的支持：国家主管部门高度重视，将其列入“‘十二五’国家重点图书出版规划项目”；中国社会科学院将其列为创新工程学术出版资助项目，王伟光院长亲自担任编辑委员会主任，指导相关工作的开展；国内各高校和研究机构鼎力相助，国别国际问题研究领域的知名学者相继加入编辑委员会，提供优质的学术咨询与指导。相信在各方的通力合作之下，新版《列国志》必将更上一层楼，以崭新的面貌呈现给读者，在中国改革开放的新征程中更好地发挥其作为“知识向导”、“资政参考”和“文化桥梁”的作用！

新版《列国志》编辑委员会

2013 年 9 月

前 言

自1840年前后中国被迫开关、步入世界以来，对外国舆地政情的了解即应时而起。还在第一次鸦片战争期间，受林则徐之托，1842年魏源编辑刊刻了近代中国首部介绍当时世界主要国家舆地政情的大型志书《海国图志》。林、魏之目的是为长期生活在闭关锁国之中、对外部世界知之甚少的国人“睁眼看世界”，提供一部基本的参考资料，尤其是让当时中国的各级统治者知道“天朝上国”之外的天地，学习西方的科学技术，“师夷之长技以制夷”。这部著作，在当时乃至其后相当长一段时间内，产生过巨大影响，对国人了解外部世界起到了积极的作用。

自那时起中国认识世界、融入世界的步伐就再也没有停止过。中华人民共和国成立以后，尤其是1978年改革开放以来，中国更以主动的自信自强的积极姿态，加速融入世界的步伐。与之相适应，不同时期先后出版过相当数量的不同层次的有关国际问题、列国政情、异域风俗等方面的著作，数量之多，可谓汗牛充栋。它们对时人了解外部世界起到了积极的作用。

当今世界，资本与现代科技正以前所未有的速度与广度在国际间流动和传播，“全球化”浪潮席卷世界各地，极大地影响着世界历史进程，对中国的发展也产生极其深刻的影响。面临不同以往的“大变局”，中国已经并将继续以更开放的姿态、更快的步伐全面步入世界，迎接时代的挑战。不同的是，我们所面临的已不是林则徐、魏源时代要不要“睁眼看世界”、要不要“开放”问题，而是在新的历史条件下，在新的世界发展大势下，如何更好地步入世界，如何在融入世界的进程中更好地维护民族国家的主权与独立，积极参与国际事务，为维护世界和平，促进世界与人类共同发展做出贡献。这就要求我们对外部世界有比以往更深切、全面的了解，我们只有更全面、更深入地了解世界，才能在更高的层次上融入世界，也才能在融入世界的进程中不迷失方向，保持自我。

与此时代要求相比，已有的种种有关介绍、论述各国史地政情的著述，无论就规模还是内容来看，已远远不能适应我们了解外部世界的要求。人们期盼有更新、更系统、更权威的著作问世。

中国社会科学院作为国家哲学社会科学的最高研究机构和国际问题综合研究中心，有11个专门研究国际问题和外国问题的研究所，学科门类齐全，研究力量雄厚，有能力也有责任担当这一重任。早在20世纪90年代初，中国社会科学院的领导和中国社会科学出版社就提出编撰“简明国际百科全书”的设想。1993年3月11日，时任中国社会科学院院长胡绳先生在科研局的一份报告上批示：“我想，国际片各所可考虑出一套列国志，体例类似几年前出的《简明中国百科全书》，以一国（美、日、英、法等）或几个国家（北欧各国、印支各国）为一册，请考虑可行否。”

中国社会科学院科研局根据胡绳院长的批示，在调查研究的基础上，于1994年2月28日发出《关于编纂〈简明国际百科全书〉和〈列国志〉立项的通报》。《列国志》和《简明国际百科全书》一起被列为中国社会科学院重点项目。按照当时的计划，首先编写《简明国际百科全书》，待这一项目完成后，再着手编写《列国志》。

1998年，率先完成《简明国际百科全书》有关卷编写任务的研究所开始了《列国志》的编写工作。随后，其他研究所也陆续启动这一项目。为了保证《列国志》这套大型丛书的高质量，科研局和社会科学文献出版社于1999年1月27日召开国际学科片各研究所及世界历史研究所负责人会议，讨论了这套大型丛书的编写大纲及基本要求。根据会议精神，科研局随后印发了《关于〈列国志〉编写工作有关事项的通知》，陆续为启动项目拨付研究经费。

为了加强对《列国志》项目编撰出版工作的组织协调，根据时任中国社会科学院院长李铁映同志的提议，2002年8月，成立了由分管国际学科片的陈佳贵副院长为主任的《列国志》编辑委员会。编委会成员包括国际片各研究所、科研局、研究生院及社会科学文献出版社等部门的主要领导及有关同志。科研局和社会科学文献出版社组成《列国志》项目工作组，社会科学文献出版社成立了《列国志》工作室。同年，《列国志》项目被批准为中国社会科学院重大课题，新闻出版总署将《列国志》项目列入国家重点图书出版计划。

在《列国志》编辑委员会的领导下，《列国志》各承担单位尤其是各位学者加快了编撰进度。作为一项大型研究项目和大型丛书，编委会对《列国志》提出的基本要求是：资料翔实、准确、最新，文笔流畅，学术性和可读性兼备。《列国志》之所以强调学术性，是因为这套丛书不是一般的“手册”“概览”，而是在尽可能吸收前人成果的基础上，体现专家学者们的研究所得和个人见解。正因为如此，《列国志》在强调基本要求的同时，本着文责自负的原则，没有对各卷的具体内容及学术观点强行统一。应当指出，参加这一浩繁工程的，除了中国社会科学院的专业科研人员以外，还有院外的一些在该领域颇有研究的专家学者。

现在凝聚着数百位专家学者心血，共计141卷，涵盖了当今世界151个国家和地区以及数十个主要国际组织的《列国志》丛书，将陆续出版与广大读者见面。我们希望这样一套大型丛书，能为各级干部了解、认识当代世界各国及主要国际组织的情况，了解世界发展趋势，把握时代发展脉络，提供有益的帮助；希望它能成为我国外交外事工作者、国际经贸企业及日渐增多的广大出国公民和旅游者走向世界的忠实“向导”，引领其步入更广阔的世界；希望它在帮助中国人民认识世界的同时，也能够架起世界各国人民认识中国的一座“桥梁”，一座中国走向世界、世界走向中国的“桥梁”。

《列国志》编辑委员会

2003年6月

中国驻文莱大使杨健序

《列国志·文莱》再版，刘新生大使请我作序，我甚感荣幸。刘新生大使和夫人潘正秀女士曾长期从事东南亚外交工作，刘大使还是中国首任常驻文莱大使。两位老外交是开创中国与东南亚友好关系的第一代人，见多识广、经验丰富，在外交战线上孜孜矻矻、默默奉献了四十余年，退休后仍不忘发挥余热，乐此不倦，让人尤感敬佩！所谓前人栽树，后人乘凉，再联想刘大使当年初到文莱定是百倍努力、艰辛开拓，才有今日中文关系之成就，心中更是感慨。

文莱是东盟十国之一，历史悠久，文化独特，同我国友好交往的历史可以追溯到汉代。文莱又是个非常年轻的国家，独立至今才31年。“和平之邦”“东方威尼斯”“东方科威特”等美誉更是为其增添了神秘色彩。我初到文莱，已深深感受到这里的宁静与祥和，可以说是当下的一片净土和世外桃源，充满未知魅力，吸引着你一探究竟。

中文关系现已进入一个全新时期，两国建立了战略合作关系，双方各领域交流日新月异、欣欣向荣。嵌于南海之畔的文莱，拥地利之便，蕴发展之机，必将在“21世纪海上丝绸之路”上焕发新的活力。

《列国志·文莱》2005年出版，涵盖文莱历史、政治、经济、军事、外交等各方面，内容之丰满、数据之翔实、文字之严谨让人印象深刻。细细品读，文莱的前世、今生、未来了然于胸，是了解文莱、研究文莱的必备之书。此次修订，内容更加充实、数据更加丰富，加之作者独到的观点和见解，堪称迄今关于文莱最全面、最权威的一本书。全书文笔流畅，既有学术性又有可读性，既有时代性又有实用性，字里行间饱含着作者对文莱的深厚感情。

感谢刘大使夫妇再次分享他们的经验和智慧，及时修订《列国志·文莱》，使这扇“窗口”愈加明亮、这座“桥梁”愈加宽阔，给所有致力于中文友好的人士带来了惊喜和鼓励，也给中文建交24周年献上了一份最好的礼物。

中华人民共和国驻文莱达鲁萨兰国大使　杨　健

2015年2月9日　于斯里巴加湾

文莱驻华大使张慈祥序

很荣幸应刘新生大使之邀，为他的新版《列国志·文莱》撰写序言。

我和刘大使是多年故交。刘大使曾于1993～1998年担任中国驻文莱大使，他对文莱有着深入了解，并且在退休后，仍然为增进中国和文莱的友谊奉献了大量宝贵的时光。

本书是有关文莱基本国情的综合著述，并就各主题，如文莱的历史、文化、政治和经济等，阐发了一系列富有裨益的观点。

祝贺刘大使付出的巨大努力得以实现，我相信本书会拥有广泛的读者。

张慈祥

文莱达鲁萨兰国驻中华人民共和国大使

2015年1月29日

CONTENTS

目 录

CONTENTS

目 录

CONTENTS

目 录

CONTENTS

目录

CONTENTS

目录

CONTENTS

目录

CONTENTS

目 录

CONTENTS
目录

导　言

文莱全称“文莱达鲁萨兰国”（意即“和平之邦”），位于加里曼丹岛西北部，自古为酋长统治。14 世纪伊斯兰教传入之后，文莱逐渐兴起，并建立了苏丹国，在 16 世纪初达到鼎盛。16 世纪中期，葡萄牙、西班牙、荷兰、英国等西方殖民主义国家先后入侵，苏丹国逐渐衰落，领土也相继失去。1888 年，文莱沦为英国的“保护国”。1971 年，文莱与英国重新签约，规定除国防和外交事务继续由英国负责外，文莱恢复全部内部自治权。1984 年 1 月 1 日，文莱宣布独立，收回全部内外主权。从这个意义上讲，文莱是一个年轻的国家。

苏丹哈吉·哈桑纳尔·博尔基亚在独立时宣告，文莱永远是一个享有主权、民主和独立的马来伊斯兰君主制国家。独立以来，文莱政府大力推行“马来化、伊斯兰化和君主制”政策，巩固王室统治，重点扶植马来人发展经济，在进行现代化建设的同时严格维护伊斯兰教义，并重视解决失业和福利等民生问题，国内政局稳定、社会治安良好。文莱对外奉行不结盟和同各国友好的外交政策，将与东盟的关系视为其外交基石，同伊斯兰国家交往密切，重视与大国的关系，并积极参与地区性和国际性事务。

文莱原来是一个经济上贫穷落后的小国，1929 年白拉奕区诗里亚镇发现石油后，文莱的经济发生了巨大的变化。六七十年代后，文莱相继发现储量更大的海上油田和天然气田，逐步成为一个富有的并令世人刮目相看的国家，被称为“东方科威特”。油气收入占财政收入的 80% 以上，占出口总收入的 90% 以上。但由于油气是非再生资源，为扭转文莱经济过分依赖油气的状况，促进工农业发展，文莱政府近年来提出加快经济多元化发展的步伐，并采取了一系列改革措施，文莱经济开始发生结构性变化。特别是建筑业的发展较快，成为仅次于油气业的重要产业；服装业也有较大发展，已成为继油气业之后的第二大出口收入来源。但从目前情况看，油气业在相当长的一段时期内仍将保持主宰文莱经济命脉的地位。2012 年，文莱财政收入中，87.8% 来自油气业，12.2% 来自非油气业。

文莱风光秀丽，景色独特。在现有的景点中，有享有“世纪性宫殿”之称的努鲁尔·伊曼宫，有熠熠闪光的清真寺，有被誉为“东方威尼斯”的文莱水村，有与美国迪斯尼乐园相媲美的杰鲁东游乐场。旖旎质朴的文莱风光，纤尘不染的城市街道，设计精美的民房，谦和有礼的人民，无不使人折服。文莱完全称得上是一个“世外桃源”。

中国与文莱是近邻，两国之间有着长期友好交往的历史。明朝永乐年间两国关系尤为密切，但自 16 世纪中叶西方殖民者入侵文莱，两国来往中断。1984 年文莱独立后，两国之间的接触与交往逐步恢复。1991 年中国与文莱建交，1993 年两国互设使馆并互派常驻大使。中文建交 20 多年来，在双方的共同努力下，两国在政治、经济、文化、教育等领域的交流与合作取得了长足进展，在地区和国际事务中相互支持、密切合作，两国的传统友谊显示出新的蓬勃生机。

本书作者之一有幸作为中国首任常驻文莱大使，出使“和平之邦”。作为中国常驻文莱使馆的第一代人，我们在文莱的所见所闻，有不少可以说是国内民众鲜有了解的。我们有义务，也有责任，把在文莱工作和生活四年多时间里的见闻、印象与经历介绍给读者。如果我们的这本著作能使读者对文莱这个神秘而富有的国家有所了解，那将使我们感到极大的欣慰。

书中疏漏之处，敬请读者予以批评指正。

编著者

2014 年 12 月

第一章

概　览

第一节　国土与人口

一　地理位置与面积

文莱位于东南亚马来群岛中的一个大岛——加里曼丹岛（原称婆罗洲）的西北部，距离赤道440公里，在北纬4度至5度5分、东经114度2分至115度22分之间。其东、南、西三面与马来西亚的沙捞越州接壤，并被分割成不相连接的两个部分，北濒浩瀚的南海，与我国的南沙群岛邻近。海岸线长约160公里，从文莱湾的东北角向西南一直延伸到马来西亚沙捞越州边境。文莱全国面积为5765平方公里。

二　行政区划

文莱全国划分为4个区，即文莱－穆阿拉区、都东区、白拉奕区和淡布伦区。

文莱－穆阿拉区（Brunei-Muara District）东濒文莱湾，北临南海，南与马来西亚沙捞越州接壤，西与都东区为邻。面积为571平方公里，地势低平。全区人口为290500人，占全国人口的71.5%。首都斯里巴加湾市和最大港口穆阿拉都位于这个区内，是全国的政治、商业、文化和宗教中心。

都东区（Tutong District）北濒南海，南与马来西亚沙捞越州接壤，东面与西面分别与文莱-穆阿拉区和白拉奕区为邻。面积为1166平方公里，南部边境地区地势较高，其余地方地势低平。全区人口为44300人，占全国人口的11%，是文莱土著民族的居住区，出产水稻和蔬菜，畜牧业比较发达。

白拉奕区（Belait District）北临南海，西面和南面都与马来西亚沙捞越州接壤，东邻都东区。面积为2724平方公里，西南部地势较高，其余地方地势平缓且海平面低。全区人口为62500人，占全国人口的15.4%。该区由号称“石油城”的诗里亚镇和瓜拉白拉奕镇组成，是文莱的经济中心。文莱的石油和天然气开采及生产均集中在这个区内，该区有石英矿。另外，该区还出产水稻、木材和胡椒等。

淡布伦区（Temburong District）位于文莱东部，马来西亚沙捞越州的林梦地区将其与文莱的其他地区隔开，其北部隔文莱湾与文莱-穆阿拉区相望。面积为1304平方公里，这里山峦起伏，地势较高。其人口较少，全区人口为8900人，仅占全国人口的2.2%，部分土著民族至今仍居住在马来传统的长屋内。该区是文莱原始森林集中的地区，著名的文莱国家森林公园就位于此区。从首都斯里巴加湾市乘船前往该区，沿途景色迷人，两岸灌木丛生，风光秀丽，颇有“两岸猿声啼不住”“柳暗花明又一村”的意境。在该区乘车经过马来西亚沙捞越州的林梦地区可到达文莱首都，但费时较多。区内出产木材、沙石、水稻、硕莪粉和椰子等。

三 地形特点

文莱沿海为狭长平原，内地多山。东部的淡布伦地区地势较高，多丘陵、山地，东南与马来西亚沙捞越州交界处的阿干山海拔1841米，为文莱最高峰。西部的白拉奕河流域、都东河流域及文莱-穆阿拉地区是文莱的主要部分。这里山脉横亘，沿海多沼泽平原。这一带地势较低，大部分地方海拔在90米以下。文莱全国四大河流为文莱河、都东河、白拉奕河及淡布伦河。文莱约75%的国土被原始森林覆盖。

文莱的地表是在第三纪地盘岩的基础上发展而来，由砂岩、页岩和黏土组成。尽管有森林覆盖，但是由于地层沉降，长年累月的高温和高降雨量导致地表遭到严重的腐蚀和风化，形成了起伏不平的山脉和险峻的沟壑。近年来，海平面上下浮动较大。当海平面升高时，形成梯状山坡；当海平面下降时，溪流的腐蚀能力大大增强，形成河流。由于洪水和河流不断冲刷山坡，山坡水土流失现象非常严重，其沉积物形成了沿海平原。

四 气候

地处低纬度的文莱属热带雨林气候，全年高温多雨。热带季风影响气候变化。2～4 月为旱季，气候闷热；5～6 月和 9 月至次年 1 月为雨季，其中 12 月降雨量最大。全年温差不大，白天一般为 30 多摄氏度，晚上通常为 20 多摄氏度，年平均温度为 27.9 摄氏度。雨量丰沛，靠海岸地区的年均降雨量为 2540 毫米，而内地的降雨量更大，有些地方的年降雨量高达 5100 毫米。全国可分为三个降雨带，一是东部的淡布伦区，年均降雨量为 4000 毫米；二是包括文莱－穆阿拉区、白拉奕区和都东区的大部分地区，年均降雨量为 2900 毫米；三是从杰鲁东到中都东谷地的一小块地方，降雨量相对较少，年均降雨量为 2400 毫米。文莱的湿度很大，全年在 67%～91%。文莱常年月均气温和降雨量见表 1－1。

文莱不直接处于经过南海的热带风暴、旋风和台风区域，但受风浪影响较大。文莱很少发生台风、地震和洪水等严重自然灾害。

表 1－1 文莱常年月均气温和降雨量

月 份	1 月	2 月	3 月	4 月	5 月	6 月
最高气温(℃)	25	28	32	33	33	32
最低气温(℃)	13	15	20	23	25	26
降雨量(厘米)	7.6	30.5	61.0	137.2	243.8	315.0
月 份	7 月	8 月	9 月	10 月	11 月	12 月
最高气温(℃)	31	31	32	31	29	26
最低气温(℃)	26	26	26	24	19	15
降雨量(厘米)	330.2	337.8	248.9	134.6	25.4	739.0

资料来源：Google 网站。

五　国旗、国徽、国歌

国旗　文莱国旗呈横长方形，长与宽之比为2∶1，旗面由黄、白、黑三色及国徽组成。黄色的旗底上是黑色和白色的两个斜着的平行四边形，中央绘有鲜艳的红色国徽。黄色是该国的传统颜色，代表苏丹至高无上；黑、白斜条是为了纪念文莱历史上两位功勋卓著的亲王。

1906年，根据英国和文莱两国签署的协议，英国政府向文莱派出首位常驻专员。该常驻专员提出文莱应该有自己的国旗，文莱决定设计国旗。当时的国旗由黄、白、黑三种颜色组成，分别代表文莱在上述协议上签字的苏丹和辅政的两位亲王佩义兰·班达哈拉和佩义兰·佩曼查。当时，他们是文莱王室的三股势力。1959年文莱颁布第一部宪法时，规定在原国旗图案上加上国徽组成新的国旗图案，文莱1984年1月1日独立后至今一直沿袭这一国旗图案。

国徽　文莱的国徽据说是由王室标记发展而来的，顶端的旗帜和黄罗伞是王室的象征；黄罗伞下面的翼状物，象征国家的公正、安宁、繁荣与和平受到保护；两侧的两只手标志着政府促进福利、和平与繁荣的决心；中间的新月是文莱官方宗教伊斯兰教的象征，新月上写着文莱的国家标语：遵照真主的旨意行事；下面的一行字是文莱国家全名“文莱达鲁萨兰国”，意为“文莱是和平的疆域”。

国歌　文莱国歌《真主保佑苏丹》，由尤拉·哈林作词，伯萨·萨加作曲。创作于1947年，1951年被定为国歌。歌词大意是：真主保佑陛下万寿无疆，公正英明地治理国家，幸福地领导我们臣民，君主国和苏丹生活安宁。真主啊！保佑文莱这个和平之邦平安。

六　人口、民族、语言

（一）人口

1. 人口概况

文莱是东南亚人口最少的国家，人口呈自然增长状态。截至2013年

7月，文莱总人口为406200人，年增长率为2%，人口密度小，为每平方公里71人。文莱人口结构呈年轻化，5岁以下人口占总人口数的8.3%，15岁以下人口占总人口数的25.2%，65岁以上人口仅占总人口数的3.5%。文莱的人口出生率为16.1‰，死亡率为2.7%。据2010年统计，男性人均寿命为76.5岁，女性为78.8岁，与2001年相比都有所提高。预计到2021年，全国老龄人口将突破3.5万人，占总人口的8.6%，届时，按照联合国的标准，文莱将进入老龄化社会。

据亚行统计数据，近年来文莱人口一直以较快的速度增长，2004~2011年的年人口增长率最低为1.8%，最高为3.5%。2007年以来人口增长率已经有所下降，但仍然超过全球人口增长速度（2011年全球人口增长率为1.1%）。同时，随着城镇化的推进，文莱城镇人口所占的比率也逐年提高，2011年已达到85%（见表1-2）。

表1-2 文莱2004~2011年人口情况统计

年 份	2004	2005	2006	2007	2008	2009	2010	2011
人口(千人)	359.7	370.1	383.0	390.0	398.0	406.2	414.4	422.7
年增长率(%)	2.9	2.9	3.5	1.8	2.1	2.1	2.0	2.0
城镇人口比率(%)	73.0	73.5	73.9	74.4	74.8	75.3	75.7	85

注：人口统计时间截至各年7月1日。

资料来源：亚洲开发银行，Key Indicators for Asia and the Pacific2012，Brunei。

2. 劳动力及就业情况

（1）本国劳动力就业情况

近年来，文莱的劳动力数量有所增长，且整体增长速度超过人口增长速度。2011年，文莱的劳动力为20.6万人，比上年增长3.5%，但劳动力在总人口中所占的比重仍不到50%。由于国富人少，就业并不是文莱社会经济发展中得到重点关注的问题，但政府依然采取措施对文莱的失业率实施了有效控制，使其从2005年的4.3%下降到2011年的2.6%（见表1-3）。

表1-3 文莱2004~2011年劳动力及就业情况统计

年份	2004	2005	2006	2007	2008	2009	2010	2011
劳动力(千人)	164	169	182	185	189	195	199	206
就业人数(千人)	159	162	174	179	182	188	194	201
失业率(%)	3.5	4.3	4.0	3.4	3.7	3.5	2.7	2.6
男性就业率(%)	79.6	78.0	78.2	77.6	77.7	77.4	76.4	77.3
女性就业率(%)	59.1	57.6	57.3	56.9	56.7	57.5	58.0	58.3

资料来源：亚洲开发银行，Key Indicators for Asia and the Pacific2012，Brunei。

从表1-3可以看出，文莱的男性就业率明显高于女性。但文莱妇女具有强烈的性别平等意识，政府也通过各种措施和政策，引导和鼓励女性投身社会，在提升自我素质的同时分享国家经济持续发展的成果。文莱半数以上的女性选择外出就业，2011年女性就业率达到58.3%。文莱政府公务人员中女性的比例已达到50.4%，其中28%居于高位，在商界约有一半中小型企业由女性掌管。女性公务员可以享受长达105天的带薪产假。从收入情况来看，文莱女性人均年收入排名居世界前列。2011年，文莱女性的人均年收入为3.8万美元，居世界第三位，仅次于卢森堡和挪威。文莱妇女的经济参与度在全球的排名高于文莱男性。

文莱公民，尤其是马来人，倾向于在政府机构任职，不愿意经商或涉足服务业。政府为促进经济多元化健康发展，避免在非行政领域过度依赖外来劳动力，鼓励本国公民投身其他行业，并积极为他们创造就业机会。

（2）外来劳工政策

除本国公民和永久居民，文莱还有大量外来劳工。文莱的外来劳工数量约为本国劳动力的一半，仅在私营领域就业的外来劳工就达9万人左右，这些劳工主要来自印度尼西亚、菲律宾和马来西亚。为加强对外来劳工的管理，从2004年起，文莱外来劳工的签证申请须由雇主提出。需要劳务输入的文莱企业将自己的经营情况、所需劳工数量和国别及申请理由等上报文莱劳工局；获得劳务输入配额后，企业在政府规定的银行开设专门账户，存入相应的劳务保证金（大致相当于劳工回到劳务派出国的机票费用）；劳工抵达文莱后必须接受体检，不合格者（如患有肺结核、艾滋病、癫痫、精神病等）将被遣返回国，合格者可获得 1 ~2 年的工作签证。外来劳工在文莱工作期间的合法权益受到相关法律的保护。雇主须在每月 10 日之前支付其薪酬，一旦被检举有拖欠工人工资的情况，他们将面临最高可达 1500 文元的罚款。确实无力支付员工薪水的雇主将面临最高 6 个月的监禁。

为解决本国的失业问题，保障本地人的就业机会，文莱政府近年来不仅不鼓励雇主聘请外来劳工，甚至会对外来劳工就业进行限制。2010 年 3 月，文莱劳工局暂时冻结外国按摩院、美发院从业人员到文莱工作的签证申请。6 月，劳工局又宣布冻结 9 类非专业职业的外来劳工工作签证申请，包括收银员、普通文员、保安人员、接线生、会计、仓库看守员、印务人员及糕点制作人员等。同时，文莱还规定银行业的外籍雇员不得超过员工总数的一半。

（二）民族

1. 民族结构

在文莱，外来民族的人数已大大超过土著民族——达雅克人，主要有马来族和华族。

马来族 马来族是文莱的主体民族，约占全国人口的 2/3。马来族最早于 13 ~15 世纪自苏门答腊和马六甲等地迁徙而来。20 世纪，为在文莱开采石油和发展种植业，又有大批马来人迁入，他们主要来自邻近的沙捞越和沙巴。此外，移居文莱的菲律宾的比萨扬人、他加禄人，印度尼西亚的爪哇人、杜逊人、克达扬人和伊班人等，也有相当多的人融合到马来族之中。

马来族属南岛语系印度尼西亚语族，蒙古人种马来类型，讲马来语。马来语原来使用阿拉伯字母，现已改为使用拉丁字母。马来族最早信奉拜物教和佛教，15 世纪后，大多改信伊斯兰教，属逊尼派。马来族的诗歌、音乐、舞蹈、戏剧和造型艺术比较发达。文莱的马来族一般居住在沿海地区，他们主要在政府机构和金融、贸易、石油等部门工作，也有少数人从事农业和渔业。文莱王室也属马来族。

华族　华族是文莱的第二大民族，仅次于马来族，现占全国人口的15%。早在中国明朝时期，就已经有华人移居文莱。自19世纪下半叶起，有更多的华人为谋生来到文莱。他们主要来自中国南方的广东、福建等地，以客家人居多，也有少数海南岛人和潮州人。1930年以后，由于文莱推行限制移民政策，直接从中国来文莱的华人大幅度减少。从这以后，文莱的华人主要是在当地出生的，或者是在马来西亚、新加坡出生的。

19世纪时，文莱的华人居住在旧坡（原名甘穆巴肯），现在他们多分布在斯里巴加湾市、诗里亚和文莱－穆阿拉区的乡村。从事农业的华人以种植蔬菜、胡椒和橡胶为主。在工业城市，华人除大批在文莱壳牌石油公司任职外，还经营锯木厂、家具厂、食品加工厂、橡胶厂、金银首饰厂和饮料厂等。文莱的商业服务业基本上由华人经营。华商有的经营进出口业务，有的充当中间商，也有的从事零售业。城镇中的旅馆、饭店、服装店和理发店等多数是由华人开设的。老一辈的华人普遍认为，在文莱赚钱要比在其他许多地方容易。

土著民族　当地土著民族的语言相互比较接近，与马来族同属南岛语系印度尼西亚语族，蒙古人种马来类型，为原始马来人的后裔。

文莱当地的土著人统称为“达雅克人”，意为“内地人”或“山里人”。他们包含许多民族成分，主要有克达扬人、杜逊人、伊班人、梅拉瑙人等。他们讲达雅克语，该语有多种方言，但没有文字。大多数人仍然信仰万物有灵的拜物教，部分人信仰伊斯兰教或基督教。达雅克人有的尚处在人类最古老的原始公社氏族阶段，也有的仍旧处在游牧和渔猎时代。有的部落则定居下来，从事农业，主要种植旱稻、橡胶，擅长造木船、编织和金属加工。达雅克人盛行入赘婚。他们一般居住在山区，村落多建在江河边，由几间长屋组成。各村都建有首领住所、客人住所和男子住所。近年来开始出现小家庭单独建屋居住的倾向。他们还喜欢文身。但是，一旦迁居到海边或城市，达雅克人的特殊文化和生活习俗便很快消失，其生活方式、住宅类型及服装全都接受马来人的影响。他们与马来人通婚后，往往要改信伊斯兰教，连自称也改为“马来人”。因此，随着与马来人融合的日益增多，土著民族在文莱所占的比重将越来越小。

其他民族 1888 年文莱沦为英国的“保护国”后，有一些英国人和印度人相继移入文莱。英国人来到文莱后，主要是担任殖民官吏和创办石油公司。印度人来文莱主要是充当英国人的仆役和在驻文莱的英国军队中服役。目前，在文莱的英国人和印度人主要是在文莱壳牌石油公司、文莱液化天然气公司及银行、政府机构和航空公司等部门工作，充当管理人员、科技人员和熟练工人等。

其他的外来民族还有来自东南亚、南亚、大洋洲、美洲等地区的移民，多为临时居住的外来劳工。由于政府提供了优越的社会福利，文莱的本国公民都不愿意从事脏活、累活。因此，马来西亚、印度尼西亚、越南、泰国、老挝等东南亚国家前往文莱的劳工成为清洁工、建筑工和家庭佣人的主力。

2. 民族政策

文莱政府的民族政策重点是保护和促进文莱马来人的地位和利益，对华人限制较多。这一政策首先体现在公民权问题上，只有获得公民权才能在文莱购置房产和土地，才能享受种种特权。取得公民权对马来人来说轻而易举，对华人来说却困难重重。

1960 年文莱通过一项法律：凡是在文莱出生，并属于某一个得到政府承认的原住民族（马来人和土著民族属于获承认的原住民族）者，均可视为文莱公民。除此之外的其他人都是非公民。非公民虽然可以申请归化入籍，但条件很苛刻。文莱 1960 年国籍法规定，申请人必须在文莱总共生活了 25 年，其中应有 20 年连续居住在文莱。除居住时间的限制外，申请人还必须通过马来语考试。这种考试对华人来说是非常困难的，因为这种考试内容包括用马来语说出一些不常见的野生植物的名称，而这些野生植物名称只有少数土著居民才知道。

1984 年，文莱政府又将申请入籍的条件由在文莱生活 25 年且连续居住 20 年改为在文莱生活 30 年且连续居住 25 年。这些规定对于华人来说是难以逾越的障碍，即使对世代居住在文莱的华人也是如此。因此，文莱的华人多数还没有取得当地国籍。目前，在近 5.5 万名华人中只有 10% 左右获得文莱公民权。就连在 1984 年文莱独立前持有英国保护地护照的华人也不能获得公民权，成为无国籍者，他们出国旅游必须申办“国际身份证”。作为非公民的华人不能享受免费医疗服务、免费教育及其他社会福利。他们在政府机构中任职的可能性很小，要想获得土地也非常困难。鉴于这种情况，近年来，一些年轻的受过良好教育的华人纷纷从文莱移居加拿大和澳大利亚等国。

在社会生活中，文莱政府也允许外来民族维系和发展本民族传统文化。春节被确定为文莱的法定节日，举国一起欢庆华人的传统佳节。华人华侨可以组织社团，发展华文教育，维系和发展华人意识和华族认同。但文莱政府也规定，华人学校必须开设马来语课程，就读华人学校的学生只有通过全国统一考试，其文凭才能获得认可。同时，政府仅为华人学校提供有限的办学经费。

文莱的土著居民达雅克人虽然被政府承认为当地最早的居民，享有公民权，但他们在文莱社会中的地位并不高。尽管政府允许他们继续信奉其传统宗教，但对他们中一些人改信基督教感到不悦。达雅克人只有皈依伊斯兰教并与马来人通婚，其境遇才会得到改善。但这种改善的代价往往是放弃本民族的宗教信仰，改信伊斯兰教，同时改变以往的生活习性，融入马来人的主体社会。

（三）语言

文莱人非常重视其民族语言。马来语是文莱的官方语言。重要的活动和庆典，特别是一些宗教活动都使用马来语，甚至包括请帖都使用马来语。因此，在文莱不懂马来语是很被动的，特别是参加某些活动，没有人帮你翻译。文莱人对外国人能说马来语是非常惊喜的，认为这是对其民族的尊重，马上就与你很亲近。

英语在文莱被广泛使用，尤其在商界与商务往来中普遍使用英语。文莱公民一般在英国接受高等教育，英语水平相当高。在社交活动中，除了一些老者和中下层妇女，一般都能说英语。文莱的学校教授马来语、英语和加威语。马来族以外的当地土著民族，还有自己的语言。

在文莱的华人，相互之间和在家里多数讲闽南话，少数人讲广东话，外出时都能讲马来语或英语。

第二节 宗教与民俗

一 宗教

（一）主要宗教

在文莱，居于支配地位并被大多数人信仰的宗教是伊斯兰教。也有部分文莱居民信奉印度教、佛教、基督教、妈祖教和万物有灵的原始宗教。

伊斯兰教 伊斯兰教是文莱的官方宗教，占全国人口主体的马来人绝大多数是信仰伊斯兰教的逊尼派穆斯林。此外，部分华人和部分土著居民也信仰伊斯兰教。早在15世纪，伊斯兰教传入文莱，为居住在当地的马来人所接受，马来人在此基础上建立起政教合一的文莱苏丹国。1959年文莱正式把伊斯兰教定为国教。

伊斯兰教规已成为文莱马来人的生活准则。按照《古兰经》的训诫，文莱穆斯林不饮酒、不吃猪肉、不吃宰杀前已死亡的动物的肉和血。对不吸烟、不浪费、不偷懒、遵守社会公德等行为，文莱新闻媒介也多从教规要求的角度进行宣传。文莱的穆斯林每天做5次礼拜，即破晓时的晨礼、中午的晌礼、下午的晡礼、日落时的昏礼和入夜后的宵礼。每星期五必须去清真寺参加聚礼。开斋节是文莱人最隆重的宗教节日。斋月期间，成年穆斯林均须斋戒，破戒者会遭人唾弃，甚至还会受到宗教法庭的审判。斋月的最后一天晚上待月亮升起后，家家户户连夜制作糕点。第二天，穆斯林们互相拜贺，并向贫穷的穆斯林布施。到麦加朝圣是每个虔诚的文莱伊斯兰教徒最大的心愿，随着交通的日益发达和生活水平的不断提高，如愿以偿者逐渐增多。文莱政府为前往麦加朝圣的伊斯兰教徒提供交通住宿等一切便利。每年朝圣时期，政府安排专机免费接送朝圣者。按信教者的比例，文莱到麦加朝圣的人数多于其他东南亚国家。

1984年国家独立后，文莱政府一直致力于维护和提高伊斯兰教的地位，把伊斯兰教作为政府制定政策的依据和社会行为准则，力图使异教徒皈依伊斯兰教，使文莱成为一元化的穆斯林社会。现任苏丹哈桑纳尔·博尔基亚是虔诚的伊斯兰教徒，曾多次去麦加朝圣。近年来他多次向国民强调，要维护伊斯兰教的纯洁性，认为在进行现代化建设的同时，要坚持伊斯兰教价值观，并采取了一系列强化伊斯兰教的措施。如拨巨款增建清真寺；在学校开设伊斯兰教课程，向青少年灌输伊斯兰教的教义和知识；鼓励穆斯林积极参与商业工作，号召他们改变过去那种不愿经商只想在政府和公共事业部门就业的态度，从而减少文莱在商业上对外国人的依赖；在金融业中按照伊斯兰教原则设立“文莱伊斯兰信托基金”，让穆斯林以伊斯兰教的方式投资，为朝觐积蓄旅费，等等。此外，全国设有专门的伊斯兰教经学院；居民聚居地区建立教授青少年《古兰经》的学校；每年都要举办不同年龄层次的男女分别进行朗读《古兰经》的比赛；还选派优秀学生到中东地区一些伊斯兰国家的名牌大学专修《古兰经》。在文莱，外国出版的凡有穿超短裙女人图片的书刊，都会受到查禁；严禁电影院放映有色情镜头的影片；穆斯林只能去专卖清真菜肴的饭馆就餐。

2013 年 10 月，文莱苏丹宣布将分阶段实施严厉的伊斯兰教刑法。根据新的伊斯兰教刑事法典，通奸者可能遭掷石处死，偷窃者可能遭断肢，堕胎与喝酒者可能被判处鞭刑。此外，文莱还强制所有伊斯兰教徒儿童必须接受宗教教育，规定所有商业活动必须在星期五祈祷时间暂停两小时，等等。

其他宗教　当地土著民族达雅克人普遍信仰万物有灵的原始宗教。文莱的华人有部分信仰佛教，有部分信仰由中国东南沿海传去的妈祖教。文莱的印度移民多数人信仰印度教，也有少数人信仰佛教。文莱的英国移民信奉的宗教是基督教；也有部分达雅克人信仰基督教。信仰其他宗教的文莱人在日常生活中会遵循本宗教的戒律。不同宗教信仰者相处融洽。

（二）宗教政策

文莱虽然允许其他宗教的存在，但作为一个伊斯兰国家，它大力推行伊斯兰化，严格维护伊斯兰教义，把伊斯兰教义作为政府制定政策的依据和整个社会的行为准则，将伊斯兰精神融入整个国家的政治、经济和社会生活中。

“马来伊斯兰君主制”（Melayu Islam Beraja，MIB）是文莱的立国思想体系。作为其中三大要素之一的伊斯兰教是文莱政府巩固国家政权的思想武器。在复兴伊斯兰教的同时，文莱政府采取各种措施，力图使异教徒归化，建立起一元化的伊斯兰社会。文莱独立之后于1986年设立了主管宗教事务的宗教部，并专门聘请从中东学成归来的人在宗教机构中担任要职。同时，文莱还积极参与国际伊斯兰组织，通过各种途径融入伊斯兰国际体系中。

与此同时，文莱对伊斯兰教的异端分子持批判和打击态度。1991年，文莱以危害国家安全为由，取缔了一个宗教极端组织。文莱政府对一些国际性组织在其境内发展分支机构感到不悦，认为这些组织是反伊斯兰教及支持犹太复国主义的。文莱政府还常呼吁民众警惕恐怖主义和极端主义的侵蚀。

文莱政府通过正面宣扬伊斯兰教传统和文化奠定了伊斯兰教在国家政治、经济和社会生活中的重要地位；通过限制其他宗教的发展和打击宗教极端主义为伊斯兰教的进一步发展提供了宽松的环境。而伊斯兰教在文莱的传播和国教地位的确立又为文莱政权和社会的稳定提供了有力的支撑。伊斯兰教和文莱的整个社会已经完全融合在一起。

二 民俗

文莱是一个信奉伊斯兰教的国家，人民严守伊斯兰教规，崇尚伊斯兰教礼仪。文莱人热情、好客，其风土人情有着浓郁的部族与乡村色彩，总的来说与宗教教义有关。因历史上文莱与中国交往密切，文莱习俗中也不乏中国的影响。文莱习俗有其独特之处，大致有以下几方面。

衣着 文莱人着装忌穿黄色（黄色为王室的象征），一些大型活动，请帖上都写明，不能穿黄色衣服。女士着装更保守，不能穿袒胸、露背、透明、紧身的衣服，一般穿一种叫“巴菊库伦”（Baju Kurung）和“巴菊格巴雅”（Baju Kebaya）的长衫和长裙，在公共场合多数女士戴头巾。

男士服装在一般情况下以干净整齐为准，但在正式场合，根据活动的性质有时穿西服，有时上身着巴迪克长衫（类似长袖花衬衫），下身穿西裤。参加最正规的活动时，男士穿成套的被称为“Baju Cara Melayu”的马来礼服，腰部到腹部围一块本国的手织围腰。这种围腰的质地反映该男士的身份与经济情况，有的围腰以金线手工织成，其最贵的高达几千美元。男士们在正式场合头戴黑色的船形帽。有封号的男士更有特殊的着装和佩戴要求，如有的腰间还插一把克利斯短剑。男士们进入清真寺时，一般都穿白色衣袍。按规定，非穆斯林女士不能进入清真寺，但近年来对外国游客有所放松，游客可在非祈祷时间，穿上特制的黑色大袍进入清真寺参观。男士的发型有严格的规定，发长一般不得超过衣领。女士外出或参加一些正式活动时一般戴头巾，因此对其发型没有严格的规定。但现在一些女性也有不戴头巾的，在这种情况下，发型一般比较时尚。有重大活动时，文莱人白天着黑色礼服，晚上穿白色礼服，应邀出席的客人也须按此着装。

饮食　文莱人多数为穆斯林，禁吃猪肉，文莱境内禁宰生猪，禁止在超级市场出售猪肉（有的华人经营的超市内专辟一块隐蔽地方出售猪肉），鸡、牛、羊等牲畜都要经过伊斯兰仪式屠宰后，才可食用。一些年长的文莱人不吃两栖动物，如不少人不吃鸭肉。

文莱人以大米为主食。副食有牛肉、羊肉、鸡肉等；蔬菜有黄瓜、西红柿、茄子、马铃薯等。文莱人讲究菜肴的香、酥、脆，注重菜品质量。作料喜用咖喱、辣椒、虾酱等。饮咖啡、可可和红茶。

文莱禁止饮酒，也禁止公开出售酒类饮料。非穆斯林向穆斯林提供酒类饮料，将被处以500~1000文元罚款。文莱人喜欢吃辛辣食品，生辣椒末与生蒜瓣是餐桌上必备的调味品。

文莱人还酷爱甜食，经常用糯米粉、椰蓉、椰浆、芋头与水果等做成各种甜点招待客人和自己家人食用。这类甜食被称为Kwei（糕点）；还有一种用米粉做的面条被称为Kwei Tioa（果条），来源于中国的福建，是由早期从福建来的移民带来的。文莱人的活动中一般都有茶歇（Tea Break），其食品多半为Kwei。

文莱的马来人很喜欢吃中国饭菜，但他们只在几家特定的清真中餐馆用餐。当地华人或刚到文莱的中国人，包括中国大使馆官员邀请文莱官员到家中吃饭，他们一般都愿来，只要不上猪肉就行。但有的很传统的老者则要求必须从特定的中餐馆请专门的厨师做菜，或由那几家中餐馆送菜，他们才会接受邀请。除假日野餐外，文莱人一般不在外面吃饭。拿着食品不分场合、边走边吃被认为是缺乏教养的行为。

行为规范 文莱人一般不大声说话，在公共场合也不喧哗吵闹。骂人、当众训斥别人都被认为是粗俗的表现。见到陌生人或朋友时，一般要按其身份称呼，如陛下、殿下、佩义兰、佩欣、达图、达丁、哈吉、哈贾、阿旺、达扬等。文莱人不喜欢别人触摸其头部，特别是见到小孩时切记不要去摸其头部。

文莱至今尚有一些人（为数不多），特别是男性老者，不与异性握手。因此，在社交场合，女性与男性握手时，一般先要观察对方是否有握手的意向。如果女性主动伸出手，而男性没有回应，则会比较尴尬。为避免出现尴尬局面，男士一般也不主动与女士握手。文莱年轻的马来人与长者握手时往往是略微弯腰，两手相握后把手缩回，到胸前轻触一下，有时还吻一下长者的手背，以示敬意。

在文莱，不可用食指指人或手心向上用食指内弯叫人。叫人的习惯做法是：把四指并拢轻握成拳，手心向上，大拇指贴近食指，指尖朝向要指的人。同样，招呼别人或叫出租车时，也不要用食指，而是手心向上，挥动整个手掌，向内召唤。不可在人前以一个拳头拍击另一只手的手心。在接递东西时，一定要用右手。马来人认为左手是不洁净的，在不得不用左手时，一定要先说声“对不起”。

在公共场合走动时，也有一定的规范。如从有身份的人或长辈面前经过时，要把靠近别人的那只手下垂贴着大腿外侧，弯着身子轻步走过；不能在别人面前大摇大摆地走动，特别是面对长者时更不能如此。

外国人到文莱访问、参观清真寺或到马来人家庭做客时，进门前要主动脱鞋，放在楼梯口或门口。因为文莱马来人家的内厅是做祈祷的地方，被看成是神圣不可侵犯的，而穿鞋进屋则被视作亵渎真主的行为。但如主人表示不必脱鞋，也可客随主便。

去别人家做客，进门时一般要摘去墨镜。当主人以茶点招待，最好能吃一点儿，如果客人过于谦让而不吃不喝，则会引起主人的反感，被认为是对主人的不敬。如果实在不想吃，可用右手轻触一下盘子，以示谢意。文莱人有互赠礼品的习惯，在给文莱朋友送礼时，特别要注意别挑选带有猪、狗之类动物图案或形状的礼品。

文莱人对坐姿有很多讲究。在正式场合（坐沙发和椅子时），不能跷二郎腿或两腿交叉，更不要两腿不停地抖动或两腿膝盖向外打开。在会客室内，不能把腿架在桌子、茶几或沙发扶手上，如果有类似行为会被认为是对同室人的不尊重。女士席地而坐时要两腿并拢，膝盖倒向一侧，两脚伸向另一侧。女士不可一腿成直角着地，另一腿平放地上；更不可两腿平放，两脚伸向前方，特别是前面有人坐的情况下，脚心朝向别人被认为是粗鲁的行为。男士席地而坐时要两脚交叉，两膝向外，两手平放在腿上。不可两脚着地，两膝向上，两手放在下腹部；不可倚桌而立，特别是在有人伏案工作的情况下。庆典活动中，一般是男女分开坐，如开斋节苏丹与王室人员接见平民时，又如王室婚礼的部分仪式中，宾主都是席地而坐，男女分别坐在不同的大厅，或在同一个厅内分别坐在两侧。在宴会上，男的坐一边，女的坐另一边。在文莱的使团中，这种坐法被称为“文莱方式”。因此，一般在宴会开始前，有的外交官员要开个玩笑，问问主人：“今天是‘文莱方式’还是‘国际方式’？”

婚姻　文莱马来族男女之间的结合，也需要经过“媒妁之言”“父母之命”的阶段，可是男女之间必须要“情投意合”，很少有“逼婚”的现象。《古兰经》中说：“与你选择的女人结婚，一个、二个、三个、四个。”因此，对于信仰伊斯兰教的马来人来说，一个男子可以同时拥有四个合法妻子。但是按照伊斯兰婚姻法的规定，娶新妻子要得到原来妻子的同意。所以，娶第二个妻子的时候，要先征得第一个妻子的同意；娶第三个妻子的时候，也要征得第一个和第二个妻子的同意。如果不是照这样办，先前的妻子有权向伊斯兰法庭告发。对于四个妻子，要平等相待，否则也算犯罪。

文莱马来人多数实行早婚，少男少女在十五六岁的时候就开始择偶。找到了理想的对象之后，仍须由双方父母仔细观察与调查访问，彼此都满意之后，才可以说亲。如果是媒人介绍的，父母也要征得男女双方本人同意，然后双方家长商议关于聘金嫁妆的条件。男方送给女方的彩礼通常有订婚戒指、绣花布、日常生活用品。彩礼必须装在被称为“网纱”的专门器皿里，上面用纱布盖好。一般由代表男方的几位妇女手持“网纱”，在众人的陪伴下，将彩礼送往女方家。到了女方家，她们便将“网纱”放在厅堂正中，由送彩礼的领队将彩礼转交给女方代表。女方代表验收后将“网纱”倒空，然后装上送给男方的答谢礼品。答谢礼品通常是订婚戒指、一套男装、男用化妆品、各色糕点及其他一些男人喜欢的东西。有时女方的答谢礼品比男方所送的彩礼更多、更贵重。

文莱马来人的婚礼隆重而盛大，一连举行7天。他们办婚事也要选个吉日。结婚旺季为伊斯兰历4月和9~12月这段时间。文莱马来人结婚的证婚人通常由阿訇充任。结婚证上除有阿訇的签名之外，双方家长也得签名才能生效。按照文莱马来人的风俗，聘金虽然是由男方家付给女方家的，但是婚礼仪式要在女方家举行，婚宴和布置也由女方家负责。

婚礼 多数是在夜晚举行。举行婚礼的第一天晚上，由男方家的亲友、阿訇、长老、父母陪伴着新郎，排成长列，捧着聘礼，拿着《古兰经》，在音乐伴奏下唱着歌，前往女方家。队伍由鼓乐队领头引路，后面跟随着亲友，他们有的捧着盛有槟榔叶的盘子，有的捧着糕点、香蕉、纸花，其后是阿訇、长老和新郎父母，新郎及伴郎由一名伊斯兰教长引导到屋里的内厅。厅里预先布置好宫殿式的座位，正中并列两张装饰华丽的座椅。新娘预先端坐在右方的座位上，恭候新郎到来。新娘头上罩一幅红缎盖着脸，身穿锦袍，头插鲜花，手腕上戴着闪闪发亮的金饰，颈上、手指上都戴着项链和指环，耳朵上戴耳环，脚踝上套足环，鞋面绣着五彩的珠子。新郎被引到新娘左方的椅子上坐下，伴郎、伴娘分别站在两旁，近旁帮忙的亲友们挥动着特制的蒲扇，为这一对新人扇风。片刻以后，就开始进行祈祷仪式。主持婚礼的长老先向新婚夫妇念经祝福，接着宣读双方的誓约和新郎送来的聘礼数量，然后便由阿訇上前去揭新娘的面纱，并为一对新人洒圣水，牵拉双方的手放在对方的手上，随后又高声朗诵一遍《古兰经》。念过之后，便拿两小包槟榔叶给新郎和新娘嚼食。嚼完以后，双方交替朗读誓词，互敬白米饭一碗，或互相喂食香饭。仪式至此告一段落，来宾们纷纷上前祝贺，有的馈赠礼物，有的献桂花环，有的给新娘的手指甲涂染赤红色的槟榔叶，表达祝福。

仪式过后，由女方家招待来宾吃咖喱大菜，一直到午夜过后人们才尽欢而散。新郎暂时在女方家住下。宾客离去时，每人按惯例都可得到一份鸭蛋作为谢礼，这些鸭蛋盛在一个用铁丝和纸花扎成的小篮子里，或用纸花扎成一棵小树状，把鸭蛋装饰成两颗并连的果子，挂在树上祝福新婚夫妇早生贵子。

第二天、第三天是新婚夫妇的节日，他们分别进行沐浴和接受双方宾朋的贺礼和祝福，还参加女方家的招待宴会。但是新婚夫妇仍未达到“洞房”的阶段，只是名义上的夫妻而已。第四天晚上，人们继续热闹一番，男方家的亲友再到女方家集体念经，念完经后又照例有餐宴款待。在这天夜里，两位新人方能同居一室，一直到第七天，新郎才带着新娘回家见父母，然后再回女方家继续住下去。从此，新郎就成为女方家中的一员。

丧葬　文莱的马来人十分重视给死者办理丧事，他们认为办理丧事是人人应学会的一门学问。丧事一般由死者的继承人或其他亲属办理，要严格遵守伊斯兰教的习俗。当一个人病重垂危时，必须让他（或她）诵念祷词：“除真主之外没有值得崇拜的。”据说这样人死后才能进入天堂。在办丧事的过程中，最重要的是给死者沐浴和祈祷，沐浴就是按宗教仪式洗净尸体。按当地习俗，洗尸就是掩藏死者的各种缺点、弱点和错误，这样将来自己有缺点、弱点和错误时真主也能原谅。

出殡的时候，大家要念诵《古兰经》，但女性不能去送殡。棺木运到坟场后，由清真寺管理人员打开棺盖，拆除裹尸布，将尸体面向麦加放入墓穴，立墓碑。最后，请阿訇念平安经，朝坟上洒水、撒花。

文莱人的宿命论　文莱马来人有一种传统的宿命观念，即人的一生命运如何，取决于四大因素：个人命运、妻子命运、孩子命运和铁器命运。如果以上四种因素中的一种能起作用，便可使人的命运发生转机。命运不好的人可能会在娶妻后走运，靠的是妻子的命运。如婚后依然命运不佳，便要等待孩子带来福分。若后代仍不能使自己福星高照，便只能看自己珍藏的铁器命运如何。文莱马来人认为，无论何种铁器，都会对人的一生产生影响。铁器的命运可通过观察铁器外表、分辨铁器的声音等办法来检验，但最常用的是拇指测量法。这种方法一般只用于检验武器，比如检验一把收藏的克利斯短剑，须用两手拇指交替测量短剑的剑身部分，用右手拇指测量时口念“生”，用左手拇指测量时念“死”。如测量完毕时拇指落在“生”上，则证明武器会给收藏者带来好运，否则就相反。

文莱渔民的禁忌 由于文莱濒临大海，当地许多居民过去以捕鱼为生。文莱渔民爱惜捕鱼工具如爱惜自己的生命，如捕鱼工具被牲畜、家禽踏过或被人踩过，都会使渔民感到愤怒。正在经期的妇女不能触摸渔具。一旦发生上述情况，人们必须用草药水喷洒、用香火熏或用洗涤剂清洗渔具，不然渔民就认为出海会倒霉。在出海途中，严禁口出脏话，遇到猪、猴等动物，不可直呼其名，更不可招惹它们，否则，此次出海不会有满意的收获。在海上捕鱼时也要谨言慎行，如不得大声吵嚷、不许说粗话等。钓鱼者眼看上钩的鱼跑掉，不可生气，更不能责骂不已。在海上遇到异物，应置之不理，不得故意打扰，因为异物的出现是为了考验渔民的耐心和决心。渔民们确信，招惹异物会大难临头。

三 节日

苏丹诞辰日 现任苏丹哈桑纳尔·博尔基亚出生于1946年7月15日，每年的7月15日是文莱苏丹诞辰日，也是文莱重要的节日之一。

当日上午9时，在奥玛尔·阿里·赛里夫汀广场举行阅兵式和群众团体的彩车庆祝游行。然后苏丹到王宫册封各界中下级有功人员，最高级别为达图，多为荣誉称号。当晚在王宫举行有上千人参加的晚宴，王室全体成员、各部部长、副部长、常务秘书、司局级官员、各级受封人士、驻文莱的各国使节及外国银行与大公司总经理等夫妇应邀出席。男性王室人员及文莱男士要根据自己的身份着装。女士除王室人员外，都要着白色衣裙。各国大使要着燕尾服，戴黑色领结，也可着本国民族服装。与此同时，文莱的驻外使馆也要举行盛大招待会，以示庆祝。文莱国内的报纸、电台和电视台要为此发表社论或播放专题节目。

在苏丹诞辰日前后，还会举行文莱四个区代表队的拔河比赛，各部门、各单位及华人社团要举行各种庆祝活动，苏丹轮流到各区与民同乐。有关苏丹诞辰日的各项活动一般要筹备半年左右。苏丹诞辰日前后一两个月内，王宫与斯里巴加湾市各主要街道都要搭起各式彩色牌楼，到处悬挂着“吾王万岁”的标语。夜间灯火辉煌，其热闹程度胜过开斋节。

国庆日 国庆日是文莱各族人民的全国性节日。文莱的独立日是公历1984年1月1日，国庆日则定在公历2月23日。这一天，一般要在首都斯里巴加湾市的奥玛尔·阿里·赛里夫汀广场举行盛大的游行庆祝活动。同时，在首都和全国各地还要举办各种纪念性展览和念诵《古兰经》等活动。

建军节 每年的5月31日是文莱军队的节日。

开斋节 开斋节是文莱马来人的新年，是一年中最重要的节日。每逢伊斯兰历9月，文莱全国穆斯林都要实行长达一个月（斋月）的斋戒，白天禁食、禁饮。斋月过后的第一天，便是开斋节。当天，苏丹要到清真寺跟民众一起做祷告，并通过广播电台、电视台向全国发表文告，庆祝斋戒期满。

文莱人经过一个月的禁食、禁饮后，要欢庆开斋节。家家户户张灯结彩，男女老少都穿上节日服装，每家一般至少要安排一天的“开门迎宾”活动，接待来宾，也可以不分身份高低到任何人家去拜年，互致节日祝贺。身份高一点的家庭正式发请帖，但人们不管有没有收到请帖都可以去拜年。如果收到某人的开斋节请帖而没有登门拜访，对方会认为这是一件不愉快的事。特别是亲友之间，如果这一年没到谁家去拜年，相互间在感情上就会产生隔阂。

开斋节期间，文莱王宫向公众开放四天。第一天接待各部高官、各界显贵、各国驻文莱使节。后三天接待普通民众，各国驻文莱使馆参赞以下的官员和职员、外国游客、外籍劳工都可在这三天畅通无阻地进入王宫。王宫随时备有丰盛的饭菜、糕点和水果，招待八方来客，离去时每人还可拿一个印有王室标记的餐盒，里面装满各式马来甜点。据统计，每年大约有占文莱人口1/4的人在开斋节期间进入王宫。而这些进进出出的人群秩序井然，从未发生过拥挤、盗窃和破坏公物等现象，这在世界上君主制国家里可能是少有的。同时它从一个侧面反映苏丹作为一国之君，虽然至高无上，但还是比较开明，并接近平民的，也可见这个国家社会秩序之良好。

各国驻文莱使节除到王宫外，还到所有部长、副部长、各部常务秘书、外交部各司司长、伊斯兰国家驻文莱使节及各界显要人物家中拜年。在这三天中，有时一天要走访数十户人家，一家待十分钟。每到一处都会受到盛情招待，有的人家直接就把你引到餐厅，让你就餐。到时至少得喝几口饮料，吃上一块点心，有时实在太饱了，也要学文莱人用右手在主人的食盘上碰一下，以示谢意。这样，一天下来肠胃负担真不轻。但这是一个好的传统，特别是对各国驻文莱使节来说，是个交友的好机会。凡是在开斋节拜过年的人家，下次在别的场合见面，总是倍感亲切。

《古兰经》启示纪念日 每年的公历6月16日。

先知诞辰日 伊斯兰历3月12日是先知穆罕默德的诞辰日。文莱对先知诞辰日特别重视，这一天，要在奥玛尔·阿里·赛里夫汀广场举行集会和游行。苏丹要在集会上发表讲话。全国各地也同样举行游行活动，穆斯林举着各种标语和横幅，穿街走巷，热烈庆祝这一节日。

圣诞节 文莱公众虽多数信仰伊斯兰教，但圣诞节也被列为公共假日。

元旦 每年的公历1月1日，也是文莱全国性的节日。苏丹一般要在这天向全国民众发表讲话。

中国春节 每年的中国农历正月初一即为春节。这是文莱华人的节日。节日期间，文莱马来人从高官到平民都到华人家拜年。华人家庭张灯结彩，贴对联、放鞭炮也很普遍。

文莱克达扬人的稻米收获节 文莱土著居民克达扬人现在仍然保留着一种庆祝丰收的仪式，在每年的稻米收获节举行。这一古老的传统可追溯到古代刀耕火种的年代，流传至今已有上千年的历史。节日持续3天，邻村客人到达的第3天是此节的最高潮。欢庆宴会上的食物由村民提供，节日的特殊食品是“科鲁彼”。这是一种用米和肉制作、裹以鲜嫩的竹叶的圆形粽子，蒸熟以后，本族人团聚一堂共同食用，以庆祝本族人丁兴旺、五谷丰登，具有感谢神灵和加强全村团结之意。

第三节　特色资源

一　主要城市

斯里巴加湾市（Bandar Seri Begawan）　斯里巴加湾市是文莱的首都，位于婆罗洲北部，文莱湾西南角滨海平原，文莱河畔。面积 16 平方公里，人口约 14 万人，是全国的政治、经济和文化中心。

在几个世纪以前，这里还是一座小小的水上村落，当地人称其为“坎旁·艾尔”（意即“水上村落”，又称“水村”）。1512 年，意大利探险家安东尼奥·皮加弗塔来到这里，他将“坎旁·艾尔”描绘成一个只有 2.5 万户人家的水上城镇。此后葡萄牙探险家麦哲伦也曾在此登陆。从 1906 年起，一部分水村人迁到陆地上定居，形成当时的文莱镇，即现在斯里巴加湾市的雏形。1970 年 10 月 4 日，现任苏丹为表彰其父二十八世苏丹奥玛尔·阿里·赛里夫汀的建国业绩，将文莱镇正式改名为斯里巴加湾市。“斯里巴加湾”原是二十八世苏丹的封号，在马来语中意即“受尊敬的高贵之人”。

从 1970 年正式命名至今，斯里巴加湾市发展十分迅速，城市面貌日益改观，一片片新楼拔地而起，公路网不断扩展，呈现一幅欣欣向荣的景象。市容整洁，草木青翠，繁花似锦。新式的水上公寓和楼房代替了昔日的水上村庄；新王宫规模宏大，富丽堂皇；赛里夫汀清真寺和哈桑纳尔·博尔基亚清真寺庄严肃穆，雍容典雅。国家博物馆、王室礼仪陈列馆、苏丹陵墓是该市的主要旅游景点。

斯里巴加湾市是全国的交通中心，有公路通往全国各地，其中沿海公路把它与西部城市相连接。海上运输可通往香港、吉隆坡、曼谷等地。该市的航空业不断发展。70 年代中期，随着新机场落成，文莱皇家航空公司不断拓展业务。如今，“文航”已开辟近30条国际和地区航线，与曼谷、北京、香港、马尼拉、开罗、伦敦等27个城市通航。

斯里巴加湾市的变化让首都人享受到经济发展带来的巨大好处。他们的生活水平大大提高，享有免费医疗、义务教育、政府提供住房等；同时，又避免了现代化过程中的负面影响及伴随而来的社会问题。在斯里巴加湾市，社会风气良好，秩序井然，人与人之间和睦相处，社会安定，这里好似一个“世外桃源”。

诗里亚（Seria） 位于文莱的西南部，北临南海。市区沿海岸分布，该市主要大街上店铺林立、商品丰富，市场较为繁荣，有三家电影院，有轻便铁路可通巴达斯，沿海公路西可通瓜拉白拉奕，东可达都东区及其首府和穆阿拉港。城区附近石油井架林立，是一座石油城，为文莱主要产油基地，其附近有卢穆特炼油厂和大型液化天然气厂。这里开采的原油一部分直接装船出口，一部分输送到卢穆特炼油厂提炼，还有一部分经输油管道输送到马来西亚沙捞越州罗东的炼油厂提炼。

都东（Tutong） 位于都东河入海口附近，在首都斯里巴加湾市西面39公里处，是一个面河背山、向山顶发展的小城，也是都东区的首府。有锯木厂等小型企业，城郊有小型机场。

瓜拉白拉奕（Kuala Belait） 地处文莱西部，邻近马来西亚的沙捞越州，是白拉奕区的首府。它是一个港口城市，港区水浅，有两座一百余米长的码头。该城设有木材厂、家具厂等，市郊产水稻。沿海公路东通诗里亚、都东等地，西经白拉奕大桥可通往马来西亚沙捞越州的淡南港和罗东、米里等地。

二 建筑艺术

文莱是个面积只有5765平方公里的袖珍小国，因虔诚的信仰、丰富的石油资源和开明的君主，自1984年宣布独立以来，国民生活一直保持着宽松模式。这片被婆罗洲热带雨林包围的净土，远离世界纷争，独处尘世之外，仿佛是个童话世界。

建筑是民族和文明的个性体现。文莱是一个伊斯兰国家，建筑艺术是伊斯兰艺术中重要的艺术形式之一。走在首都斯里巴加湾市的大街小巷，随处都能感受到浓郁的伊斯兰气息，首先映入眼帘的就是清真寺巨大的圆形金顶和镂空的乳白色尖塔。无论是坐落在博尔基亚大道旁的哈桑纳尔·博尔基亚清真寺，还是作为首都象征的奥玛尔·阿里·赛里夫汀清真寺，无不富丽堂皇、用料考究，尽显雍容华贵的气势。

哈桑纳尔·博尔基亚清真寺规模宏大，由主体建筑和尖塔组成，主体拱顶与四周的尖塔均镀24K金。据介绍，清真寺的29个金碧辉煌的圆顶是为了纪念历史上29个苏丹统治的朝代，4座57米高的塔尖装饰着蓝色和白色的马赛克，高高矗立，既肃穆又醒目。

奥玛尔·阿里·赛里夫汀清真寺是一座皇家清真寺，由一位意大利建筑师设计，同时受伊斯兰和意大利建筑风格的影响，形成独特的风格，在世界伊斯兰建筑中较为罕见。

在文莱，除有尖塔高耸的清真寺外，还有一座带有中国传统风格的庙宇——腾云殿。

腾云殿原名腾云寺，位于首都市区内，距今已有90多年历史，是文莱境内香火最盛的庙宇。殿内所供奉的神明，包括“广泽尊王”“关圣帝君”“哪吒三太子”“福德正神”。第二次世界大战期间，腾云寺惨遭炮弹袭击，当时在庙宇周围，如同池塘大小的炸弹巨坑比比皆是。但是庙宇建筑没有受到破坏，依然故我地屹立在残垣瓦砾中。

1953年，由于政府征用土地，腾云寺面临拆迁的问题。在当时的华人领袖佩欣天猛公达图林德甫先生与多位佛教老前辈的发动下，委员们开展了大规模的募捐运动，全境善男信女踊跃捐献，腾云寺得以重建。新寺中的一些石头雕像柱脚则是用帆船从遥远的中国运到文莱的。

1960年12月27日，一座崭新的巍峨堂皇的庙宇顺利完工并举行奠安大典。自落成奠安至今，腾云殿经多次维修，雕塑神明，粉饰金身，始终保持着庙宇的堂皇华丽。多年来，腾云殿董事会秉承先人的奉献精神，全心全力推动所有佛诞庆典，为境内善男信女祈福，以保境内善男信女受到神明的庇佑，免受天灾人祸。

三 名胜古迹

文莱王宫（Istana Nurul Iman） 文莱王宫全名为努鲁尔·伊曼宫，被称为“世纪性的宫殿”。1980 年开始修建，1984 年文莱宣布完全独立前夕完工。由菲律宾著名设计师洛克辛设计，并由菲律宾建筑商承建。王宫正面连接一条繁忙的大道，整个王宫呈三面环水的半岛形伸入文莱河，对岸是一个无人居住、灌木丛生的丘陵状小岛。王宫地势居高临下，站在王宫大院，可鸟瞰首都斯里巴加湾市。正门前有一条人造瀑布，气势磅礴。一进入王宫就看到两侧几个大的喷水池，水声哗哗，池中有各种名贵金鱼游弋。王宫占地 120 公顷，主体建筑长 525 米、宽 228 米，施工时曾挖掉 400 万立方米土石，铺了 23 万平方米草皮，建房顶用的钢材就达 4000 吨。据称，这是当今世界上仍在使用中的最大、最现代化的宫殿。

王宫共有 1788 个房间，分为王室生活区和首相府办公区两部分。王宫内有一个可容纳 4000 人的宴会厅，每年庆祝苏丹诞辰的晚宴及招待各国元首的国宴都在这里举行；有一个可容纳 500 人的庆典大厅，苏丹每年在这里向各界有功之臣授勋。王宫内还有苏丹与王后分别接见外宾的各种规格的富丽堂皇的会客厅和一个可容纳 1500 人、专供王室人员及其工作人员用的祈祷厅。

王室生活区有 3 套豪华套房供王室的客人使用，12 套公寓式套房供现苏丹与王后所生子女（两位王子、四位公主）居住。根据文莱习俗，女孩结婚后，如果女方家庭境况强于男方，男方入住女方家庭，因此，大公主结婚后连同夫婿都住在王宫内。

办公区包括苏丹和首相府办公区。王宫内除室外运动场外，还设有室内多功能运动中心、直升机停机坪和可容纳 300 辆轿车的地下停车场。

整个王宫的建筑充满伊斯兰色彩，其马来风格的人字形大屋顶和数个镀有 22K 金的硕大圆顶金光闪闪，尤其引人注目。在从文莱国际机场起飞和降落的飞机上，均能看到这一雄伟的建筑。

王宫的全部建筑材料从美国、丹麦、法国、意大利和英国等 30 多个国家进口。室内装潢极其讲究，特别是宴会厅、会客厅更是金碧辉煌。所有家具，包括桌椅、沙发扶手与靠背都有不同程度的包金与烫金，甚至地毯上都穿织着金线。有人说，苏丹王宫是用金子堆起来的，这话不算夸张。各个大厅的天花板上还悬挂着成吨重的水晶镶金吊灯。至于王室生活区的陈设与装饰更不乏宝石、玉雕、巨钻、名画等稀世珍品。王后对其宫内的陈设了如指掌。如某幅名画出自哪位画家，哪幅是凡高的作品，哪幅是毕加索的作品，王后马上能说出来。

哈桑纳尔·博尔基亚清真寺（Jame Asr Hassanal Bolkiah Mosque）

1994 年 7 月 14 日，以现任苏丹名字命名的哈桑纳尔·博尔基亚清真寺正式落成启用。这是苏丹个人捐资建造的，作为他 48 岁生日送给国民的礼物。这座清真寺由主体建筑和四个尖顶圆塔组成。主体圆顶与搭配圆顶均用 24K 金制成，耗金 2.4 吨。寺内有两个大祈祷厅，可分别容纳 6000 名男女信徒同时祈祷，每人各用一块特制的祈祷地毯。男祈祷厅内的水晶吊灯就有 3.5 吨重。厅内摆放着巨型《古兰经》手抄本，据称是世界上较大的一部《古兰经》手抄本之一。除此之外，还有男女净身房、办公室和图书馆等现代化附属设施。整座清真寺建筑材料全部从国外进口，极其考究。从熠熠发光的灯饰到光洁可鉴的大理石地面，到处都散发着具有浓郁文莱特色的伊斯兰气息。具有马来传统风格的黑漆嵌金空花外墙，使整个清真寺显得庄严肃穆、雍容典雅。据说，哈桑纳尔·博尔基亚清真寺的规模不算太大，耗资颇多，文莱政府从未公开披露过具体数字。1997 年当地一份华文报纸曾透露，建造该清真寺花费了 4000 万美元。

文莱的清真寺在祈祷时间谢绝参观。其他时间去参观，要向管理人员说明来意，管理人员可能会通融让参观者进去。但参观者要衣着整齐，男士穿一般的衣服就可以了；女士要穿上一件黑色、长袖、袍长拖地的大袍（清真寺可免费借用），并规定女士（不管是不是穆斯林）在月经期间禁止进入清真寺。哈桑纳尔·博尔基亚清真寺是文莱的重要景点之一，国外代表团，特别是来自伊斯兰国家的代表团及外来游客一般都要到此参观。

奥玛尔·阿里·赛里夫汀清真寺（Omar Ali Saifuddien Mosque） 文莱还有一座以现任苏丹父亲名字命名的清真寺——奥玛尔·阿里·赛里夫汀清真寺。它犹如一座镶着金顶的白玉巨雕，是文莱人民虔诚信仰伊斯兰教的象征，也是首都斯里巴加湾市的心脏。这座巍然屹立于文莱河畔的清真寺建于1958年，当时曾是东南亚地区最引人注目的清真寺。地面铺的是意大利大理石，外墙用中国的花岗岩砌成，吊灯和有色玻璃窗来自英国，地毯从沙特阿拉伯和比利时进口。闪闪发光的金顶由330万片金片镶成，如把这些金片铺成平面，其面积为520平方米。该清真寺三面环水，有一条16世纪御船复制品，主要供游客观赏与游览。有时在这里举行年度朗诵《古兰经》比赛。

王室礼仪陈列馆（Royal Regalia Building） 为庆祝登基25周年，现任苏丹亲自提议把位于斯里巴加湾市苏丹街的丘吉尔纪念馆拆除，修建王室礼仪陈列馆，以作为王室对人民的个人象征，也是以王室为标志的文莱国家实体的体现，旨在让人民了解王室礼仪的庄严与神圣。现在王室礼仪陈列馆是到文莱的外国代表团和游客必参观的一个景点。

该陈列馆于1992年4月动工，当年8月建成，10月对外开放。建立王室礼仪陈列馆是现任苏丹的一个历史功绩，其建筑风格之独特及竣工速度之快，也是文莱建筑史上少有的。该馆正面两层楼的玻璃与帘幔显示了热情迎宾的氛围，圆形的屋顶状如王冠，是至高无上权力的象征。陈列馆一楼分中央大厅、后侧厅，二楼左右侧各有一个展室。中央大厅内陈列着用于苏丹登基仪式的各种御品，其中最显眼的是苏丹登基时用的御车。大量展品反映出文莱历史与文化深受中国的影响。文莱是以黄色作为苏丹的标志，苏丹用的伞、旗等御品都为黄色。在文莱的一些重大庆典中，国民们都不能穿黄色的衣服。苏丹的3位弟弟分别使用白色、绿色、黑色作为他们的代表颜色。

在王室礼仪陈列馆一层大厅里陈列着为苏丹御车开道用的长叉，据说这是古代中国的赠品。至于大量的兵器与乐器更是与中国的矛、盾和唢呐、手鼓等异曲同工。中央大厅四周的29根圆柱，代表现任苏丹为二十九世苏丹。后侧厅以1∶1的比例，逼真地展现了苏丹登基时乘坐御车来到街头，千万人民空巷迎接的盛大场面。御车前后各有数十名身着红、黑色军服的士卒，周围还有若干打旗、打伞、手举蜡烛的侍从。簇拥在街头的民众，举着五颜六色的标语牌与旗帜，呼喊着“服从真主、效忠苏丹、热爱国家”的口号。

二楼左侧展室以大量的文字资料、图片、录像与录音展现了文莱从1847年与英国签订第一个条约——《文莱英国友好通商条约》到1984年文莱举行独立庆典的历史，尤为突出的是1959年文莱第一部宪法成文的过程及1984年独立时的情景。右侧展室主要以图片和实物展示苏丹家族及苏丹本人的生平及登基与加冕的过程。

文莱水村（Brunei Water Village） 距今已有400多年的历史。1521年，随同西班牙航海家麦哲伦远航的意大利历史学家安东尼奥抵达文莱时，对当时的水村景色如醉如痴，把它描绘为“东方威尼斯”。据安东尼奥在他的《首次周游世界》（*The First Voyage around the World*）一书中叙述，当时文莱大约就有2.5万户人家住在水村，人口应不少于六七万人。现在文莱水村的人口有所减少，约为3万人，但仍是世界最大的水上村落，成了外来游客和外国代表团必看的一景。

一般行人和居民通过简易木桥或乘一种叫作“水上的士”的小木船，来往于水村与陆地之间。如有重要代表团到访，文莱的接待单位会提供豪华游艇，供贵宾前往水村游览观光。如果在夜间游览水村更是另有一番情趣：站在岸上观赏坐落在文莱河上的水村，闪烁的灯光星星点点蜿蜒8公里，连成一条长龙，好像天上银河倒映人间。如果乘坐豪华游艇沿文莱河而上，直到王宫后院尽头转上一圈，两岸风光让人目不暇接，那真是悠然自得。建在苏丹基金会对面的港景餐厅更是观赏水村夜景的理想之地，坐在面向水村以玻璃封闭的半圆形餐厅内，水村全景尽现眼前。这时，人们可发现文莱的精华似乎都集中在文莱河畔，在茫茫夜色中依稀可见的雄伟的王宫背影和在半山腰若隐若现的文莱外交部大厦。而岸边清真寺、文莱博物馆和手工艺品中心等风格迥异的建筑，都比白天分外妖娆。

水村的居民多为马来人，他们的祖先以捕鱼、编织、制造银铜器具及造船、修船为生，在这里繁衍生息。随着文莱经济的发展，水村居民的营生方式也发生了变化，现在真正以捕鱼为生的人已不多了，多数人到陆上的政府部门或私营企业就业，有的在水村内小手工作坊和公共场所中工作。

老水村比较简陋，相互之间以木桥连接，容易发生火灾。尽管水村也有消防队，但毕竟不如在陆地上容易操作消防器材，因此每年都有数起无情的火灾，吞噬成片水村的木屋，造成数十户甚至数百户水上人家无家可归。为改善水村居民的居住条件，文莱政府陆续修建新型水村住宅。新建的水村住宅一般为二室二厅、三室二厅和四室二厅，价值2万~4万文元，折合两三万美元。住户每月象征性地交点儿房租（每月约100文元，新水村居民人均月收入为800文元），二三十年后就可为私人所有。这些房屋的建筑用料均为耐火材料，村内的交通以水泥道路取代了木桥，因此发生火灾的可能性就小了。村内的垃圾、污水和粪便已能进行科学处理。各户可享受洁净的自来水和罐装液化天然气。每户居所窗明几净，家中普遍都有彩电、冰箱、空调等高档电器以及沙发、地毯与精美家具，室内陈设十分讲究，真是今非昔比了。

从水村到陆地，游客一般乘坐“水上的士”。这种“水上的士”很小，除了船工，一般只能坐两三个人，行驶时船头向上翘，马达扑扑作响，水花四溅。对游客来说，乘坐这种木船似乎不太安全，但水村居民倒是乐在其中。

文莱博物馆（Brunei Museum） 始建于1965年，距首都斯里巴加湾市6.5公里。1972年正在文莱访问的英国女王伊丽莎白二世为其主持了正式对外开放仪式。博物馆共有两层6个展厅，分别展出伊斯兰艺术、文莱历史、文莱石油发展史、文莱自然地理、文莱传统文化、马来人的生活习俗及手工艺品，包括一幅从91.7万米高空通过卫星摄制的文莱全国的巨型地图。展品中有文莱和法国于1998年在文莱附近水域打捞出的中国明代的陶器和瓷器等贵重物品，由此可见，中国与文莱自古以来的交往就甚为密切。

博物馆每天免费向公众开放，时间为上午8：30~下午5：00；但星期五例外，开放时间为上午9：00~11：30，下午2：30~5：00。

艺术和手工艺品中心（Arts and Handicrafts Centre） 位于文莱河畔，面对水村。该中心原为文莱文化、青年和体育部办公楼，1984 年该部搬到新办公楼后，这里改为“艺术和手工艺品中心”。大楼前侧的第二层有一个约 150 平方米的展厅，大楼后侧为加工车间。展厅内的展品全是文莱传统手工艺品，包括几个世纪以前用金银线织成的设计精美的马来服饰；手工制作的镶有珠宝的银器和工艺品，如装饰用的炮台和蛇状匕首等；还有各种现代手工制作的银器。该中心每天向公众开放并销售各种工艺品。

杰鲁东游乐区（Jerudong Park Playground Area） 与文莱苏丹行宫毗连的杰鲁东游乐区，位于南海海滨高速公路旁，占地面积 1000 公顷。20 世纪 70 年代末开始建设。区内包括杰鲁东公园、杰鲁东游乐园、杰鲁东马球俱乐部、皇家高尔夫球场和乡村俱乐部等几个部分，以及一些餐饮设施。整个游乐区堪称“游客的天堂”。

①杰鲁东公园（Jerudong Park Garden） 文莱有几十个大大小小的公园，实际上都是自然风景区，疏于管理与修饰。唯有杰鲁东公园是人工刻意塑造的。公园里白天百花争艳，绿草如茵，树木葱翠；晚间火树银花，各种树灯五彩缤纷，把整个公园衬托得如同童话世界。

②杰鲁东游乐园（Jerudong Park Playground） 与杰鲁东公园毗连的杰鲁东游乐园是苏丹出巨资建造的，于 1994 年 7 月 14 日苏丹诞辰日前夕对外开放，算是苏丹赠给人民的礼物。游乐园可同时容纳 8000 名游客，平均每天近 3000 人次前往游玩。开放之初一直实行免费，但自 2000 年 3 月 7 日起开始收费，每项游乐设施收费 2 ~6 文元（约合 1 ~3 美元）。

杰鲁东游乐园门前有一座巨型雕塑，四根拱柱犹如众星捧月般托着一颗价值数万美元的巨大水晶球。雕塑下有一个喷水池，从池底射出的激光束把大水晶球照得晶莹闪烁。游乐园内设有男女老少皆宜的各种游乐设施，如碰碰车、电动马、自控船、过山车、射击场、溜冰场、小火车、空中旋转车、海盗船、霹雳与迪斯科舞场等，从休闲娱乐到惊险刺激，各类设施应有尽有。其建筑材料之上乘和管理之有序，也是绝无仅有的。1996 年 1 月 1 日，杰鲁东游乐园内建成一座高塔，这是苏丹送给全国人民的又一个礼物。杰鲁东游乐园音乐喷泉比新加坡的圣陶沙音乐喷泉更好，它可打出字幕和苏丹的头像以及美国超级歌星迈克·杰克逊在文莱举行演唱会的画面。游乐园卫生状况与秩序之良好也是惊人的。据说仅在场地内日夜打扫卫生的就有几百人，难怪游人任何时候进去，都不会看到果皮、纸屑和饮料罐等。

③皇家文莱高尔夫球场和乡村俱乐部（Royal Brunei Golf and Country Club） 皇家文莱高尔夫球场和乡村俱乐部位于杰鲁东游乐区内，北邻南海，距离市区约 20 公里。球场周围的热带自然风光明媚，景色秀丽，绿草如茵。球场地势绵延起伏，蜿蜒多姿。场内的天然水面构成独特的景致，给球手增加了几分挑战。球场 18 洞的标准杆为 72 杆，球道全长 6175 米。球场共有 63 个沙坑，发球台和球洞区依地势而变，安全可靠，并有一定难度，对球手的耐力和技巧是很大的考验。由于球场拥有良好的管理和维护系统，即使在雨后也可尽情挥杆。球场还配有夜间照明，给夜间球手一种崭新的体验。

该球场始建于 1989 年，由世界著名的高尔夫球场测绘师美国“高尔夫规划”的罗纳德·弗里姆精心设计，曾吸引了亚洲许多杰出政治人物和工商界人士，一些世界著名的职业高尔夫球手也慕名而来。

皇家文莱高尔夫球场和乡村俱乐部目前共有 70 多名职工，75 部高尔夫球车，各项服务设施齐全。该俱乐部曾为 2000 年亚太经合组织（APEC）领导人非正式会议的活动场所之一。

④杰鲁东马球俱乐部（Jerudong Polo Club） 马球俱乐部亦位于杰鲁东游乐区内，距市区约 15 公里，北临南海，于 1958 年建成。该俱乐部环境幽静，建筑风格典雅，是文莱苏丹、王室成员以及俱乐部会员、社会团体组织重大活动的场所。

俱乐部区设有马球场、高尔夫球场和医疗中心等设施。主体建筑内设有健身房、游泳池、桑拿浴室、保龄球馆、台球室、壁球场等，还有会议厅和两个各容纳 300～400 人的宴会厅。两个露天马球场供苏丹、王室成员及特邀客人打马球；特里贾亚骑术中心提供马术训练和娱乐，其中有一个面积达 1 万余平方米的室内骑马场。

目前该俱乐部已有700多名会员。豪华的马球俱乐部对公众开放，但必须加入俱乐部成为会员才能享用俱乐部设施。

目前，杰鲁东游乐区仍在不断扩建，一座海底乐园及其他设施已在规划中。据说，现有的游乐区仅完成了一半左右的工程。有人说，如全部完工，杰鲁东游乐区将是世界上最大的游乐区之一。

淡布伦国家森林公园（Temburong National Park） 它是文莱诸多森林公园中最大的天然公园，占地48875公顷，位于淡布伦区巴都阿波附近的森林保护区内。整个森林保护区面积达500平方公里。

到淡布伦区去一般需穿过曲折蜿蜒的文莱河，乘坐木制机动快艇可到达邦加镇。文莱雨季时，河水迅猛，河涧与河底石缝中迸发出来的激浪猛烈撞击船底，使游人感到极不舒服。但沿途景色迷人，河水清澈见底。

所谓的森林公园实际上并未完全开发，仍是一片原野，有的地方还规定老弱病残者与15岁以下的儿童不得涉足。据说，文莱森林局已投资500万文元将在公园内建设度假村及其他设施，这笔投资对于广袤森林来说，是微微小数。但公园内有不少自然景色值得一看，大小瀑布有多处。公园内必要的通行与爬山设施已粗具规模。架在树上如同原始人类穴居的树屋高低不等，游客可通过木梯爬上树屋，窥视珍稀动物的行踪。还有连接两个山峰的几十米高、上百米长的吊桥，吊桥下面是卡朗安河。这种吊桥看起来还是安全的，两侧有铁丝网围栏，但一走上吊桥，人就随吊桥一起悠悠晃动，脚下卡朗安河水哗哗流淌，让人感到如吊在空中，没有着落。

森林公园中最具刺激性的当数攀登500多级的爬山阶梯。人们拾阶而上到达山顶，顿时感到豁然开朗，森林公园的全景展现在面前，郁郁葱葱的热带雨林漫山遍野。极目远眺，层峦叠起，云蒸霞蔚，热带雨林景色美不胜收，使人感悟到大自然绝妙的造化。文莱人说，到了淡布伦国家森林公园如不登上这座山峰就像到中国没有登上长城一样。因此，到淡布伦国家森林公园旅游的人一般都要登上这座山峰。

文莱建立国家森林公园说明了政府对森林资源的保护，体现了强烈的环保意识。1991年，文莱壳牌石油公司赞助文莱大学100万文元，在该公园内建立了贝拉隆野外研究中心，作为热带雨林的一个国际科研基地，现在已逐步发展为文莱及国外高校和科研机构的教学与培训基地。该中心近年来研究发现，森林公园内有菩提树等世界名贵树木，还有多种珍稀动物；计有180多种树木、35种蛙类、180多种蝴蝶、200多种鸟类及在一棵树上可同时栖息的400多种不同类型的甲虫。这座国家森林公园是文莱的一笔宝贵财富。

第二章

历　史

第一节　古代时期

一　苏丹国的建立

文莱是一个古老的国家，有几千年的历史。这可以从位于马来西亚东部的尼亚比（Niab）洞窟考古发现的3500年前的人类头骨得到证实。

文莱王室及其人民有很古老的历史背景。现在尚不清楚，早期移民何时在文莱安家。但从公元五六世纪时的中国史书就能看到有关文莱前期历史的记载；也就是说，文莱至少已有1500多年的历史。中国古代称文莱为“婆利”“勃尼”“婆罗”“渤泥”，文莱自古为酋长统治。那时文莱的国王称圣·阿杰（Sang Aji），其控制范围相当于现在的加里曼丹（原称“婆罗洲”）西北部的沙捞越、沙巴及现在的文莱本土。当时这个国家以盛产并出口樟脑、胡椒和黄金而闻名。

15世纪之前，文莱先后处于近邻强国室利佛逝国和麻喏巴歇国的支配和控制之下，向它们称臣纳贡。为摆脱这种局面，文莱国王阿旺·阿拉克·贝塔塔尔（Awang Alak Betatar）开始寻求满剌加国（今柔佛州）的帮助，出访满剌加国，并于1414年与满剌加国苏丹的女儿结婚，通过联姻与满剌加国联盟。婚后，阿旺·阿拉克·贝塔塔尔皈依伊斯兰教。作为回报，满剌加国苏丹授予他“文莱苏丹”头衔，他被尊称为苏丹穆罕默德·沙（Muhammad Shah），即一世苏丹。在满剌加国的影响下，一世苏丹积极引入伊斯兰教，将伊斯兰教作为争取独立和巩固政权的有力武器。在他的领导下，伊斯兰教逐步为统治阶级及发展程度较高的沿海地区居民所接受，文莱成为一个主权独立的伊斯兰国家。与此同时，在一世苏丹统治期间，文莱与周围国家和地区的贸易有很大发展，其对北方的贸易曾远达缅甸，成为南海上的一个贸易中心。

关于文莱的历史，有的神话传说称一世苏丹的父亲是神仙下凡。当时在文莱湾林梦河边有一个神奇的鸟蛋，而一世苏丹的父亲就出自这个鸟蛋。他与当地穆鲁（Murut）部落一女子结婚，该女子怀孕后，妊娠反应很大，整天闹着要吃一些稀奇古怪的食品，在当时那个交通不畅、物产欠丰的年代，实在是难以办到。爱妻如命的苏丹的父亲心急如焚，不得不背井离乡四处觅寻。在外出期间，他又娶了13个妻子，先后生了13个儿子，加上原配夫人所生的长子，总共14个儿子。这14个儿子虽非同母所生，但很团结，一致推选长兄阿旺·阿拉克·贝塔塔尔为首领，几个兄弟劫持了满剌加国苏丹的女儿为其兄妻。满剌加国苏丹获悉后，焦急万分，立即派车马，并带着公主的爱鸟去接公主，没想到公主爱上了阿旺·阿拉克·贝塔塔尔，不想回去了。于是公主就对爱鸟说："你回去告诉我的双亲，我已与上苍的后代结为伉俪，恳请双亲恩准。"满剌加国苏丹视公主为掌上明珠，只好同意公主的意愿，并立其夫婿为穆罕默德一世苏丹，而他的兄弟们则分别接任文莱苏丹国的其他职务。后来，一世苏丹的弟弟阿赫默德继承了穆罕默德的王位。他的女儿与阿拉伯人沙里夫·阿里（Sharif Ali）结婚。据说，沙里夫·阿里是真主的后代，他成为三世苏丹后，在文莱广为传播伊斯兰教，率先兴建清真寺，做了不少发展工作，备受人民爱戴，被称为"神圣的苏丹"。根据伊斯兰法，他在自己王宫建立了一整套司法系统。因此，他的王国名声大噪，与中国、阿拉伯国家及马来半岛一些王国的贸易往来非常兴旺。由于当时文莱社会非常安定与繁荣，三世苏丹在文莱的国名后面加上"达鲁萨兰"，从此文莱称为"文莱达鲁萨兰国"。

二 多元化社会

英国记者、名人传记作家阿龙·查尔方特（Alun Chalfont）所著《上帝御旨》（*By God's Will*）一书记载，文莱古时受四个地区势力的影响，即中国、印度、印度尼西亚和马六甲地区。总的来说，马六甲地区对文莱影响更大。

自古以来，文莱社会是一个多元化的社会。在内陆地区，宗法制的社会结构占据统治地位；而在各大河口地区，社会已进化到封建社会阶段，苏丹手下的贵族及官僚充当封建领主，占有土地及依附于土地的隶农。

文莱古代的土地按占有权分为3种：私人地产、王室地产、贵族官僚封地。私人地产是通过继承或购买而获得的，主人可以转让给他人，但要经过苏丹同意，要在地契上盖上苏丹的御玺，转让才算合法。王室地产和贵族官僚封地则较难转让，须经苏丹和枢密院双方批准。

在伊斯兰化之前，早期文莱是麻喏巴歇国的一个属国，因而其社会政治制度深受麻喏巴歇国的印度文化的影响，从君王的加冕仪式、宫廷礼仪到官府名称都无不带有印度文化的色彩。文莱皈依伊斯兰教之后，其政治制度便逐渐与马来半岛的政治制度趋同，但也有自己的特点，这就是把印度教和伊斯兰教中有关等级制度的观念糅为一体，用来治理社会。

在古代文莱的社会等级中，高居于社会顶层的是苏丹，其下是王公贵族，再下是各级官吏，普通百姓尽管已居于社会的下层，但仍可进一步细分为不同的等级。官员按照出身和职权分为四级，即部长、武士贵族、地方官吏、村社首领。前两级官员出身贵族，后两级官员出身平民。四级官员中，除了村社首领是由村民推举外，其余都是经过苏丹批准，由朝廷委任的。

部长共有4个：首席部长代表苏丹行使职权，处理日常政务，并负责国土防卫；财务部长负责管理国库及宫廷事务；海务部长统领海军，还兼管战争事务，行使司法职权；第四位部长是内务部长。武士贵族在国家决策中起重要作用。地方官吏负责处理都城及地方的具体行政及商业事务。

当时文莱的经济是以海外贸易为主；农业处于辅助地位，很不发达。

文莱的海外贸易对象是中国、印尼群岛诸国、马来半岛诸国、印度及阿拉伯国家。主要出口黄金、樟脑、胡椒，进口蜡、蜂蜜、稻米等。当时文莱的各个主要城市既是商业中心，也是手工业中心。手工业有纺织、金属加工、陶瓷制作、兵器制造等，其产品保留有中国、印尼群岛、印度文明影响的痕迹。

三　鼎盛时期

公元1433年，沙里夫·阿里之子苏莱曼（Sulaiman）即位。苏莱曼之子，即五世苏丹博尔基亚（Bolkiah）于15世纪末至16世纪初统治文莱，这是文莱历史上鼎盛的时期。五世苏丹博尔基亚建立了一支强大的舰队，不仅把文莱疆域扩展到整个婆罗洲和大部分菲律宾地区（包括苏禄、棉兰老岛，北边直至吕宋岛），而且还数次派军队远征爪哇、马六甲、吕宋等地。当时的菲律宾首府马尼拉一带的塞鲁隆国曾向文莱俯首称臣，进贡黄金。后来苏禄王的一个公主与苏丹博尔基亚结婚，该公主名叫莱拉·曼查奈（Lela Menchanai）。也许因为受能歌善舞的菲律宾人民的影响，五世苏丹博尔基亚走到哪里都带一支皇家管弦乐队，因此，他被称为“歌王”。由于国力强大，文莱得以在15世纪和16世纪在东南亚传播伊斯兰教，文莱实际上成为当时东南亚地区的一个伊斯兰教中心。与此同时，文莱在经济上也出现了空前繁荣。

五世苏丹在政治、经济和宗教方面建立了丰功伟绩，因而在文莱历史上占有极其重要的地位。文莱人民一直将他作为民族英雄来加以纪念和尊崇，在文莱首都至今还保存着他的陵墓。文莱之所以能兴盛一时，除了五世苏丹治国有方外，还有两个重要原因。一是文莱从与中国的贸易中获益匪浅。中国是东南亚土特产品的巨大消费国，中国货船从东南亚大量贩运香料、燕窝、鱼翅以及其他多种海产品和林产品。文莱是这些货物的主要集散地和中转港口之一，文莱经济也因此而繁荣起来。二是得益于伊斯兰教的力量。16世纪初满剌加国衰亡之后，伊斯兰教在东南亚的活动中心便由满剌加东移到文莱，阿拉伯和印尼的穆斯林商贾也随之云集文莱，这就使文莱不仅成了传播伊斯兰教的前哨基地，而且成为阿拉伯世界与东南亚地区海上贸易的货物集散中心。

1521 年 7 月，意大利历史学家安东尼奥随西班牙航海家麦哲伦访问文莱。他在名著《首次周游世界》一书中，第一次对文莱进行了详尽的描述。他对文莱的富庶和繁荣、苏丹王宫的富丽堂皇和王室贵族生活的豪华奢侈颇为惊叹。

安东尼奥在他的书中这样记载：1521 年 7 月 8 日，麦哲伦的船队到达文莱。次日，苏丹派使者带着精美的礼品去欢迎客人。6 天后，苏丹又派 3 条特制的马来快艇去迎接客人，在相互交换礼品后，客人登上快艇，驶向城内。入城后，客人在快艇内等了两小时。这时两只大象配备丝质骑垫缓缓而来，同时到达的还有 12 名侍从，他们手中各举一只盖着丝绸的瓷罐，准备作为存放客人赠礼之用。然后，两位客人骑上大象，12 名侍从走在大象前面，一行人浩浩荡荡到达王宫。总督准备了一顿丰盛的晚餐。当晚，他们在王宫过夜，所用睡垫、床单等卧具十分讲究、舒适，都是纯棉与丝制品。

第二天，西班牙航海家又带着礼品赴王宫。安东尼奥不仅对王室礼仪之庄重印象深刻，而且对该国显赫的军事力量感到惊讶。从总督府到王宫一路上全是排列整齐的全副武装人员。进入王宫，安东尼奥发现在大厅里还有 300 名步兵，他们腰间挂着利刃，严阵以待，保卫一国之君。尽管安东尼奥已经看到苏丹坐在另一个厅堂里，但王室的礼宾程序要求宾客在觐见苏丹时，不能同苏丹坐一室直接交谈。来宾如想对苏丹说什么，先对一个头目说，该头目报告上司，上司再对在另一个小厅待命的总督的一个随从说，此人用插在墙上一个孔内的管子与苏丹贴身的一个人通话，然后那个人再禀告苏丹。同时王室人员还教西班牙来访者觐见苏丹的三项致敬礼仪：一是双臂伸直举起，双手手心相对，在头顶部轻拍；二是双脚轮流抬起，与腹部成直角，目光向前，缓缓行进；三是在快到苏丹面前时，弯腰低头，双手握苏丹伸出的手，并轻吻其手背。这些程序完成后，西班牙代表团一行才能觐见苏丹。觐见时，客人告诉苏丹，他们是西班牙国王派来的，西班牙国王希望与苏丹和睦相处，并与文莱进行商业交往。苏丹回答说，他愿对西班牙国王的深情厚谊给予回报，并准许西班牙国王在该地区自由开展贸易。相互交换礼品后，觐见结束。西班牙客人接受的礼品中有丝绸和文莱金线织布。然后代表团一行回到王宫，在那里苏丹为他们举行盛大的宴会，大队侍从手捧木制托盘，托盘内放着盛有各类菜肴的瓷盘，从王宫走向总督府。安东尼奥当时数了一下，鱼、肉、家禽与当地美味佳肴有 32 种。

安东尼奥在他的书中对文莱也进行了一番描述。他写到，除了苏丹的王宫和一些首领的房舍，整个城镇建在水上。“除王公贵族的宫殿外，整个城市都是一座水城，所有房屋都架空在高桩之上，用木料建成。水位高涨时，人们便驾驶船只巡游于居民之间，销售生活必需品。整个城市住有 2.5 万户人家。”因此，把文莱称为“水上人家”是符合事实和有史可查的。在这个时期，王室一套壮观的礼仪反映了文莱纺织和制银的古老传统，这些传统至今在文莱“水村”有的地区还保存着。

第二节　西方列强入侵时期

一　与西方殖民者首次较量

随着 15 世纪国力日益强盛，文莱在本地区成为颇具主导地位的伊斯兰国家和伊斯兰教宣传中心，加上相当强的军事力量和在通往“香料群岛”（Moluccas，也称“马鲁古群岛”）贸易通道中的战略地位，文莱在贸易往来中不可避免地要和欧洲入侵者打交道。

公元 1511 年，马六甲地区沦陷到葡萄牙人手中。之后葡萄牙人开始入侵文莱，西班牙人也相继而至。16 世纪后期，西班牙已在菲律宾的吕宋岛一带站住了脚，他们还取得同马鲁古群岛、中国进行贸易的垄断权。但当时文莱在这一地区具有巨大而广泛的影响，因此西班牙人把文莱视为其扩张势力的一大障碍，力图除之而后快。文莱则把西班牙人视为其传统势力范围的入侵者和挑战者，也一心想削弱西班牙人对吕宋岛的控制，粉碎其入侵的企图。

文莱反击西班牙人采用的是双刃策略。它一方面在吕宋岛、宿务等地组织反西班牙人的起义，另一方面大力进行伊斯兰教的传教活动。西班牙人为了报复，于1578年出动海军对文莱进行“讨伐”，西班牙驻菲律宾殖民地总督要求文莱苏丹停止一切敌对活动，允许传播基督教，并向西班牙称臣纳贡。这些要求遭到拒绝后，西班牙军队便进攻并占领了文莱都城。文莱苏丹与民众一道退入内地继续对抗西班牙军队。西班牙军队进入文莱都城后，很多士兵染上了疾病，西班牙总督不得不下令回师马尼拉。

1579年，西班牙总督改变策略，派使臣去文莱劝说苏丹，要他承认西班牙的霸权，并与西班牙缔结一项协定。但文莱苏丹的态度极为强硬，不愿接受西班牙人的要求，西班牙使臣空手而归。1580年西班牙军队再度进攻文莱。这一次文莱人民在文莱苏丹的领导下赶走了西班牙人，文莱也很快从两次战争所造成的破坏中恢复过来。

在击退西班牙人之后不久，文莱九世苏丹穆罕默德·哈桑继位。他是一位强有力的统治者，登基后不仅巩固了他在国内的地位，而且还加强了文莱对苏禄的控制，文莱再次达到鼎盛时期。他甚至于1617年派兵进攻桑陶的西班牙前哨基地，使西班牙守卫部队全军覆没。九世苏丹的统治时期是文莱国势发展的最后一个高潮。在他去世之后，文莱开始走向衰败。

二 国力日渐衰落

虽然文莱在与西班牙人的斗争中未受到太大的伤害，但西班牙人占领吕宋岛和征伐苏禄等行动终归使文莱的势力范围缩小，贸易优势受到削弱。尽管九世苏丹恢复了文莱对苏禄的控制，一度扭转了局势，但西班牙人又于17世纪30年代夺取了苏禄。17世纪40年代西班牙人从苏禄撤走后，苏禄苏丹国逐渐发展壮大起来，成了与文莱在婆罗洲一带竞争的有力对手。随着双方实力的消长，苏禄甚至介入文莱国内贵族间争权夺利的内战。

文莱的内战始于1662年，起因是首席部长阿卜杜尔·穆宾杀死了十二世苏丹穆罕默德·阿里，企图篡夺王位。十二世苏丹的侄子穆海丁起而攻之，并宣布自己为苏丹。阿卜杜尔·穆宾被迫逃离都城，来到克鲁明岛，争取到该岛王公的支持，发动了一场内战。这场内战一直持续了12

年，苏丹穆海丁向苏禄寻求援助，打败了阿卜杜尔·穆宾。内战结束后，文莱把文莱湾北部地区割让给苏禄，以报答其援助。这一割让不仅为以后文莱与苏禄之间的领土争端埋下了伏笔，而且成为文莱分裂的开端。

除了西班牙和苏禄外，造成文莱衰落的还有其他一些因素。17 世纪初荷兰人初次出现在婆罗洲时，婆罗洲南部的坤甸、马辰、三发等地都已形成若干个独立的苏丹国。17 世纪荷兰东印度公司在婆罗洲的西南部建立霸权，19 世纪取得了对这一地区的实际控制。这样，在文莱沦为英国“保护国”前夕，其一度辽阔的疆域已缩减到现今的文莱本土、马来西亚的沙捞越和沙巴的范围了。

文莱不仅领土受到西方列强和邻近国家的蚕食，其商业贸易也遇到竞争。西班牙人立足吕宋岛等地以及苏禄的崛起，大大限制了文莱在这些地方的贸易。荷兰对东南亚地区主要苏丹国家实行贸易垄断政策，并对东南亚地区与外部世界的海上贸易实行管制，也严重影响了文莱赖以繁荣和强盛的贸易。尽管文莱自身未被直接纳入垄断贸易的桎梏之中，但它的市场间接地受到了冲击。与此同时，文莱还面临英国人的竞争。英国人为了获取东南亚地区的特产以便同中国进行利润丰厚的贸易，于 1773 年在巴朗奔冈岛建立了据点，想把中国商人从苏禄和文莱吸引过去。到 17 世纪 70 年代时，文莱的贸易市场几乎完全遭到排挤，文莱经济也就随之衰落了。

文莱封建朝廷再度出现的争权夺利进一步加剧了文莱的危机。1806 ~ 1852 年，王公贵族内部两派势力的争斗一直困扰着文莱。1806 年，文莱苏丹穆罕默德·塔贾丁去世，其嫡孙奥玛尔·阿里·赛里夫汀的外祖父穆罕默德·罕·祖尔·阿拉姆自封为苏丹，由此引发了争夺王位的斗争。穆罕默德·罕·祖尔·阿拉姆一直当政到 1822 年去世为止。他死后，他的儿子罗阇·阿佩在争斗中失败并被处死。已长大成人的奥玛尔·阿里·赛里夫汀名正言顺地登上了苏丹宝座。但两派势力之间的相互敌视和仇恨并未因此而消除。罗阇·阿佩一派的势力投靠英国殖民者。苏丹奥玛尔·阿里·赛里夫汀遂于 1846 年展开了一场大屠杀，罗阇·阿佩的家族成员几乎都被杀死。苏丹奥玛尔·阿里·赛里夫汀 1852 年去世后，文莱国内政局未再出现大的动荡，但王公贵族之间的你争我夺一直持续到 19 世纪末。

这样，正当文莱面临列强的入侵和蚕食的历史关头，其国力已经变弱，而宫廷内部的权力争斗更加速了文莱的衰败。

三　英国插足文莱

英国殖民者早就想在婆罗洲一带为其与中国的远洋贸易找寻一个中转站。18 世纪中期，英国东印度公司派人到这一带活动，1762 年他们与苏禄苏丹订立协定，得到巴朗奔冈岛。但英国人在该岛建立的据点不久即被苏禄海盗彻底摧毁，英国殖民者便把目光转向了文莱。英国东印度公司先是在 1774 年派约翰·杰西去文莱谈判胡椒生意，取得了胡椒专卖权；接着又于 1775 年以对文莱提供保护为交换条件，使文莱同意割让纳闽岛给英国东印度公司，英国人后来因故又放弃了该岛。

1838 年在沙捞越爆发的起义使英国人插足文莱本土有了可乘之机。起义的原因是文莱朝廷派驻沙捞越的省督残酷地剥削压迫当地民众，他强迫陆上的达雅克人在他开办的锑矿中做苦工，所给的报酬却少得可怜。他还对锑的生产和与陆上达雅克人的贸易实行垄断，使沙捞越的社会经济生活严重恶化。当地的马来人和陆上的达雅克人不堪忍受压迫，便一道揭竿而起。文莱朝廷派官兵前去镇压，却未能奏效。文莱统治者希望借助外力打败起义者。正是在关键的时候，一个叫詹姆士·布鲁克的英国人来到了沙捞越，他从此就扮演了使文莱一步步沦为英国“保护国”的推动者的关键角色。

詹姆士·布鲁克 1803 年出生在印度贝那勒斯一个英国东印度公司职员的家庭，曾作为英国殖民地军队的一员参加英缅战争，是一个野心勃勃的殖民者。在动身来文莱之前，他就公开赞扬英国殖民者莱佛士在东南亚地区实行的政策，并主张英国应从葡萄牙和西班牙手中把帝汶岛和吕宋岛夺过来。他是继莱佛士之后为确立英国在东南亚地区的地位而发挥重要作用的核心人物。

1839 年布鲁克初抵文莱的沙捞越时，正值那里的起义方兴未艾。束手无策的文莱官员向他求援，并许诺一旦镇压成功，就让他担任文莱朝廷驻沙捞越的省督。布鲁克在为文莱官员出谋划策和保证要出力相助之后便前往苏拉威西。

第二年，他重返沙捞越。在他的帮助下，那里的起义被镇压下去。1841 年 9 月，文莱朝廷履行诺言，让詹姆士·布鲁克当上了沙捞越省督。次年文莱苏丹颁布敕令，正式确认了对布鲁克的任命，并封他为沙捞越的罗阇，但同时也规定了一些条件，如要他每年向文莱苏丹纳贡 2500 文元；遵守当地居民的习俗和伊斯兰教规，不得加以干涉；未经苏丹同意，不得把沙捞越转让出去；等等。

文莱统治者之所以让布鲁克来治理沙捞越，是因为他们自己再也无力维持在那里的统治了。他们看到，不仅沙捞越当地民众对朝廷持敌视态度，而且还有荷兰等一些外国势力公开支持欲把沙捞越从文莱分离出去的活动。文莱统治者以为拉拢了布鲁克之后，凭借其装备精良的军队的力量，就可以防止文莱的分裂，就可以保住甚至加强文莱朝廷的统治。文莱统治者的本意是，让布鲁克充当苏丹手下的一名官员而不是一个独行其是的统治者，即让他为苏丹效力，同时又把他限制在传统官僚体制的框架之内。但后来的事态发展证明，文莱统治者的如意算盘完全打错了。布鲁克上任后着手巩固自己的地位，他一方面寻求英国政府承认他经营的这个小王国，另一方面力图排除文莱朝廷对沙捞越的统治权。

1843 年，布鲁克以沙捞越遭到沿海海盗袭扰为借口，召来了英国军舰“迪多号”，剿灭了一个名叫萨里巴斯的海上达雅克人部族。接着，他又搭乘另一艘英国舰只“萨马兰号”来到文莱都城，逼迫文莱统治者与他达成一项初步协议。其中，文莱方面许诺开放其贸易，不与除英国之外的其他大国结盟，还保证要镇压海盗活动。更重要的是，苏丹在协议中被迫同意布鲁克有权把沙捞越省督的职位传给他的继承人，这个继承人又可以将省督职位再遗赠给其后代。这样，布鲁克乃至英国便获得了对沙捞越的永久统治权。

布鲁克并没有满足于以上这些让步，根据他的授意，英国的“萨马兰号”舰于 1844 年把文莱苏丹的叔父穆达·哈希姆由沙捞越护送回文莱都城。穆达·哈希姆曾任文莱朝廷的首席部长，因其兄弟罗阇·阿佩在争夺苏丹王位的斗争中败北并被处死，他也受到牵连而遭贬，被派到沙捞越担任省督，是詹姆士·布鲁克的前任。英国人来到后，他与英国人联系紧密，是英国人在文莱的理想代理人。因此，英国人把他护送回文莱都城，用枪炮逼迫苏丹让他官复原职，重新当上了首席部长，英国人实际上控制了文莱的朝政。

英国人对文莱内政的干涉引起了许多文莱贵族的不满，他们推举苏丹的亲家乌萨普为首领，形成了一个反英集团。他们与占据马鲁杜湾一带的一股海盗势力联合起来，准备用武力赶走穆达·哈希姆及其英国支持者。但英国人先下手为强，于1845年动用英国远东舰队的力量剿灭了马鲁杜湾的海盗，并处死了反英集团的首领乌萨普。英国人的这一行动激起了几乎所有文莱贵族的愤慨，他们在苏丹的儿子哈什姆的带领下，诛杀了穆达·哈希姆及其家族成员，只有他的儿子和两个兄弟得以逃脱。

穆达·哈希姆被杀使英国人失去了其在文莱朝廷的代理人。布鲁克认为这对英国和他本人来说都是奇耻大辱，便要求英国海军上将科克伦再次动用其远东舰队对文莱采取报复行动。英军轻而易举地攻下了文莱都城。文莱苏丹及其朝廷官员都逃入丛林地带。后来经过谈判，苏丹又返回文莱都城重新掌政，但其地位已被大大削弱。

在英国人的威逼下，文莱被迫于1846年12月18日与英国签订了一项条约，把文莱的纳闽岛割让给英国。该岛煤炭资源丰富，而当时轮船的耗煤量很大，单靠船上装的煤不能远航，所以纳闽岛可以用作航船的加煤站，这对英国海军的战略利益和经济利益来说，都具有重要意义。条约签订6天后，英国人即占据了该岛。布鲁克由于索取纳闽岛有功而受到了英国官方的嘉奖，被任命为驻文莱及婆罗洲其他已独立国的总领事，英国政府则委任他为纳闽岛的总督，英国女王还奖给他一枚英国最高勋章——巴斯勋章。

四 沦为英国的“保护国”

1847年，布鲁克按照英国政府的旨意，迫使文莱苏丹签订了不平等的《英国文莱友好通商条约》。条约规定：开放文莱各港口，以便于英国船只自由出入；对进入文莱领土的英国货物定出固定的关税税率，每吨征收一文元；英国公民在文莱享有治外法权，其所涉及的刑事案件一概交由英国驻文莱总领事审理；未经英国政府同意，苏丹不得将其领土转让给他国或他人；除英国人外，不得允许任何人移居北加里曼丹；双方协同防范和镇压海盗。条约还规定双方公民在对方国家均享有最惠待遇，但实际上当时能到英国去的文莱人寥寥无几，倒是英国人可以频繁来到文莱，所以享受这一优待的只是英国人。

《英国文莱友好通商条约》的签订标志着文莱已由一个独立自主的主权国家变为受英国支配的半殖民地。尽管条约未明文规定文莱的政治统治权归英国掌握，但有关共同抗击海盗和不得割让领土的条款，使英国有权在镇压海盗的借口下镇压文莱国内的反英势力，干涉文莱的内政和外交，所以英国实际上已把文莱划归自己的势力范围。19 世纪末期，当英国感到它在东南亚的利益受到其他西方列强的威胁时，它便以 1847 年订立的这个条约为依据，把文莱变为英国的“保护国”。

1847 年条约签订之后，布鲁克及其侄子查理士·布鲁克便在英国政府的默许和纵容下，肆无忌惮地扩张其沙捞越领地，先后吞并了当时文莱的一大半领土，其中包括穆卡、民都鲁、巴兰、林梦等地，把这些地区都纳入了沙捞越的版图。布鲁克所采用的手段是多种多样的，如利用和支持地方争端，破坏文莱的主权，拒交割让费，用金钱利诱，实行炮舰外交，直至公开侵略。面对布鲁克的扩张野心，苏丹曾想通过外交途径来保住文莱领土，他呼吁英国政府制止布鲁克的侵略行动。英国政府根本不予理睬。

在无可奈何的情况下，文莱转而求助于美国。美国一直想同东南亚国家建立贸易关系，早在 1845 年，它就提出要同文莱缔结一项保护性条约，但在当时被文莱拒绝。文莱于 1850 年同美国订立了一项贸易协定，但未得到执行。1865 年，美国派 C. L. 摩西担任驻文莱总领事。苏丹便利用这一机会争取美国的支持。摩西到任后，文莱苏丹就把文莱北部的沙巴租借给他，想借用美国的势力来制约布鲁克对文莱领土的蚕食。但摩西不久便把他的租借地转卖给美国商人约瑟夫·W. 托里。托里因不善经营，面临破产，又把沙巴转卖给奥地利驻香港总领事巴伦·冯·奥弗贝克和英国商人艾尔弗雷德·登特。这样，文莱苏丹争取美国人支持的努力便告落空。

1877 年 12 月，奥弗贝克为了延长沙巴的租借期限前往文莱谈判，结果与文莱苏丹和海务部长达成一项协议。文莱方面把沙巴租借给奥弗贝克和登特，每年获得 1.5 万美元租金。但这片 72.5 平方公里的土地已在 18 世纪初被文莱苏丹赠予苏禄苏丹，以感激苏禄苏丹帮助文莱平息了一场叛乱。但后来的历任苏丹均不承认苏禄对这片土地拥有主权。当得知苏禄与文莱对这一地区有争议时，奥弗贝克便争取奥地利政府出面支持他的租借权，但奥地利政府对这片土地不感兴趣。他只好作罢，于 1879 年卖掉了他的租地股份，让英国商人登特独自经营这一地区。

1881 年 8 月，继英国保守党执政的自由党政府授予由登特组织的“英国北婆罗洲公司”一份特许证书，并于同年 11 月公布。具有讽刺意味的是，英国自由党人曾一向批评保守党人的殖民政策，本来登特是不会得到英国政府授予的特许权的。但当西方列强瓜分世界的斗争加剧时，正是自由党人政府以公文形式肯定了北加里曼丹的殖民地化。当登特知道问题将如愿得到解决时，未等正式文件下达，就组织了一个有 80 人参加的“英国北婆罗洲公司筹备处”，把北加里曼丹的所有权出卖给它。特许授权新建立的“英国北婆罗洲公司”理所当然地获得了“英国北婆罗洲公司筹备处”的全部权利。此外，英国特许证书还强调，未经英国政府允许，公司不得转让其权益；公司准备废除奴隶制，不干涉当地居民的宗教信仰及其他习俗；当公司与当地居民或外国居民之间发生争执时，公司也要同英国政府磋商。特许证书规定任命公司驻北加里曼丹的总代表，必须得到英国政府的认可。该公司还应保证为皇家舰队建立基地提供必要的条件。

英国政府对“英国北婆罗洲公司”租借地的承认和支持，虽打消了西班牙等西方列强染指沙巴的企图，但拉开了英国人之间对文莱剩余领土争夺的序幕。以查理士·布鲁克为首的沙捞越王朝和以登特为代表的“英国北婆罗洲公司”展开了激烈的斗争。虽然他们都是英国人，但他们之间争夺地盘的激烈程度并不亚于西方国家之间对殖民地的争夺。1882 年，查理士·布鲁克统治的沙捞越兼并了巴兰地区。1884 年，“英国北婆罗洲公司”获得了巴达斯地区的租借权。但海务部长不同意，未在租约上盖章。同年，海务部长把楚桑和林梦两地割让给沙捞越，但未得到文莱苏丹的批准，因而也不合法。

文莱在遭到英国人肢解的同时，内部也出现了新的动荡。1884 年，林梦人民因不堪忍受苛捐杂税的重负而举行起义，杀死了两名征税官员，接着又向前去平息动乱的海务部长乘坐的船只开火，打死了 5 人。1885 年，刚刚继任苏丹的哈什姆·贾利鲁尔·阿拉姆试图扭转局势，他要求查理士·布鲁克出兵帮他镇压叛乱，但遭到拒绝。苏丹哈什姆还曾试图收复巴达斯、楚桑及林梦地区，但均未成功。在查理士·布鲁克、“英国北婆罗洲公司”及英国驻纳闽岛总领事利斯等多方压力下，苏丹哈什姆被迫分别于 1885 年和 1887 年最后同意割让楚桑和巴达斯两地，但仍拒绝割让林梦地区。此时，利斯总领事向英国外交部建议，要彻底肢解文莱，只给文莱保留都城及穆阿拉两地。苏丹得此信息后，立即致函英国维多利亚女王，要求她出面干预，阻止对文莱领土的进一步肢解。

1887 年，英国政府派弗雷德里克·韦尔德到文莱解决其前途问题。韦尔德向苏丹建议，由英国对文莱提供保护，并派一名驻扎官帮助苏丹管理林梦地区。文莱苏丹同意接受英国的保护，但不同意派驻扎官的做法。英国政府也乐意提供保护，出于财政考虑，它也不愿派驻扎官。1888 年 9 月 17 日，文莱同英国签订了保护协定，规定文莱接受英国的保护，文莱苏丹继续行使其国内统治权，其对外关系由英国政府代管，但英国享有关于苏丹王位继承的决定权，从而确立了文莱成为英国“保护国”的地位。协定还规定，把沙捞越和沙巴列为与文莱打交道的“外国”，文莱被迫明确承认了这两地的分离。

文莱变为英国的“保护国”后，其领土完整没有真正得到保护，林梦地区很快又成了英国人肢解的目标。林梦是文莱剩余领土中最富裕、人口最稠密的地区，其生产的粮食养活了文莱大多数人口。1890 年正当文莱苏丹准备最终平息那里的叛乱的时候，查理士·布鲁克抢先兼并了该地区，其借口是林梦的首领们决定接受沙捞越的统治。文莱苏丹及其部长们坚决不承认沙捞越对林梦的兼并，并拒绝接受其交付的赔偿金。林梦的丧失使文莱人生活无着，许多人举家迁往沙巴和其他地区，官吏们则乘机加紧勒索和贪污，从而引发了新的反抗和起义。

1899 年，文莱剩下的两个较大的地区都东和白拉奕爆发了严重的动乱。起义者最初将斗争矛头指向文莱朝廷的征税官员，但后来在查理士·布鲁克的利用和鼓动下，起义者要求沙捞越提供保护，并要求把这两个区并入沙捞越。查理士·布鲁克见时机成熟，便要求英国外交部允许沙捞越兼并都东和白拉奕。英国政府被他说动，准备对文莱施加压力，逼文莱割让其剩余领土给沙捞越。但当时发生的两件事使英国政府改变了态度。

第一件事是 1903 年在文莱发现了石油，这使文莱的重要性陡然上升。英国殖民部函告英国外交部说："要对文莱苏丹施加一切影响，以防这些石油的开采权落入私人之手。"也就是说，不能再让查理士·布鲁克兼并文莱剩余领土及油田，而要把文莱直接置于英国政府的控制之下。第二件事是文莱苏丹哈什姆顶住英国人的压力和利诱，坚决不割让一寸领土。尽管那段时间他本人的财政极度拮据，他也丝毫不为查理士·布鲁克许诺的大笔赔偿金所动。同时他还呼吁土耳其、美国等国家出面维护文莱的生存。

由于以上事态的发展，英国政府转而决定在文莱设立驻扎官，把文莱纳入英国官方的管辖范围之内。1905 年 11 月，英国驻文莱领事开始与文莱苏丹谈判设立驻扎官问题。同年 12 月 3 日双方订立条约，规定英国对文莱实行全面的"保护"，派一名驻扎官管理文莱的内政和外交事务，同时文莱的苏丹王朝保持不变。双方还签署了一系列附加议定书，就文莱苏丹及其部长们所享受的待遇和赔偿做出明文规定。1906 年 1 月，条约经双方签字后正式生效。

驻扎官制的建立虽然使文莱避免了彻底亡国的厄运，保住了其所剩不多的领土，但使文莱的行政、司法等内政大权继外交大权之后丧失殆尽，其对内对外政策都由英国驻扎官决定和执行，苏丹政权已名存实亡，文莱从此完全处于英国的控制之下。

第三节　英国殖民统治时期

从1906年沦为英国殖民地至1959年获得自治，除了在1942年春至1946年7月被日本殖民统治外，文莱的政治、经济、外交、国防受到英国全方位控制。英国在殖民统治期间，在文莱建立了相应的政治、经济和文化制度，客观上开启和推动了文莱的现代化进程。

一　政治状况

沦为英国的殖民地后，文莱的政治体制也发生了重大变化。传统的等级制度被取消，英国殖民者在文莱建立了文官制度，对文莱进行专业化的行政管理。在职位和权力方面，英国驻扎官是最高统治者和执行者，控制着文莱政治、经济、外交、军事、国防安全各个方面。驻扎官直接向英属婆罗洲高级专员负责。然而由于英属婆罗洲高级专员驻扎在新加坡，离文莱有800多公里，除了紧急事务，英国在文莱的驻扎官具有绝对自主的权力处理文莱的事务。文莱苏丹和部长则只能掌管与宗教有关的事务。在待遇上，他们主要靠领取薪俸过日子。尽管他们的枢密院得以保留，但事实上已经没有权力。

为了维持统治，与当地统治者合作是英国统治文莱的原则。英国殖民者招纳了一部分文莱人在政府为官。1907年，有6个文莱人在殖民政府为官，但是他们都是文盲，只能参与裁判国内的微小案件、征收关税和人头税。

在机构设置方面，英国人按照西方的文官制度，先后设立了海关、邮局、农林部、公共工程部、警察局、卫生部、教育部等部门。如公共工程部和卫生部成立于1929年，农林部成立于20世纪30年代。

在行政区划方面，文莱被划分为五个行政区，即文莱市、穆阿拉区、淡布伦区、都东区和白拉奕区。每个行政区的市长和区长由文莱马来人担任，直接对驻扎官负责。每个行政区都设有专业的行政管理机构。在社会的基层，村舍首领们负责地方治安。

在法治方面，M. S. H. 麦克阿瑟在担任英国政府驻文莱首任驻扎官期间制定了刑法，建立了审判制度，并组织了警察部队。驻扎官法庭是文莱当地的最高法庭，但海峡殖民地最高法庭有权对死刑案件做出初审并接受上诉。上诉人如果愿意也可以向伦敦的枢密院递交请愿书。当然，宗教案件仍然由伊斯兰教法官负责审理。最初的警务人员是由纳闽岛调来的一支海峡殖民地分遣队担任。但 1916 年一位驻扎官遭到一名锡克教教徒警察刺杀后，改为由马来人担任，殖民当局直到 1921 年才建立一支独立的文莱警察部队。

由于英国在文莱建立的行政体制与英国在马来亚殖民地实行的管理体制相似，文莱驻扎官同时兼任马来亚殖民地政府的官员，而且其顶头上司英属婆罗洲高级专员又兼任海峡殖民地总督，因此文莱和马来亚殖民地及海峡殖民地在行政管理体制上有着非常紧密的联系。1921 年以前，文莱在行政上和纳闽岛联系紧密，当时的驻扎官大部分时间待在纳闽岛，其助手留在文莱代表他行使权力，因为那里的生活条件更加便利。

沦为英国的殖民地使文莱苏丹的声望和势力遭受到最严重的冲击。苏丹哈什姆在 1906 年与英国签署条约后不久就去世，因穆罕默德·杰马鲁拉南年幼，暂时由首席部长和内务部长摄政，他直到 1918 年才登基，但除了管理宗教事务外，英国政府仍然没给他任何其他权力。穆罕默德·杰马鲁拉南被认为是进步和开明的统治者，于 1920 年被英国政府封爵，然而其于 1924 年英年早逝。其子艾哈迈德·塔贾丁·阿克哈祖尔·凯里·沃丁也因年幼直到 1931 年才继位。尽管苏丹和部长们靠薪俸过日子，但他们的收入也随着殖民政府收入的增加而得到了增加。1934 年，艾哈迈德·塔贾丁·阿克哈祖尔·凯里·沃丁的津贴达到了每月 500 美元，是哈什姆 1906 年薪俸的两倍。

在领土方面，沙捞越的查理士·布鲁克 1917 年逝世，他的继任者在 1924 年关闭了当地的煤矿后把在穆阿拉的税收权力移交给了英属文莱政府，得到了一定的补偿。1931 ~ 1932 年，沙捞越把更多的领土移交给了文莱。文莱被沙捞越兼并的林梦地区一分为二，不便于管理。英国殖民政府于 1917 ~ 1918 年曾打算用都东和白拉奕两个区与沙捞越交换林梦，但沙捞越一直不同意。因为查理士·布鲁克的继任者认为这么早就将邻邦的统治权移交给英国殖民政府有损于他的名声。

二 经济发展状况

在经济方面，英国人首先进行了制度上的改革。在完全沦为殖民地之前，文莱苏丹财政收入的来源主要有：沙捞越布鲁克王朝和英国北婆罗洲公司租借文莱领土后支付的租金；承租官田和专营贸易的华侨所支付的钱款。苏丹已经在1906年的条约中自动放弃上述两种获得财政收入的权力，因此英国驻扎官一上任，就着手进行经济制度的改革。

首先，英国驻扎官开始清查文莱资产。但由于苏丹哈什姆逝世前夕，他随身携带着国玺，当时很多官方文件上的印章难分真伪，所以清查工作进展缓慢，直到1912年才得以完成。

其次，英国驻扎官着手建立文莱的海关制度。由于此前的贸易专营权被承包给了两个华人，因此解决起来相对容易和快捷。英国殖民政府从马来联邦获得了20万美元的贷款，在1906～1907年收回了关税征收权；1914年，英国殖民政府又从马来联邦贷款40多万美元用于赎回沙捞越和英国北婆罗洲公司提前支付给文莱苏丹的土地割让金，继而收回了沙捞越和英国北婆罗洲公司。收回关税权力后，英国殖民政府就逐步开始征收固定的进出口关税。征收关税获得的收入一度成为英国殖民政府的主要收入。

最后，英国殖民政府还同步改革了税收制度。英国驻扎官建立了更加有效的征税制度，保证征税工作的顺利进行。因为在驻扎官制度下，所有的工作都以苏丹的名义进行，苏丹的权威和声望仍然被承认，其仍然被视为文莱的首脑，因此驻扎官的工作开展得比较顺利。而事实上，文莱所有的实权都属于驻扎官。

此外，1909年，英国殖民政府还颁布了一项土地制度。规定凡是无主的土地都收归国有，苏丹和部长们领取年金作为丧失土地所有权的补偿。只有驻扎官有权处理土地事务。随后，殖民政府开始招商引资，批准一些欧洲公司到文莱开发土地，兴办橡胶、鸦片种植园；少部分土地被划拨给少数民族耕种。

上述措施取得了显著的成效。首先，英国殖民政府的财政收入明显增加。1906 年，殖民政府从鸦片种植园、烟草进口关税获益 1 万多美元；1907 年，殖民政府以每年 16800 美元的价格把鸦片种植园、烟草进口业务等承包了出去。此后，殖民政府限制鸦片的使用，鸦片的价格大幅提升。但其限制鸦片使用的政策无济于事，只增加了政府的财政收入。1924 年，政府从鸦片买卖中获得的税收收入达到 6 万美元，占当年财政收入的 20%。殖民政府收入的增加使文莱在 1910 年出现了财政结余。此外，殖民政府对苏丹的赔偿金也大幅增加，从 1906 年的 28173 美元增加到 1913 年的 165082 美元。其次，相对固定的土地制度使一些原来实行流动耕作的少数民族开始定居下来，耕种专门划拨给他们的土地。在殖民地制度建立之前，水稻种植在文莱非常稀少。1909 年颁布的土地法案使文莱大规模种植水稻成为可能，一战期间的高米价坚定了殖民政府推广水稻种植的决心。

随着石油资源的开发，石油业成为英国殖民政府的支柱产业。1906 年前，文莱就发现了石油。1907 年，殖民政府开始着手开采石油，但由于资金短缺，不得不寻求与其他公司合作。1907 ~ 1922 年，有好几家石油公司在文莱从事石油勘探，但这些公司的资本和技术均不足。1911 年殖民政府把白拉奕地区的石油勘探权租给了仅存的荷兰皇家壳牌石油公司下属的英属马来亚石油公司。1914 年，该公司在白拉奕的拉比开采出石油，截至 1924 年，该地区一口油井开采出的原油就达 238 吨。1923 年，英国婆罗洲石油公司又把在诗里亚的石油勘探权租给了荷兰皇家壳牌石油公司下属的英属马来亚石油公司。1929 年 4 月，诗里亚也发现了石油。尽管 1932 年以前，文莱没有对外出口过石油，但到 1935 年，它已经成为英联邦国家中第三大产油国，特别是其精炼油质量最好，专供航空使用。可观的产量使石油业成为文莱经济中的主导产业。石油业的收入使文莱有效抵御了 20 世纪 30 年代经济危机的冲击。1933 年，殖民政府从石油生产中征收的税款占当年财政收入的 25%，1935 年增加到 47%。殖民政府还于 1936 年还清了向马来联邦所借的巨额债务。

尽管石油业为殖民政府带来了巨大的收益，但政府在石油开采问题上还是比较克制的，因为油气储量、其可持续开采的时间不明确，政府决定量入为出，石油业的收入大部分还是用作了再投资。尽管如此，文莱的其他产业仍然在石油产业的推动下获得了巨大发展，尤其是公共基础设施建设得到了加强。1939 年，文莱的公路里程达到了 160 多公里，大部分是由石油公司修建和维护的。1921 年，文莱都城有了无线电话；1926 年，殖民政府修建的第一个大坝开始为文莱都城供水。1935 年，文莱都城有了电力供应，这些公共事业的投入都来源于石油业的收益。

三 教育和卫生状况

在英国殖民统治期间，文莱开始出现了学校教育，学校的数量也不断增长。文莱最初的学校是 1 所马来人办的私人学校，专门教授马来语。在得到殖民政府支持后，文莱的马来语学校数量不断增加。1928 年，文莱还只有 4 所马来语学校，但到了 1941 年，这样的学校就达到了 24 所，有 1746 名学生和 68 名教师。除了马来语学校外，文莱华人社区也出现了学校。当时的教育事务由驻扎官的助手负责。1929 年，殖民政府在文莱建立了义务教育制度，为家庭住址离政府新办学校 3.2 公里以内、年满 7 岁的马来族男童提供免费教育。

在卫生方面，1929 年，殖民政府正式设立的卫生部负责管理卫生事务。同年，文莱苏丹在文莱开办了一所有 30 张病床的医院。

第四节 日本占领和英国重返文莱

一 日本打断英国的殖民统治

二战期间，反法西斯同盟国家在太平洋地区对日本开战。日本为独霸东南亚并与纳粹德国遥相呼应牵制美国在太平洋的兵力，于 1941 年 12 月 7 日偷袭美国在太平洋上的重要军事基地珍珠港。次日，美国对日本、德国、意大利正式宣战，太平洋战争爆发，第二次世界大战的范围扩大。从1941年冬季到次年夏季，日军先后占领了马来亚、新加坡、缅甸、菲律宾、印度尼西亚、关岛、威克岛、新几内亚岛和所罗门群岛等地，文莱也未能幸免。

1941年12月16日，大约1万人的日本军队开进白拉奕地区，在没有遇到任何抵抗的情况下花了6天时间迅速占领文莱。英国驻扎官和其他欧洲人被关进了集中营。文莱苏丹和部长们则选择与日本人合作，在日本行政当局中任职。苏丹的王位得以保留，日本赠予他一定的津贴和荣誉。原英国殖民政府中的马来人官员的职位得以继续保留，且他们的薪水没有被削减，因为他们的工作效率很高。

与新加坡和马来亚相比，日本在文莱的早期统治相对和善。华人也没有公开地对抗日本人，而是像很多马来人一样搬迁到偏远的地方躲避日本人。随着战争局势的发展，在世界反法西斯战争的大背景下，文莱的反日情绪和反日斗争使日本在文莱的统治变得苛刻。日本人在文莱建立了日本军事警察，这支军事力量担负着维护日本在文莱统治的任务。当时很多马来人被认为是英国的代理人而被处决，日本的残酷统治使文莱人到20世纪70年代还心有余悸。

日本的占领给文莱的经济和人民生活带来了巨大的灾难。一方面，日本想把文莱作为日军的战略物资供应地，因此大肆滥采能源资源。尤其是文莱的石油资源遭到了破坏性的开采。如日本军队在诗里亚新开了16口油井，这些油田战后的产量只有战前的1%左右，从1940年的626.7万桶减少到1945年的7.4万桶。另一方面，日本的统治使文莱人的生活变得越发艰难。各行各业遭到巨大破坏：交通瘫痪、粮食匮乏、医药短缺、贸易萧条，很多人的生活回到原始状态，用树皮做衣服。

1945年，英国空军开始对文莱进行定期的反复空袭，致使白拉奕、文莱市和其他一些城镇遭到严重破坏。1945年6月10日，英军在穆阿拉登陆，并向文莱市发起进攻，数周之后英军占领了文莱，对文莱实行军事管制。1946年7月6日，日本将文莱正式移交给英国的文职人员，英国恢复了对文莱的控制。

二 英国卷土重来

英国恢复了在文莱、沙捞越、沙巴的殖民统治后，于1946年7月正式宣布沙捞越和沙巴为英国的直属殖民地，文莱仍维持英国的“保护国”的身份。1948年英国取消海峡殖民地总督一职，代之以英国驻东南亚钦差部长。过去的海峡殖民地总督因兼任英属婆罗洲高级专员而对文莱行使的职权，现在改由英国驻沙捞越总督行使，由他兼任驻文莱高级专员。

英国之所以采取这些措施，是打算把沙捞越、沙巴和文莱融为一体，建立一个婆罗洲联邦，以巩固其殖民统治。1953年4月23日，英国驻东南亚钦差部长马尔科姆·麦克唐纳在沙捞越的古晋召集文莱苏丹、沙捞越总督和沙巴总督开会，提出要加强三地之间在政策和管理方面的协调，为此，要求由三地政府首脑组成一个常设委员会，经常开会协调解决问题，为最终建立婆罗洲联邦铺平道路。

二战结束后，东南亚国家纷纷掀起了争取独立的声势浩大的斗争。在周围国家的影响下，文莱人民也开始觉醒，他们要求摆脱英国的殖民统治，恢复文莱的国家主权和民族尊严。以苏丹为首的文莱王室也感到，文莱再也不能继续充当英国的“保护国”，应该从英国人手中收回苏丹的统治权。1950年，奥玛尔·阿里·赛里夫汀继承王位，成为文莱二十八世苏丹。

二十八世苏丹对婆罗洲联邦的计划持反对态度，他感到这样一个联邦的建立仍然会使文莱处于受制于人的境地。为此，他主张文莱应该实行内部自治和一定程度的议会民主，把权力从英国人手中收回来。1953年他宣布要制定一部宪法。他建立了一个由7名文莱人组成的咨询委员会，负责调查研究国内的民意和国外的宪法体制，为起草第一部宪法做准备。同年，在各个区设立了区议事会，其成员由苏丹任命，他们可以选派代表作为观察员参加国务会议，反映民众的意见。1956年，文莱国务会议通过一项地方议会法令，规定在都城和各区建立市或区议会，取代1954年建立的区议事会。

1959年3月，文莱苏丹率代表团前往伦敦与英国政府就制定新宪法和恢复自治问题举行谈判。文莱苏丹提出的宪法草案的主要内容是：文莱国内的一切权力都属于苏丹，苏丹是首席执行者；英国继续充当文莱的“保护国”，但英国驻扎官只以顾问身份执行任务；设立枢密院、行政委员会及立法院（议会）；地方议会由直接选举产生，全国立法院则由被任命的地方官员、现任官员及当然成员组成；明确规定苏丹王位继承的方式和摄政王的权力；设立首席部长一职。除个别条文外，这一草案大部分内容为英国政府所接受。

接着，文莱与英国签署一项《宪法协定》，取代 1906 年的条约。根据新协定，英国给予文莱自治权，但国防、治安与外交事务仍由英国管理。新协定还规定，废除英国驻扎官一职，任命一名英国高级专员为文莱政府“出谋划策”。此外，新协定还规定英国驻沙捞越总督不再兼任文莱高级专员，这样，沙捞越与文莱在行政管理上的关系即告终止。同年 9 月 29 日，文莱第一部成文宪法诞生。

第五节 争取独立时期

一 婆罗洲联邦问题风波

20 世纪 50 年代后期，文莱还面临一个突出的问题，即究竟是与沙捞越、沙巴合并组成婆罗洲联邦还是加盟更大的马来西亚联邦。

早在 50 年代初，英国人就提出了建立婆罗洲联邦的设想，后来他们又采取了一些具体措施：定期召开婆罗洲诸属地委员会会议，讨论三个属地之间制定协调一致的政策；建立了司法部、地质勘查部、民航局等机构，统一管理三地的有关事务；发行统一的货币；等等。

1957 年 7 月，英国驻沙捞越和沙巴总督正式提出组建联邦的建议。1958 年 2 月，他们为此又提出了具体方案，主要内容是：三地组成一个松散的联邦，同时各自保留一定的独立性，继续自由支配自己的财政收入和开支；联邦中央政府控制三地的防务、对外关系、通信及内部治安；中央政府的首脑为大总督，由英国人担任。

对于这个方案，沙捞越和沙巴表示赞同，文莱国内则意见不一。文莱王室和上层人士一致表示反对，他们认为文莱苏丹在拟议的联邦中没有享受最高统治者的地位，而且文莱的财富会被用来补贴较为贫穷的沙捞越和沙巴。文莱人民党则明确表示支持建立婆罗洲联邦，把建立联邦视为文莱走向独立的第一步，认为建立联邦只是一种手段，而实现独立才是最终目的。

另外，在是否同马来亚合并的问题上，文莱王室和上层人士则持积极的肯定态度。文莱苏丹之所以宁愿与马来亚合并也不愿与沙捞越、沙巴合组建立联邦，主要是出于对文莱地位的考虑。1958 年，苏丹在一次讲话中指出，文莱不是一个殖民地，暗示文莱的地位比沙捞越、沙巴这两个殖民地的地位要高。如果与这两个殖民地合并，对文莱来说就是一种倒退，就会使它从半独立国家的地位下降到殖民地地位；而与马来亚合并则不同。马来亚已是一个独立国家，与它合并会提高文莱的地位，有利于加快文莱实现独立的进程。

1958 年 10 月，文莱苏丹在接受一家报纸采访时说，大多数受过教育的文莱人都赞成与已独立的马来亚建立紧密的关系。同年 11 月，文莱借巨款给马来亚，第二年双方之间的官方往来进一步密切。时任马来亚总理东古·阿卜杜勒·拉赫曼访问文莱，双方一致认为，这两个伊斯兰国家有必要建立更为密切的关系。马来亚政府随后派遣了大批官员和教师前往文莱，帮助恢复和重建文莱的行政及教育机构。

1961 年 5 月 27 日，马来亚总理拉赫曼提出了建立马来西亚联邦的建议，邀请新加坡、文莱、沙捞越和沙巴参加。文莱苏丹对这一建议表示欢迎。文莱人民党则明确表示反对，认为马来亚政府的动机是想支配文莱，使文莱殖民地化。

就在马来亚的上述建议提出后不久，文莱国内发生了民众袭击马来亚驻文莱官员的事件，主要原因是马来亚派遣大量官员和教师到文莱，使文莱人失去了很多就业和晋升的机会，从而引起了文莱民众的不满。文莱人民党利用这一事件加强了对马来亚政府的攻击，进一步扩大了该党在文莱的影响，其党员人数在一个月之内就由 1.9 万人增加到 2.6 万人。与此同时，人民党还与工会组织结成了紧密的联盟。

随着力量的壮大，文莱人民党要求政府立即举行议会选举，它一方面想通过大选取得参政权，另一方面想凭借它在议会必将获得的多数席位阻止文莱与马来亚组成联邦。文莱苏丹不愿屈从人民党的压力，他推迟了原定的议会选举，同时鼓动成立了两个新的政党——文莱国民党和文莱统一党，作为亲政府的政治势力与人民党抗衡。不仅如此，苏丹不顾人民党的反对，派代表参加由新加坡、沙捞越和沙巴组成的协商会议，在批准成立马来西亚联邦的文件上签字，接着又与英国和马来亚政府就文莱加入拟议中的马来西亚联邦事宜举行谈判。

正是在文莱人民党和文莱苏丹政府尖锐对立的情况下，1962 年 8 月底文莱举行了首次地方选举，结果人民党获得了压倒性胜利，占据了地方议会 55 个席位中的 54 个，控制了所有四个区的议会。因此，由区议会选出参加全国立法院的 16 名议员也全都是人民党的成员。在取得这些绝对优势之后，人民党立即提出要修改宪法，改组政府。在文莱的前途问题上，人民党再次主张建立一个婆罗洲联邦，以对抗“马来西亚计划”。1962 年 9 月，文莱人民党与沙捞越和沙巴的两个政党一道组成了“反马来西亚同盟”，并准备把北婆罗洲问题提交联合国讨论。

人民党取得的胜利和所施加的压力并未能使文莱苏丹改变立场。他仍坚持要求加入马来西亚联邦。同年 9 月，他派了一个政府代表团到吉隆坡与马来亚政府官员举行最后一轮预备性会谈。10 月和 11 月，苏丹两次推迟召开立法院会议，以阻止人民党提出的反对成立马来西亚联邦的议案获得通过。12 月，苏丹政府又拒绝把人民党提交的议案列入立法院的讨论议程。

由于人民党和苏丹政府互不让步，双方之间最后摊牌就不可避免。人民党宣称，既然通过合法手段不能制止文莱加入马来西亚联邦，那人民党别无选择，只有动武了。1962 年 12 月 8 日，文莱爆发了人民党领导的政变。

政变很快遍及文莱全国，还波及沙捞越和沙巴部分地区。政变的参加者主要是人民党的地下武装——北婆罗洲国民军的成员，达两万多人。政变者占领了首都和20多个市镇以及诗里亚油田，释放了囚犯，逮捕了英国驻文莱的高级专员和苏丹政府的很多官员。接着，人民党领导人阿扎哈里宣布自己为“加里曼丹联邦政府总理”。

政变爆发后，文莱苏丹随即宣布全国进入紧急状态，并谴责这次政变。在他的要求下，英国派了2000名士兵进入文莱，其中包括一个善于进行山地战的苏格兰步兵营、一个营的廓尔克部队、第四机动陆战队、几个“冈特－霍克”式喷气机空军中队以及数艘海军舰艇。每隔两小时就有一批运载增援部队的英国飞机从新加坡起飞。沙捞越和沙巴的警察部队也向文莱边境集结。在诗里亚地区，双方进行了激烈的战斗。英国远东军司令奈杰尔·波埃特还亲临文莱督战。与此同时，参加东南亚集体防务条约组织的澳大利亚和新西兰也都给予文莱力所能及的援助。由于双方力量悬殊，人民党发动的政变在一周之内就告失败。

人民党本来希望沙捞越和沙巴的政党与它遥相呼应，共同采取行动。然而，尽管它们都反对加入马来西亚联邦，却不愿诉诸武力。不仅如此，它们还谴责文莱人民党领导的这次政变，指责阿扎哈里无权自封为三地联邦的总理。文莱发生政变后，沙捞越和沙巴两地的民意出现了180度的大转变，人民由过去反对加入马来西亚联邦、要求与文莱合并，变成愿意加入马来西亚联邦、放弃与文莱组建婆罗洲联邦。

人民党发动的政变被镇压下去之后，苏丹立即取缔人民党，立法议会和行政委员会均被解散，宪法停止生效。文莱随后成立了一个以苏丹为首的“非常议会”。

二　加入马来西亚联邦谈判的破裂

文莱苏丹感到，文莱只有加入马来西亚联邦，其政治稳定才会有所保障，因此在平息政变后不到一个月，即于1963年1月1日派政府官员去吉隆坡与马来亚政府就文莱加入马来西亚联邦的条件问题进行预备性探讨。文莱苏丹提出，文莱加入马来西亚联邦的条件必须符合两项基本原则：一是马来西亚联邦应在现有国家（马来亚、文莱和英属殖民地北婆罗洲、沙捞越、新加坡）自愿联合的基础上，即通过谈判、在各方自愿接受的基础上建立起来的联邦；二是文莱及其民族特殊利益，必须按照1962年马来亚政府向文莱苏丹做出的保证，得到承认和保护。在初步取得令人满意的结果之后，双方便于2月和6月分别举行了两轮正式谈判。第一轮谈判在大的框架问题上进展比较顺利，双方都对文莱加入马来西亚联邦感到非常乐观。但到了第二轮谈判涉及具体的实质性问题和利益时，双方便陷入僵局，互不相让。

在第一轮谈判中，马来亚方面接受了文莱提出的各项要求，但其措辞是含糊而笼统的，双方讨论的问题主要有三个：财政及税收，文莱苏丹在马来西亚联邦执政者会议中的地位，文莱代表在联邦议院中的席位分配。马来亚同意文莱在加入联邦后保留其投资和石油收入，但没有明确说明保留多长时间。关于文莱苏丹的地位问题，马来亚方面许诺在未来联邦的宪法中阐明他的特殊地位，但究竟是什么样的特殊地位，则只能由未来联邦的执政者会议来决定，因此这一问题悬而未决。

双方进入第二轮谈判之后，在各项具体问题上产生严重分歧。首先是文莱的石油收入问题。文莱方面希望永久保留其石油收入，而马来亚则想在文莱加入联邦10年之后由联邦政府直接控制其石油收入。其次是文莱苏丹的地位问题。马来亚把文莱苏丹在联邦执政者会议中的名次排在最后，理由是他参加这个机构的时间最晚。文莱方面表示，这样的排名是难以接受的，应该按照文莱苏丹就位时间来排名。由于双方在这些问题上各执己见，僵持不下，谈判便告停顿。文莱苏丹警告说，除非马来亚提出更好的条件，否则文莱只有等时机成熟时才会加入马来西亚联邦。

在原定的马来西亚联邦协定签字日期7月8日迫近之际，马来亚政府于6月19日提出了文莱加入马来西亚联邦的最后条件，要求文莱在48小时之内做出接受与否的答复。文莱方面认为这些条件没有新意而拒绝接受。结果，文莱未参加7月8日在伦敦举行的马来西亚联邦协定签字仪式，从而最终保持了自己作为一个主权国家的地位。沙捞越和沙巴这两块文莱过去的属地的代表在协定上签了字，加入马来西亚联邦，文莱的领土范围最终确定下来。

三 走向完全独立

在澄清了与邻国结盟问题的同时，文莱国内的政治形势也趋于明朗。随着人民党被取缔，前一时期政党政治所掀起的风浪开始沉寂下来。苏丹政府清除了人民党这一劲敌而大大巩固了自己的统治。尽管还有其他一些政党存在，但由于它们自身力量的弱小和政府的严密控制，这些政党都成不了多大的气候。1963 年 1 月 22 日，文莱统一党、文莱国民党同另外两个小党合并，组成文莱联合党。即使这样，其声势和影响也远远比不上昔日的人民党，因此，苏丹政府对它提出的主张和要求可以置之不理。

在英国的干预下，苏丹政府同意于 1965 年初举行首次立法院选举，并建立内阁制的部长会议，取代原来的行政委员会。然而，这些表面的变革并未对文莱原有的权力结构产生多大影响。新的立法院和部长会议的大多数成员仍由苏丹任命，只有少数几个成员是直接选举产生的。因此，君主集权的政治体制没有发生实质性的变化。

文莱联合党等政党为了壮大声势，争取民众的支持，于 1966 年 8 月组成了有所有政党参加的文莱人民独立党。它采取过去的人民党的策略，谴责英国的殖民统治，要求英国立即同意文莱独立。英国政府顺水推舟地表示同意，但把最后决定权推给了文莱苏丹。

1963 年 4 月 10 日，文莱苏丹赴伦敦同英国政府就修改宪法问题进行谈判。在赴伦敦之前，苏丹通过文莱广播电台发表讲话。他宣称，修改宪法的目的在于提高行政管理的效率。他还指出，随着国内和平与安定的恢复，采取重大措施来“进一步密切人民和行政当局关系”的时刻已经到来。他从伦敦回国后发表了一个声明，其中特别谈到，待 1965 年 3 月举行选举之后，他将积极致力于推行宪政，并将采取措施加速经济发展。

几天之后，立法议员马塔尔沙德·马尔萨勒提出文莱应立即独立的要求。这个马来族的领袖声称，文莱有自己的法律，有自己的保安部队，可以捍卫国土；在国外留学的学生今后则可以通过人民遴选担负起管理国家的行政工作。他认为文莱完全具备独立的条件。与此同时，英国议会也讨论了给予“保护国”文莱独立的问题。英国首相詹姆斯·哈罗德·威尔逊在议会宣称，大不列颠立意保证把管理文莱国家各个领域的全部责任逐步移交给文莱。威尔逊在谈到有关中止或修改1959年大不列颠和文莱苏丹国之间所订协定的各种现有提案时，解释说英国政府的政策在于“使文莱能够逐步担负起管理国家各个领域的全部责任，这就需要在适当的时候同文莱修订协定”。如此看来，当时英国政府对修改那个规定文莱和英国双方各自应负责任的协定尚未拟就完备的计划。因此，1963年伦敦谈判期间，在直接涉及给予文莱独立的问题上，文莱没有取得任何结果。

1967年10月4日，文莱突然传出一则消息：远非年迈的二十八世苏丹即将让位给他年仅22岁的长子哈桑纳尔·博尔基亚。苏丹在声明中写道：“我于10月4日退位，事出我本人自愿，望吾民众视之为当然之举。今退位已定，毋庸更改。”对于二十八世苏丹奥玛尔·阿里·赛里夫汀退位的原因，文莱的官方文件未做任何记载。10月5日，哈桑纳尔·博尔基亚继承王位，并于1968年8月1日举行了加冕典礼，成为文莱第二十九世苏丹，他誓称将继续执行其父的政策。

60年代以来，英国在文莱的驻军问题和文莱的独立问题开始提上议事日程。1966年，英国首相威尔逊宣布，英国政府的政策是文莱应恢复承担各方面的自治义务，因此，需要在适当的时候对两国于1959年签署的协议进行修订。1967年，英国政府宣布将在1971年之前从苏伊士运河以东地区撤军。文莱政府对英国撤军后该地区的稳定及其国内安全与稳定不无担忧，认为当时文莱本身的武装力量尚弱小，内部的自治体制也远未健全，因此不愿英方撤走廓尔喀部队，更不愿被匆匆推向完全独立。二十九世苏丹正式加冕后，在二十八世苏丹的陪同下于1968年11月赴伦敦与英方举行谈判，主要是对两国1959年协议进行审议，并就文莱的防务问题，实质上主要是英国驻扎文莱的廓尔喀部队地位问题进行了多次商谈。同年12月，苏丹再次率团赴伦敦继续与英国政府举行谈判。在这次谈判中，双方达成协议，解决了廓尔喀部队继续驻留文莱的问题。

1971年1月，文莱苏丹与英国外交及联邦事务政务次官安东尼·亨利·范肖·罗伊尔（Anthony Henry Fanshawe Royle）分别代表两国政府，在斯里巴加湾市的议会大厦签署了《文莱国苏丹和元首殿下与大不列颠及北爱尔兰联合王国女王陛下关于修订1959年协议的友好合作协议》。该协议规定，英国女王应继续负责文莱的对外事务，但文莱的国防和安全应由双方共同负责，文莱应享有完全的内部自治。该协议对1959年协议进行了修改，规定：

——将原协议中女王派驻文莱代表的名称从“女王陛下高专”改为“英国高专”。

——女王继续享有制定文莱有关对外事务的法律的司法权。女王同意将根据该条款通知苏丹已采取的或即将采取的有关行动。

——为满足文莱国防的基本需要，苏丹将建立、装备和维护维持国内公共治安所需的足够的军队，并使该军队成为文莱对外防务的第一道防线；文莱方面应向女王驻扎在文莱的军队或经苏丹同意到文莱进行训练或演习的军队给予必要的地位和司法权；女王应在英国力所能及的范围内向苏丹军队的人事管理、训练、组织，以及苏丹警察部队的建设提供协助和专家咨询；以维护文莱国防为目的的女王军队或女王授权者可在任何时候自由进出文莱；应建立一个名为“文莱防务理事会”的双方联合常设协调机构，定期或不定期进行接触和沟通。

——协议规定，本质上属于文莱国内公共秩序性质的事务应由苏丹的公共保安部队负责。但在面临外来攻击或威胁时，双方应协商决定分别或联合采取何种措施。在不能分清内部或外来安全问题的情况下，两国政府应商议判定它是否受到外国的控制或支持。

1971年协议签署后，文方意识到文莱的独立势在必行，不可能长久拖延，因此，加紧筹备自治的步伐；同时面对与周边一些国家的对抗局面，文莱优先考虑国防建设，大力加强文莱皇家马来军团（文莱皇家武装部队的前身）、空军、海军以及警察部队的建设。根据1971年协议，该协议的修改须在签约一方提出一年后进行谈判。

70年代中期，英国工党政府重新上台后，继续推动解决文莱实现完全独立和撤走廓尔喀部队的问题，于1974年提出对1971年协议进行修改。1975 年 2 月，苏丹赴英国就廓尔喀部队和文莱未来地位等问题进行谈判，未果。翌年 9 月，苏丹再次赴英谈判，双方就条约内容达成一致。1978 年 9 月 29 日，双方在文莱草签了条约。1979 年 1 月 7 日，苏丹与英国外交及联邦事务部长戈伦韦 - 罗伯茨（Goronwy-Roberts）分别代表两国政府在文莱斯里巴加湾市议会大厦正式签署《文莱英国友好合作条约》。该条约从 1983 年 12 月 31 日起生效，主要内容包括：

——文莱同意从 1984 年 1 月 1 日起恢复履行作为一个主权、独立国家的全部国际义务；

——决心使两国长期、传统的密切友谊和合作关系继续保持下去。两国关系应以密切友好精神为指导，在维护本地区的和平与稳定的共同利益基础上，共同协商讨论涉及双方共同利益的问题，以和平方式解决它们之间的一切分歧。

——英国政府将不再承担文莱政府在外交方面的责任。但英国政府对于文莱政府在执行对外关系时所需获得的外交和领事方面帮助的特定请求将给予同情的考虑，包括：在文莱政府与同其没有建立外交关系的国家，或文莱政府与国际组织之间起联系的作用；推动和协助文莱进入它所希望进入的国际组织；在文莱没有设代表的国家通过外交和领事机构向文莱公民提供保护；帮助文莱建立外交机构及培训其人员；向文莱设计和颁发新护照提供咨询。

——应鼓励双方进行科学、文化方面的合作，包括增进双方在文化和语言方面的相互了解；增进双方专业团体和文化机构之间的联系；鼓励双方进行科学和文化交流。

——双方在现有的商业和贸易领域保持密切联系。

——英国政府在文莱政府的请求下，应继续尽力帮助文莱公共部门进行人事招聘和人员训练。

1983 年 5 月，文莱官方宣布，英国从 1984 年 1 月 1 日起放弃其掌握的文莱的国防和外交权力。文莱正式宣布完全独立。

1984 年 1 月 1 日，文莱苏丹在首都斯里巴加湾市向全国宣读了独立宣言。宣言的全文为：

赞扬宇宙之主安拉，愿他的慈祥及和平普及我们的领袖。我们的文莱从来不是殖民地，但在1847年的一项特别协议下，英国与文莱于1888年同意由英国政府负责文莱的外交事务。

我们的上任苏丹，就是第二十八世苏丹奥玛尔·阿里·赛里夫汀在1959年宣布了宪法，使其成为最高法律并使国家更具有秩序，以至今天。

通过我们与英国女王在1979年签署友好及合作条约以及我们与英国女王之间相互交换备忘录，两国同意在所有英、文两国以前的协定安排下，英国对文莱的所有权力、义务及责任，是不符合一个主权及独立国家的完整的国际责任的。这种情况已在1983年12月31日结束。在这种情况下，所有我们的特权，包括外交方面的责任，已经在1984年重新回到文莱苏丹手中。

所以，如今在慈爱安拉的灵下，我文莱苏丹哈桑纳尔·博尔基亚，在此以我的名义，代表我、我的继承者与文莱人民宣告，从今天即公元1984年1月1日，也就是我登基的第17年起，文莱在安拉庇佑下，在伊斯兰教下，在平等、信任以及自由的原则下，永远是一个主权、民主及独立的马来伊斯兰君主立宪国。永远追求安拉的祝福与指示，维护人民的欢乐、福利、安全与和平。

在相互尊重彼此的独立、主权、平等以及所有国家的领土完整、不受外来干预的原则下，与其他国家保持友好关系。愿受赞扬与圣明的安拉，愿先知穆罕默德，祝福文莱以至永远！

独立宣言对文莱的历史进行了总结，尤其是对文莱与英国的关系进行了定位：文莱不承认自己曾经是英国的殖民地，而是认为自己是一个一向拥有主权的国家，因此在独立庆典上并没有举行升文莱国旗和降英国国旗的仪式。

国家的完全独立使文莱人民欢呼雀跃。1983年12月31日午夜，成千上万的文莱人冒雨聚集在清真寺前欢呼自己祖国的新生，隆重庆祝国家独立。

1984年2月23日，文莱在斯里巴加湾市新建成的哈桑纳尔·博尔基亚体育广场举行了独立庆典。文莱苏丹、政府高级官员和各界群众代表以及来自71个国家的元首、政府首脑或特使等外国来宾4500人，还有文莱民众共3万余人参加了庆典。文莱政府还把2月23日定为文莱的国庆日。至此，文莱彻底独立，英国在文莱的殖民统治宣告彻底结束，文莱开启了新的历史征程。

第三章

政　治

第一节　政治制度

文莱苏丹的称号来源于阿拉伯语，苏丹被认为是该国“伊斯兰大家庭”之父，是一国之君、王室之首和政府首脑。第一世苏丹公元1414年即位。历代苏丹通过家族世袭产生，一般在前世苏丹过世后，由其长子继位。自15世纪初建立政教合一的苏丹国后，文莱一直以伊斯兰教为思想武器来巩固政权。文莱从脱离英国保护、宣布独立的那一天起，现任二十九世苏丹哈桑纳尔·博尔基亚就提出以“马来伊斯兰君主制”（Melayu Islam Beraja，MIB）作为建国的基本原则，宣布文莱“永远是一个主权、民主和独立的马来伊斯兰君主国”，这一原则被政府尊为“国家意志”，任何人不得违反。

“马来伊斯兰君主制”是现代文莱国家的基本政治制度。作为文莱建国的基本政策和社会运行机制，“马来伊斯兰君主制”具有如下含义：文莱达鲁萨兰国是一个紧密团结在伊斯兰教与苏丹周围，并以苏丹作为国家最高统帅的马来国家。因此，马来、伊斯兰与君主成为构成这一独特体制的三个最重要、最基本的因素，三者含义有别，却相互作用、相互补充，构成文莱独特的社会机制。具体讲，三者分别具有以下含义：①马来：确保马来民族权利的有效性与特殊性，是文莱王室、家庭、社会、民族和国家生活的支柱；②伊斯兰：根据教义规定，作为文莱国教的伊斯兰教是确保文莱独特、完美的社会生活方式的基本准则；③君主：文莱实行君主制，即苏丹作为人民的领导者和保护者，拥有统治国家的最高权力。

从上述“马来伊斯兰君主制”的基本定义不难看出，它在文莱社会运行中具有举足轻重的地位和作用。

首先，“马来”这一概念严格限定了文莱的基本社会生活方式，即文莱国家应始终维护和沿袭传统的马来文化与习俗，文莱的马来族享有不可置疑的特权；整个国家是单一的马来民族国家。文莱规定：除信仰伊斯兰教的马来人之外，其他人没有资格被任命为部长和副部长。在文莱社会中，实际上仍存在华族、印度族及其他土著民族，但他们当中仅有个别人可得到苏丹的赐封，并作为苏丹政府的代表领导和管理本民族的事务（华族最高的封位为天猛公和甲必丹；印度族则为佩欣、达图、萨务打卡）。

其次，“伊斯兰”在维护国家正常运行方面发挥了主导作用。它是文莱社会的精神支柱和道德准则，甚至成为一些行为规范的法律基础。自文莱第一世苏丹确立了伊斯兰教在文莱的地位之后，它一直作为文莱的国教维护其君主制的统治。在文莱，虽存在其他宗教，但其信仰人数、发展程度较伊斯兰教相去甚远，政府亦不鼓励它们的存在和发展。这一点，从文莱人日常穿着、饮食习惯以及大街小巷风格迥异的清真寺即可略见一斑。

最后，“君主”是文莱国家的统治核心，也是三者中重要的环节。文莱宗教部长在其著作中曾指出，文莱君主制的出现甚至早于伊斯兰教在该国的传播与确立。早在印度教盛行时期，君主制已成为文莱的基本统治制度；只是在伊斯兰教确立之后，君主改称苏丹，其权力也更加广泛，即苏丹作为民族、精神、传统习俗和宗教领袖，以及现代文莱社会的最高行政长官，拥有至高无上的权力。全体人民将统治权交予他，并应该效忠和服从他。

应该说，“马来伊斯兰君主制”中三者的作用是相辅相成的。作为一国君主的苏丹，首先是民族和宗教领袖，而单一民族特性和严格的宗教教义则是确立其领导地位的基础和保障。伊斯兰教法确立了苏丹的绝对权力和地位，而王位的更迭、权力的分配则以传统的马来习俗与伊斯兰教义为准则。

君主制的存在，也保障了马来人和伊斯兰教在国家生活中享有特殊权利和地位。根据宪法，文莱的马来人一出生即自动享有公民权，而在文莱居住并生活的其他民族，则需按照宪法规定，参加特殊考试取得公民权。这也是在文莱至今仍有为数不少的华人，几代人生于此、居住于此而无公民权的主要原因。

20 世纪 90 年代以来，随着东南亚伊斯兰复兴运动的兴起，文莱苏丹的宗教信仰也越发虔诚。他极力宣传“伊斯兰君主政治思想”，把忠君思想与伊斯兰教精神结合在一起，宣扬君权神授，为维护王室的统治提供宗教上的理论依据，把苏丹奉为伊斯兰教的捍卫者。“伊斯兰君主政治思想”已被官方当作检验文莱公众忠君效国的主要标准，对这一思想提出任何质疑都是不被允许的。任何人不得反对政府的伊斯兰化政策，不得怀疑苏丹对伊斯兰教的虔诚，也不得怀疑苏丹在宗教上的权威。在宣传“伊斯兰君主政治思想”的活动中，文莱政府常以非常隆重的方式庆祝穆斯林节日，并开展全国性的文明礼貌宣传活动，强调文莱生活方式的核心是伊斯兰教信仰、忠君思想及文明礼貌，任何人都不得破坏这一生活方式。

为了向国民表明对伊斯兰教的坚定信仰，文莱苏丹多次到麦加朝圣；每年斋月结束时他都到首都的大清真寺去发表演讲，赞颂伊斯兰教。在公开讲话中，他经常敦促文莱穆斯林加强对伊斯兰教的信仰，避免染上恶习，如酗酒、纵情作乐、相互攻击诽谤等。与此同时，他不断强调维护占全国人口 60% 的马来人的政治地位和经济利益。在此思想的指导下，文莱政府推行民族等级制度，经济上实行扶持马来人的倾斜政策。在投资、就业、教育、公民权等各项政策中，都实行扶持马来人、限制其他民族居民的政策。

文莱苏丹还主张在现代化建设中保持伊斯兰教原则。20 世纪 90 年代以来，文莱政府宣布多项伊斯兰化政策，如禁止销售酒类，不许在公共场所饮酒等，并建立了“文莱伊斯兰信托基金”“文莱伊斯兰银行”。同时还增加拨款，在农村修建更多的清真寺和中小学，以加强有关马来传统、伊斯兰教和君主制的教育，力图以伊斯兰教为武器，抵消西方自由化思想对文莱社会的冲击和伊斯兰极端思想的影响。

尽管文莱严格奉行伊斯兰教的精神和原则，但对一些极端的伊斯兰教派也采取限制和打击的政策。1991 年，文莱政府就取缔了一个宗教极端组织，理由是它对国家安全构成了威胁。另外，文莱政府也反对一些西方国家的国际性组织在文莱发展分支机构，认为扶轮社、雄狮俱乐部等组织是反伊斯兰教的，是支持犹太复国主义的。

综上所述，马来伊斯兰君主制是现代文莱国家的基本政治制度和社会运行体制。它是巩固文莱现有政权、保障国家稳定的重要因素。但在经济全球化日益发展、政治体制改革此起彼伏的时代，文莱政府也对其某些法律规章做出调整以适应时代的变化。

第二节　宪法

文莱第一部成文宪法颁布于 1959 年 9 月 29 日，曾于 1971 年和 1984 年进行过两次重要修改，1994 年进行了审议。2004 年和 2008 年又进行了修改。

1959 年宪法共分为十一个部分，包括前言、宗教、行政当局、枢密院、内阁、立法委员会、立法程序、财政、公共服务、御玺、宪法修改和解释。宪法规定，文莱国体为马来伊斯兰君主国，实行君主立宪制；苏丹是国家元首，也是宗教领袖，拥有立法、行政和司法等全部国家权力；国家设有五个委员会，即宗教委员会、枢密委员会、行政委员会、立法委员会和王位继承委员会，协助苏丹理政；首席部长为最高行政长官，与英国驻文莱高级专员一起向政府提供除伊斯兰教和马来习俗外的所有事务的咨询。但宪法也明确规定，国家与王室有别。宪法中有关王室的专款条例及单独的国库财政规定表明，苏丹是国家最高行政与宗教领袖。法国路易十四的“朕即国家”与文莱的马来伊斯兰君主制的传统是完全不同的。这种不同意味着国家的投资和资产与苏丹和王室的个人资产不同。

宗教委员会（Religious Council）　负责为苏丹提供伊斯兰教事务方面的咨询和建议，并负责处理涉及宗教的案件。宪法规定，伊斯兰教为国教，文莱崇尚沙斐仪学派教义，苏丹是国家的宗教领袖。宪法保证宗教自由。

枢密委员会（Privy Council） 它为苏丹提供有关修改补充或取消宪法条文、任免职务、封赐头衔等方面的参考意见和建议，并负责特赦、颁发荣誉称号或奖励。[①] 枢密委员会由5名担任官职的当然成员以及苏丹指定的其他成员组成。

行政委员会（Executive Council） 国家的最高行政机构，由苏丹担任主席，由7名担任政府公职的当然成员和7名苏丹指定的未担任公职的非官方成员（其中6名兼立法委员会成员）组成。苏丹拥有任命委员会成员的权力。苏丹在行使职权或履行职责时，必须与行政委员会磋商。苏丹也可以不按行政委员会多数成员的意见行事，但必须把不同意该意见的理由记录在案。苏丹根据需要召开行政委员会会议，只有苏丹提出的事项才能在会上讨论处理。1964年，文莱将"行政委员会"更名为"部长委员会"，由6名部长和4名部长助理组成。1984年文莱独立后，"部长委员会"又改称"内阁"，由苏丹兼任首相。

立法委员会（Legislative Council） 根据宪法行使立法监督权力，审议和通过经苏丹批准的管理国家、维护社会治安和秩序的法律。如果事先未征得苏丹同意，立法委员会不能讨论涉及财政等问题的法案、建议和要求。如果苏丹认为符合国家利益的法案或建议在立法委员会中未被通过，苏丹仍可以宣布该法案或建议有效。立法委员会每届任期3年，由8名当然成员、6名苏丹提名的有官职的成员、3名苏丹推荐的无官职的成员、16名民选成员组成。民选成员由各个区议会从其议员中选举产生。区议会每两年举行一次，其议员直接由年满21岁并符合一定要求的公民推选。1962年年底文莱人民党发动的武装暴乱失败后，文莱政府颁布和实施紧急状态法，宪法暂停实行，立法委员会被停止运作，立法由苏丹以

① 文莱有"佩义兰"（Pengiran）称号，为世袭贵族；苏丹可向平民授予"佩欣"（Pehin）称号，与英国贵族称号相似；苏丹还可以向平民授予"达图"（Dato）、"达汀"（Datin）称号。

“王室公告”的方式颁布。

王位继承委员会（Council of Succession） 负责决定王位继承问题。宪法规定了王位继承顺序和有关王储的安排。

1971年11月，文莱与英国就修订1959年协议达成一致，并据此对1959年宪法进行修改，规定英国政府主要负责文莱的对外事务，国防和安全由双方共同承担。

1983年，文莱政府又颁布国内安全法，取代紧急状态法。国内安全法的内容包括反颠覆措施、实行宵禁、限制人员和车辆的行动、未经审讯可以拘捕关押嫌疑者，等等。

1984年文莱取得完全独立，新宪法收回了国防和外交权力，规定苏丹仍然拥有最高行政权力，建立由首相和部长组成的内阁政府，取代原来由首席部长和英国驻文莱高级专员担任顾问的马来传统政制。根据新宪法，首相必须是文莱的马来族人，信仰伊斯兰教，并属于沙斐仪学派。首相行使行政权力，对苏丹负责；内阁部长由苏丹任命，对苏丹负责；苏丹可随时撤换部长、副部长；总检察长和高级法院司法专员（大法官）也由苏丹任命；中止立法委员会时期，法律由苏丹颁布。苏丹有权宣布紧急状态和修改现行法律，包括宪法。

2004年9月，被中止20年之久的立法委员会恢复，并举行了第一届会议，通过了“宪法修正案”。“宪法修正案”对现行宪法做了如下修改。

（1）关于选举问题：“宪法修正案”规定，立法委员会将由委任议员（30人）和民选议员（15人）组成。其中民选议员由全国各区产生。在选举法制定和生效前，各区民选议员暂由村长等基层官员提出候选人名单，经选举委员会审核后，提请苏丹批准。有犯罪记录者无参选资格。

（2）关于立法问题：按照1959年宪法，苏丹根据立法委员会建议颁布新法令，规定任何紧急法令在颁布之前须经立法委员会同意。“宪法修正案”赋予苏丹自行颁布新法令的权力，以及无须经立法委员会同意颁布紧急法令的权力。

（3）关于司法问题：苏丹在履行职责和做出决定时，将得到合理和足够的保护。设特赦委员会，其职责是向苏丹建议是否行使特赦权，取代由枢密院向苏丹建议是否行使特赦权。

（4）关于宗教问题：确认伊斯兰教仍为文莱国教，同时人民享有宗教信仰的自由。

（5）关于语言问题：马来语作为官方语言的地位不变，英语可作为法庭办案语言。

（6）关于礼仪习俗问题：设立国家礼仪习俗理事会，向苏丹提供有关国家礼仪习俗的建议。

2006 年 3 月 16 日，文莱国会再次讨论了修宪问题。苏丹哈桑纳尔·博尔基亚表示："为迎合国家发展以及全球化的趋势，国家宪法必须做出改变，以期使国家和人民取得更长足的发展和进步。"2008 年 4 月，文莱再次修改宪法。2008 年宪法由前言、宗教和风俗习惯、行政权、枢密院、特赦委员会、内阁、立法院、立法院的立法程序、财政、公共服务、国玺、附则、宪法修改与解释 13 个部分组成。

第三节 政府

一 政府机构

文莱政府原设有 13 个部门，即首相府，国防部，外交部，财政部，内政部，教育部，司法部，工业与初级资源部，宗教部，发展部，文化、青年与体育部，卫生部，交通部。1998 年司法部被撤销。2005 年外交部更名为外交与贸易部。现有 12 个部门的设置和职能如下。

首相府（Prime Minister's Office） 它是文莱行政系统的中心，由正部级的苏丹特别顾问具体负责，指导和协调各部门的工作，协助苏丹处理日常行政事务。苏丹的行政命令一般通过首相府宣布。首相府直接管辖的部门包括：首相府办公厅，文莱皇家警察部队，马来习俗司（负责全国有关马来习俗的指导和咨询以及王室礼宾事务），公共服务委员会，审计局，机构办公室（负责政府部门人员录取、调动、晋升、任职、培训以及其他后勤服务事宜等），拘留中心，反贪局，文莱广播电台、文莱电视台，新闻局，麻醉品控制局，管理服务与政府安全局，国家宗教顾问局（原属宗教部，自 1994 年 11 月起被置于首相府直接管理之下，直接向苏丹提供有关宗教方面的咨询）。

国防部（Ministry of Defence） 文莱苏丹任国防部长和皇家武装部队最高统帅。国防部是一个综合性的部门，包括军事人员和文职官员。国防部副部长协助部长处理该部决策事宜。文职官员由两名常务秘书领导，每位常务秘书各负责两个司。一位负责财政和发展，即财政、采购和发展以及工程事宜；另一位负责政策和行政，即政策、组织、管理和人力方面。军事人员由文莱皇家武装部队司令领导，他是防务和军事行动方面的主要顾问。国防部下设 6 个司：作战与计划司、情报司、训练与人员事务司、人事与行政司、后勤司和战略策划司。文莱皇家武装部队包括陆军、海军、空军、后勤服务部队和训练中心。

文莱的海陆空防务能力在东南亚地区可算是较好的国家之一。文莱皇家武装部队与东盟其他国家的武装部队保持着密切的联系，与英国和澳大利亚也有紧密的合作。文莱积极吸收年轻人和妇女加入武装部队，并建立文莱皇家马来后备兵团作为在紧急情况下正规军的补充。

外交与贸易部（Ministry of Foreign Affairs and Trade） 自文莱完全独立后，其外交政策是以苏丹在 1984 年 1 月 1 日宣布独立的御词中所陈述的原则为指导的。这些原则有以下几点：与其他国家保持友好关系；不干涉其他国家的内部事务；相互尊重领土完整和主权独立；维护和促进本地区的和平、安全和稳定。

为执行这一政策，文莱已与 163 个国家（截至 2012 年）建立了外交关系。文莱在东盟其他国家的首都以及伦敦、华盛顿、北京、利雅得、开罗、德黑兰、首尔、布鲁塞尔、伊斯兰堡和新德里都建立了使馆和高专署。在纽约和日内瓦建立了常设机构，在马来西亚的沙捞越、沙巴和沙特阿拉伯的吉达设有总领事馆。斯里巴加湾市现在约有 30 家常驻使馆。

外交与贸易部有 6 个司局级单位：行政司、礼宾和领事司、经济司、政治司、东盟司和研究司，除部长外，有 1 名副部长协助部长工作，下设 2 名常务秘书和 3 名副常务秘书分管日常工作。

财政部（Ministry of Finance） 文莱人口少，政府可以有效地控制开支。文莱多年来保持平衡的预算政策。国家没有债务。文莱不征收个人所得税，只对一些公司征收一定税额。

文莱财政部有7个职能部门：①财政司——在正常情况下控制政府开支，审议各部门提出的预算。②投资署——掌握文莱海外投资，有200多名工作人员。在伦敦设有一个办事处，是文莱在国外较大的管理投资的机构之一。③经济计划署——负责向政府提供各种经济咨询，筹划“五年计划”，为国家发展计划委员会提供服务。④经济计划和发展局——负责向一些商业项目以优惠的利率提供贷款，并通过提供投资奖励方式，直接协助本国和外国商人。⑤货币局——负责发行和兑换钞票与硬币，监督银行和其他金融机构。⑥关税局——负责实施进口税和禁止进口非法物资与武器。⑦国库——负责购买和分配政府与国家需要的重要物资。该部设部长、副部长和常务秘书各1人。

内政部（Ministry of Home Affairs） 它在文莱政府的管理机构中占有重要地位，其作用是多方面的，与世界上其他国家的内政部相同，如英国的内政部和美国的内政部。文莱的内政部主要负责政府安全和对地方政府部门的行政管理。内政部下设8个单位：地方事务办公室（负责4个区的行政管理和各种基础设施服务），移民和国民注册局，劳工局，监狱局，市政委员会（负责管理斯里巴加湾市、白拉奕、诗里亚和都东4个城镇），合作发展局（负责国内贸易、交通、家禽养殖、加油站的注册和稽查等工作以及向土著人创办的企业提供培训服务），度量衡局，消防局。此外，外国文艺团体来文莱访问演出和在文莱举办各种展览，以及当地私人企业雇用外籍劳工来文莱工作等，也须呈报内政部批准。该部设部长、副部长和常务秘书各1人。

教育部（Ministry of Education） 全面负责初等、中等和高等教育以及再教育、技术教育和业余教育工作。教育部有1名部长，还有1名副部长协助部长工作。教育部常务秘书是该部的行政长官，承担日常事务方面的职责。教育计划理事会由教育部长、副部长、常务秘书和教育部所有的司长组成，主要讨论重大的政策和规划事宜。

教育部有6个司：学校司，计划、发展和研究司，行政与服务司，学校巡视司，课程发展司，考试司。每个司下设一些有特殊职能的处室。所有的司长对常务秘书负责。

工业与初级资源部（Ministry of Industry and Primary Resources） 成立于1989年1月1日，下设5个司：工业司、农业司、渔业司、林业司、促进与开发司。该部设部长和常务秘书各1人。主要任务是鼓励本地商界和外国投资者建立联营企业，发展工业、农业、渔业及林业等，促进经济多元化。为此，成立一个由数名内阁部长和常务秘书组成的“工业和贸易发展委员会”，由工业与初级资源部部长任主席，由其领导制定政策措施，创造一个良好的投资和贸易环境，促进经济发展。该部还负责审批在文莱的投资项目，并负责矿泉水生产厂、牛奶场、房顶材料生产厂以及水产养殖和深海捕鱼等项目的发展。

宗教部（Ministry of Religious Affairs） 文莱的宗教传统深深扎根于伊斯兰教中，几百年来，绝大多数文莱人为逊尼派信徒，遵奉沙斐仪教派学法。宗教在国家生活中的主导作用通过宗教理事会实施，也为宪法所承认。宗教理事会具有最高权威，它通过宗教部的计划与执行职能为苏丹在伊斯兰教和宗教事务方面提供咨询。

文莱苏丹是国家宗教信仰的首领，宗教部长是内阁成员。根据宪法，苏丹坚持信奉伊斯兰教，自1954年宗教局（现改为宗教部）一直负责国家的宗教发展事务。宗教部的职责是保证伊斯兰教育在全国的传播和教授。宗教部通过清真寺加强对穆斯林信仰和日常行为规范的正确引导。宗教部有专门的官员调查违反伊斯兰教义的行为，对违反者予以拘捕扣押。宪法允许其他宗教在文莱存在，但不能大肆宣传。政府不得利用误导的宗教训导颠覆政府。

宗教部设部长、副部长和常务秘书各1人，下属主要部门有行政司、朝觐事务司、伊斯兰宣扬中心、伊斯兰研究司、伊斯兰研究学院。

发展部（Ministry of Development） 发展部在文莱的经济、社会和文化生活中发挥着重要作用。一是根据政府的经济多元化政策，避免过多依赖石油、天然气和投资收入，在规划、实施、控制和维护发展项目方面发挥直接作用；二是鼓励和帮助所有商人，包括文莱商人、合资企业和海外企业实行国家发展计划。

发展部设部长和常务秘书各 1 人，下属部门有 6 个：公共工程局、电力局、住房发展局、城镇与国家规划局、土地局和测量局。

文化、青年与体育部（Ministry of Culture，Youth and Sports） 该部以“马来伊斯兰君主制”概念为基础，以维持和改善文莱人民的生活为目的，巩固正确的价值观，提高文莱人民特别是青少年应对因社会经济变化而带来的挑战和问题的能力，减少社会的压力和离心力；通过福利、体育和文化等活动，引导文莱青年，教育和培养他们成为有责任、守纪律、有朝气、有独立适应能力的社会成员；向老弱残等社会成员和吸毒者、失足青少年等孤立于社会的人提供帮助、指导和必要的改过措施；向单亲和其他有需要的家庭提供有关如何有效地养育孩子的帮助和指导。此外，由于文莱是一个高福利国家，文莱公民无须缴纳所得税，享受免费教育、公费医疗、食品与燃料补贴。政府还向老弱残孤提供资助。社会福利事业亦由该部主管。

该部设部长、副部长和常务秘书各 1 人，下属单位有 5 个：语言文学局、语文图书局、国家博物馆、历史中心、体育与青年局。

卫生部（Ministry of Health） 与大多数富裕国家一样，文莱政府十分重视公民的健康。富裕的生活、有效的预防药物、良好的饮水供应以及排水系统，类似于英国、美国和瑞典等发达国家。文莱已消灭疟疾、霍乱和天花，国家定期执行免疫计划。文莱公民享受免费医疗，国家实行三级医疗制度：卫生所提供初级医疗，卫生中心提供中级医疗，区级医院提供专科医疗。在首都有以文莱王后名字命名的国家医院。在边远地区、陆路和水路交通不能到达的地区，有飞行医院。文莱已达到世界卫生组织的要求，并完成 2000 年前为所有人提供健康保证的计划。

卫生部的主要职责：应对癌症、肥胖症以及心脑血管等疾病；设法解决医护人员缺乏的问题；同滥用药物的现象做斗争，以维护全民的身体健康。该部设部长和常务秘书各 1 人，下属部门有医疗与保健局和科学诊治实验室。

交通部（Ministry of Communication） 文莱快速的经济发展依赖于交通网络，特别是通信联系。交通部的主要职责：加强国际通信联系；改善国内电信服务，特别是文莱国内的电话系统；对其管辖范围内的企业采取可靠的财政管理运作方式。

文莱交通部设部长和常务秘书各1人，有6个下属部门：电信局、邮政局、民航局、海洋局、港务局和陆路运输局。

二 内阁

文莱独立前，由行政委员会协助苏丹处理行政事务，设首席部长、国务秘书和国家财政官员等职。1984年文莱独立后成立内阁制政府，称“内阁部长委员会”，由苏丹任命内阁部长（包括首相），他们均向苏丹负责。苏丹可随时撤换内阁部长。

1988年，苏丹对内阁进行了改组，苏丹兼任首相和国防部长，苏丹的两个弟弟穆罕默德·博尔基亚和杰弗里·博尔基亚分别担任外交部长和财政部长。

2005年5月，苏丹再次大幅改组内阁，原内政部、教育部、交通部以及文化、青年与体育部部长退出内阁，增加了8名内阁成员。新设首相府高级部长、能源部长、第二财政部长、第二外交与贸易部部长四个职位，将国家大祭司、总检察长两职位由副部级升至正部级，并首次宣布所有内阁部长以及副部长的任期均为5年。

（1）增设首相府高级部长，由穆赫塔迪·比拉王储担任，王储同时出任文莱皇家武装部队上将兼警察部队副警察长，正式入阁。此举为王储顺利接任下一任苏丹奠定了基础，为王储提供了历练的机会。

（2）增设第二财政部长、第二外交与贸易部部长职位，辅佐苏丹兼任的财政部长和穆罕默德·博尔基亚亲王担任的外交与贸易部部长。将原来属于工业与初级资源部的负责主管东盟经贸合作、跨国经济组织以及国际经济问题等事务的国际关系与贸易司划归到外交部，更名为外交与贸易部，整合了文莱的外交资源，有利于文莱更好地对外开展交往和贸易活动。

（3）苏丹首次宣布内阁任期为5年，有利于加强政府的管理和促进政局的稳定。部长们在任期内能够更加负责地努力制定和执行其在5年任期内的工作目标和相关政策。

（4）在副部长级别中引进人才成为此次内阁改组的亮点。除了依照惯例从政府常任秘书以及司长人才库中选拔外，有两名副部长来自私营部门。此举为政府管理注入了新的活力，体现了政府有关部门“惜才爱才”的理念。

（5）让任期超过10年且已经年迈的部长退位，让年富力强的新任部长们加强对政府各部门的领导。

（6）建立高效的政府机构。内阁改组后，苏丹要求政府各部门积极制定计划，建立一个反应敏捷、运作高效的机构，其中一项措施是加快电子政务建设。为此，文莱政府拨出10亿文元专款用于高效政府建设。随后，文莱要求公务员提高为民服务的工作效率。2008年，文莱民事服务管理局对100多个政府部门进行服务绩效审查，督促政府部门和公务员提高服务效率。

2008年8月和2010年5月，苏丹对内阁略作调整。苏丹在2010年5月宣布新内阁时指出，内阁部长是社会模范人物，作为民众的榜样，他们必须拥有崇高的品质。这些崇高品质包括清廉的品德、能力与声望，愿意为了宗教、君主、民族与国家牺牲个人的精神。他还呼吁新部长和副部长们，以诚实与可信赖的态度执行所委托给他们的任务、权力和责任。2010年7月8日，文莱苏丹主持内阁重组后的第一次内阁部长会议。

现任文莱内阁组成如下：

首相兼国防部长、财政部长　苏丹哈吉·哈桑纳尔·博尔基亚·穆伊扎丁·瓦达乌拉

王储兼首相府高级部长　哈吉·阿尔·穆赫塔迪·比拉

外交与贸易部长　穆罕默德·博尔基亚亲王

教育部长　佩欣·达图·阿旺·哈吉·阿布·巴卡尔·本·哈吉·阿朋

卫生部长　佩欣·达图·巴杜卡·阿旺·哈吉·阿德南·本·丕显·拿督·斯里·阿旺·哈吉·穆罕默德·优素福

发展部长　佩欣·达图·巴杜卡·哈吉·苏约伊·本·哈吉·奥斯曼

交通部长　佩欣·达图·巴杜卡·阿旺·哈吉·阿卜杜拉·本·拿督·巴杜卡·哈吉·巴卡尔

工业与初级资源部长　佩欣·达图·斯里·巴杜卡·阿旺·哈吉·叶海亚·本·拿督·巴杜卡·哈吉·巴卡尔

首相府第二财政部长　佩欣·达图·巴杜卡·哈吉·阿卜杜勒·拉赫曼·本·哈吉·易卜拉欣

外交与贸易部第二部长　佩欣·达图·斯里·巴杜卡·林玉成

首相府能源部长　佩欣·达图·巴杜卡·哈吉·穆罕默德·亚斯敏·本·哈吉·乌玛尔

宗教部长　本基兰·斯里·哈吉·穆罕默德·本·本基兰·哈吉·阿卜杜勒·拉赫曼

内政部长　佩欣·达图·巴杜卡·斯里·阿旺·哈吉·巴达鲁丁·本·本基兰·拿督·巴杜卡·哈吉·奥斯曼

文化、青年与体育部长　佩欣·达图·巴杜卡·哈吉·哈扎伊尔·本·哈吉·阿卜杜拉

在新任命的8位副部长中，文化、青年与体育部副部长阿蒂娜为历届内阁中的首位女性。

首相府副部长　达图·巴杜卡·阿旺·哈吉·阿卜杜勒·瓦哈卜·本·朱尼德

国防部副部长　达图·巴杜卡·阿旺·哈吉·穆斯塔法·本·哈吉·斯拉特

财政部副部长　阿旺·哈吉·巴赫林·本·阿卜杜拉

教育部副部长　达图·斯里·阿旺·哈吉·优素福·本·哈吉·伊斯梅尔

发展部副部长　达图·巴杜卡·阿旺·哈吉·阿里·本·哈吉·阿朋

宗教部副部长　佩义兰·哈吉·巴赫鲁姆·本·本基兰·哈吉·巴哈尔

内政部副部长　佩欣·达图·巴杜卡·斯里·阿旺·哈吉·哈尔比·本·哈吉·穆罕默德·优素福

文化、青年与体育部副部长　达汀·哈贾·阿蒂娜·本蒂·奥斯曼

另外，苏丹同时还宣布，国家宗教大祭司和总检察长职位等同于内阁部长。

第四节 议会

1959 年文莱宪法规定设立法委员会，宣布其具有审议立法的权力，定期举行立法委员会选举。当时的立法委员会由 33 人组成，其中 16 名成员由民主选举产生。1962 年和 1965 年曾分别进行过两次立法委员会选举。

1962 年 8 月，文莱举行立法委员会和区议会选举。结果，文莱人民党取得了绝对多数席位——在立法委员会 33 个席位中获得 16 席，在区议会 55 个席位中获得 54 席。由于人民党试图组建政府失败，遂发起暴动，4 天后被英国从新加坡调来的军队镇压下去，立法委员会被解散。苏丹随即宣布文莱进入紧急状态，并从此每两年宣布延长一次。1964 年苏丹调整了立法委员会的成员结构，把 33 名成员减少到 21 名，其中 10 名由选举产生，6 名是担任官职的当然成员，5 名是苏丹提名的无官职人士。1965 年文莱对宪法中有关立法委员会及其选举的条款又进行修改，赋予苏丹在没有立法委员会的情况下具有颁布法律的权力。

1984 年 2 月 13 日，苏丹正式宣布中止立法委员会，国家立法则由苏丹以王室文告的方式颁布。

2004 年 7 月 15 日，苏丹在他 58 岁华诞时，通过全国广播宣布重开立法委员会的决定。他说，这个由村长、社区领袖和高级公务员组成的议会，将于 2004 年年底之前成立。新的立法委员会将能让民众在政府中发出更响亮的声音，同时“让我们了解社会各个社群和各阶层民众的抱负与期望”。但同时强调，他将不会允许立法委员会动摇文莱的稳定。为此，他将保留颁布紧急法令的权力。

2004 年 9 月，立法委员会恢复运作，议长卡马鲁丁亲王和 21 名议员（包括首相和 5 位内阁部长的当然议员 6 人、高官议员 5 人和委任议员

10人）均由苏丹直接任命。恢复立法委员会是文莱独立后政治上的大事，体现了苏丹在当今世界政治发展新潮流下巩固王室统治的一种思考和抉择。2005年7月，苏丹决定建立立法委员会大厦，工程造价为6200万文元，苏丹亲自为大厦奠基。2005年9月，苏丹解散立法委员会，重新任命卡马鲁丁为议长，并任命30名新议员。2011年2月，苏丹任命伊萨为立法委员会新任议长，6月任命新一届立法委员会议员。本届立法委员会由议长和30名委任议员组成，包括苏丹、比拉王储、外长穆罕默德·博尔基亚亲王、11名内阁部长、3名前政府官员、7名社会贤达、5名地方代表（其中穆阿拉区2名，白拉奕、都东、淡布伦区各1名）以及1名议会工作人员。

在功能方面，由于文莱一直实行“马来伊斯兰君主制”三位一体政体，国家立法委员会长期以来形同虚设，其职能主要是向政府提供有关政策制定和实施方面的建议。但2011年以来，议员们参政议政的意识有所增强，充分行使质询权，明确要求政府转变工作作风和提高效率，这反映出文莱立法委员会在履行监督政府职能方面出现积极转变。

第五节　司法制度

文莱实行双轨司法制度。第一种司法制度是以英国习惯法为基础建立起来的，类似于印度、新加坡和马来西亚的司法制度，俗称习惯法司法制度。以习惯法为基础的司法机构分为中央和地方两级。目前文莱的地方法官共有十几名，他们都是当地人；地方法院之上有中级法院，他们负责培训地方法官。目前中级法院共有两名法官，也都是当地人；高级法院目前有3名法官。

一直以来，文莱的司法没有取得完全的独立。1995年1月31日，根据文莱与英国新的司法安排，文莱上诉法院取代英国枢密院成为文莱刑事案件的最终上诉法院，但文莱的民事案件仍然可以上诉至英国的枢密院。

文莱没有陪审制度。一般来说，普通刑事案件在推事庭或中级法院审理，较严重的案件由高级法院审理，文莱民事案件最终可上诉至英国枢密院。最高法院由上诉法院和高级法院组成，现任首席大法官基弗拉维，是文莱首位本土培养的大法官。在1997年以前，根据文莱与香港地区港英当局的安排，文莱苏丹任命香港法官以个人身份担任文莱首席大法官。1997年香港回归中华人民共和国后，苏丹才任命现任首席大法官基弗拉维取代香港法官任文莱首席大法官。

因伊斯兰教在文莱国家政治生活中的重要地位，文莱实行的第二种司法制度是以伊斯兰教为基础建立起来的。当然，伊斯兰教司法制度主要处理违反伊斯兰教教义的案件，尤其是与婚姻有关的案件。伊斯兰法庭的结构和习惯法法院类似，除了没有中级法院，上诉法院是终审法院。目前，文莱伊斯兰法庭首席法官是佩欣·达图·阿卜杜勒·哈密德。

近年来，随着国内法律制度的健全，文莱非常重视法律的执行。为此，文莱最高法院于2009年4月7日举行“2009法律年”开幕式，希望通过举行“2009法律年”实现保护包括生命权、财产私有权、妇女和儿童权利在内的基本人权的目的。文莱还鼓励民众对司法部门的工作进行监督。文莱首席大法官基弗拉维在“2009法律年”上发表声明称，法官审案从不压制言论，凡涉及公众利益的言论都可以在法庭上表达。他认为，司法为立国之本，司法体制是确保国家发展、和平及安定的基石。因此，欢迎民众监督司法体制，这样才能够保证法律的执行。

第六节 政党和社会团体

一 政党

（一）政党制度

20世纪50年代，在苏丹酝酿通过政治体制改革脱离英国殖民统治，实现文莱国家独立的背景下，文莱出现了首批政党和社会团体。由于这些政党和社会团体在要求英国结束对文莱的殖民统治、还文莱独立自主的国际地位问题上和苏丹的目标一致，因此他们的活动得到了苏丹的支持。当然，这些政党，尤其是最有影响力的人民党在文莱的独立方式和文莱政治改革的目标问题上与苏丹存在根本性的分歧。他们认为文莱可以通过激进方式脱离英国殖民统治，文莱应该建立真正的民主制度，打破苏丹的专制统治地位。由于分歧难以弥合，随着矛盾的激化，文莱人民党于1962年发动了推翻苏丹政府的政变。在镇压并平息了人民党的政变后，苏丹一直对政党采取限制和打压的政策。其实，正如亨廷顿所言："一个亲政君主不可避免地会把政党看成分裂势力，不是对他的权威形成威胁，就是使他统一国家和实行现代化的努力大大地复杂化。"文莱是一个传统的马来伊斯兰君主制国家，因此苏丹从根本上不希望文莱的政党获得发展。苏丹在一次讲话中宣称，政党政治在文莱根本行不通，它只会造成混乱，因而得不到人民的支持，人民生活富足，不需要政党。他认为，西方的民主制度不适合文莱；如果文莱需要政客，他们必须真正具有代表性，有志于文莱的发展，而不是为了他们各自的私利。从20世纪60年代开始，文莱实行了长达20多年的党禁政策。直到1985年5月30日，苏丹才宣布允许建立政党。但同时苏丹援引1956年英国管理当局制定的公务员管理规则，于1985年7月明确规定，政府雇员不得参加政党或为政党拉人、集资；也不得参加政治会议、散发政治宣传资料、在向政府递交的请愿书上签字。此项规定直接制约了文莱政党的发展。从以上分析来看，严格来说文莱没有形成政党制度。

（二）主要政党

1985年5月30日，苏丹宣布允许建立政党。此后，文莱国家民主党、文莱国家团结党相继成立。文莱的主要政党有以下几个。

文莱人民党（Brunei People's Party） 文莱人民党是文莱有史以来的第一个政党，创建于1956年1月。该党的创始人阿·莫·阿扎哈里是一位伊斯兰长老，出生于今属于马来西亚沙捞越州纳闽岛的一个阿拉伯人与马来人的混血家庭，曾在沙巴和印尼参加过抗击日本侵略者的运动。日本占领结束后，他曾参加印尼革命军，与荷兰殖民军作战，深受印尼民族解放运动的影响。1952年，他回到文莱，从事出版事业，经营一家印刷厂，同时积极进行政治活动，准备组织一个政党以争取民族独立。他因组织文莱有史以来的第一次游行示威而被英国殖民当局监禁6个月。1955年2月，他参加马来亚人民党的成立大会，回国后着手组建文莱人民党。

1956年中，阿扎哈里创建的文莱人民党向文莱政府登记备案，该党在建党宣言中阐明的宗旨是："反对一切形式的殖民主义，捍卫苏丹及其继承者的王位，为马来祖国的自由而战，为在整个马来群岛建立一个统一的马来国家而奋斗。"该党还要求英国给予文莱自治权，并主张在文莱实行议会民主制，让沙捞越、沙巴与文莱合并，建立一个婆罗洲联邦。到1957年初，该党的党员已有1.6万人；1962年发展到近3万人，占当时文莱成年男性人口的80%以上，成为文莱最大的最有影响力的政党。该党还在沙捞越和沙巴建立了分部。由于人民党的某些主张符合文莱苏丹的利益和需要，因而得到文莱政府的一定支持，但在如何实现文莱自治以及是否建立婆罗洲联邦等问题上，与文莱苏丹的想法则大相径庭。

1962年8月底，人民党在地方议会的选举中取得了压倒性的胜利，占据了几乎所有地方议会的议席，立法委员会的近半数议席也被人民党占有。在取得这一巨大胜利后，人民党立即要求改组政府、修改宪法，遭到政府的拒绝。1962年12月8日，人民党发动武装政变，阿扎哈里宣布自己担任加里曼丹联邦政府总理。政变爆发后，苏丹宣布全国进入紧急状态，并下令取缔人民党。根据他的要求，英国派了大批军队前来文莱镇压起义。在力量对比悬殊的情况下，人民党发动的政变不到10天就告失败。阿扎哈里逃往印尼，人民党的其他领导人则被捕入狱。从那以后，人民党的势力和影响便告消亡。尽管其被关押的8名领导人后来越狱成功，逃到了马来亚，还在国际舞台上积极活动，开展对苏丹专制统治的攻击性宣传，但他们对文莱国内的影响甚微。文莱独立后，他们放弃了与文莱政府对抗的立场，要求回国，但遭到文莱政府拒绝。阿扎哈里逃到印尼后，由于得不到任何资助，这位昔日叱咤风云的人物只能靠养鸡卖蛋维持余生。

文莱国家民主党（Brunei Democratic National Party） 1985年9月29日成立，是文莱独立后出现的第一个政党，共有约3000名成员，其中大多数是马来族的商人和专业人士。该党要求结束紧急状态，主张建立君主立宪制下的议会民主制，并尽快举行大选。1988 年 1 月该党被政府取缔，党的几名领导人被监禁。政府取缔该党的理由是，该党在未经批准的情况下参加国外的“太平洋民主联盟”的活动，违反了文莱的政党团体法。但据认为，该党遭禁的真正原因是该党领袖数月前在吉隆坡举行记者招待会，要求苏丹放弃首相职位，取消紧急状态，举行大选。

文莱国家团结党（Brunei United National Party） 1986 年 2 月成立，是从国家民主党分裂出来而另行组建的一个政党。成立时只有 21 名党员。自称是多元民族政党，支持政府改革，主张建立一个民主的马来伊斯兰王国，加强人民对苏丹的效忠。该党是目前文莱唯一合法的政党，但它在社会上的影响不大，活动不多。

1988 年 4 月国家团结党召开党员大会，选举哈吉·穆罕默德·哈塔·扎伊纳尔·阿比丁为主席，哈吉·阿卜杜·拉赫曼为副主席。1999 年 4 月，该党主席哈塔在记者招待会上说，该党已向苏丹提出建议，要求加速政治改革并举行全国大选以实现民主。他说，该党的政治立场是：捍卫王权，坚决支持苏丹作为国家最高领导人的地位；全力支持苏丹政府推行马来伊斯兰君主制，维护国家的独立自主与和平稳定；全力捍卫国家的主权和民族尊严，对抗国外不良分子的威胁。他还说，该党将继续为民族利益、国家主权和实现民主的文莱而斗争。

二　妇女组织

文莱虽是一个奉行伊斯兰教的国家，但妇女的地位得到了应有的尊重。文莱妇女对社会上诸如虐待儿童和侵犯妇女权益等问题予以揭露，在促进家庭福利和妇女进步方面发挥着特殊作用，对家庭生活和家庭问题特别关注，对国家的建设和发展起着重要作用。文莱全国有妇女群众组织（非官方）17 个，这些组织大小不同，成员少则数十人，多则数千人，十分活跃。主要的妇女组织有以下几个。

文莱妇女委员会（Council of Women of Brunei Darussalam） 成立于 1985 年，有 8 个附属妇女组织。该委员会对文莱所有妇女组织、协会、俱乐部或团组及个人开放，是文莱唯一的全国性妇女组织，代表所有妇女组织和个人，其作用是协调和支持其附属组织的活动。

主要职能：改善妇女在各个领域，特别是在教育、经济、福利、文化和社会地位方面的状况；增强妇女对社会和国家的责任感；搜集与传播有关妇女和家庭的信息资料；推动有关妇女、儿童和家庭事务的经验交流和讨论有关问题；鼓励所有妇女不论其种族、宗教和社会地位团结和友好相处；在有关国家发展问题方面，尽可能同政府开展一切合作。

文莱妇女协会（Women's Institute of Brunei Darussalam） 成立于1961年10月23日。15岁以上的女性均可申请加入，现有成员2500人。

主要任务：对其成员提供指导，鼓励她们相互合作；根据文莱现行的有关法律改善妇女的地位与状况；协助改善成员的家庭经济状况与儿童福利；举办福利活动；参与政府组织的活动与庆典。

文莱政府女官员协会（Brunei Pertiwi Association） 成立于1968年。只有马来和穆斯林妇女、年龄超过18岁的文莱女性公民才可参加该协会，现有成员4000人。它是目前文莱最大的妇女组织。

主要任务：促进和维护妇女间的友好情谊，并就成员感兴趣的问题交流信息；鼓励妇女参与家庭事务，包括儿童护理；帮助妇女在争取更好的受教育机会以及在经济、社会、文化和其他事务中发挥更大的作用；鼓励妇女积极参与社会、体育、福利和文化活动。

警察夫人和家庭福利协会（Police Wives and Families' Association） 成立于1988年2月20日。警察的夫人和女儿及女警察自然成为该协会的成员，警察文职官员的夫人和女职员也可申请加入，现有会员数千人。

主要任务：增进成员之间的友谊和扩大了解；举办诸如家庭经济班、体育运动、舞蹈和艺术班、福利和宗教聚会等活动。

文莱女童子军协会（Girl Guides Association of Brunei Darussalam） 成立于1951年2月1日，是一个非政治性组织。7~18岁的女学生不分种族、宗教、国籍均可申请加入，现有成员1100人。

主要任务：为女童在素质及为他人服务方面提供自我训练的机会；培养她们热爱国家并增强其公民责任感；通过与其他国家女童子军组织建立友好往来，促进各国间的友好情谊。

平时的活动：通过设立工作周和思考日（Thinking Day）开展集资活动；举行女童子军日庆祝会；举办《古兰经》朗诵比赛、野营与体育运动、训练班、和平日等活动。

文莱马来教师联合会妇女分会（Brunei Malay Teachers Association Women Section） 成立于1982年。在教育部管辖之下的马来族女教师、马来族女官员、在教育领域有专业技能的妇女均可申请加入，但申请者须向文莱马来教师联合会妇女分会秘书长写信，该分会审查申请人的申请表格后，联合会执行委员会就申请结果做出决定。现有成员650人。

主要任务：提高女教师在各个领域，特别是在教育、学术、福利、文化、社会、体育和社区发展方面的地位；鼓励女教师实现其全力奉献于社会与国家的职责；举办有关女教师和妇女问题的讨论；开展对女教师特别是作为本协会成员的女教师有益的活动；鼓励会员参与本协会和其他妇女组织举办的活动。

文莱护士协会（Brunei Darussalam Nurses Association） 成立于1983年2月23日。申请加入者必须递交书面申请，并且经过专业的护士训练。

主要任务：通过开展研讨会、座谈会、学习班以及社交、宗教、体育和文化与教育方面的活动，提高护士的专业技能。

文莱国际妇女俱乐部（Brunei Darussalam International Women's Club） 成立于1988年8月1日。所有本国或外国妇女包括外国驻文莱使团的女士，都可以从该俱乐部会员委员会领取表格，填写后即可成为会员。现有成员近千人。

主要任务：为本国和外国妇女提供交流看法、相互学习、展示各自活动的机会；相互介绍各自国家的风俗与生活方式；就一些重要的专题进行讨论。

平时活动：举行诸如服装裁剪、烹饪、化妆和插花等活动；举办讲座、马来语和其他语言培训班；组织诸如唱歌、传统舞蹈和绘画等文化艺术活动；筹办高尔夫球、羽毛球、壁球、游泳、保龄球比赛等各项体育活动；邀请国外专家就美容等问题向会员做专题讲座。

第七节 主要政治人物

一 二十八世苏丹

苏丹奥玛尔·阿里·赛里夫汀（Sultan Omar Ali Saifuddien）原名佩义兰·穆达·登加（Pengiran Muda Tengah）。1914 年 9 月 23 日出生于苏丹拉马村，即闻名遐迩的水村的一部分。他是苏丹穆罕默德·加玛鲁尔·阿拉姆二世，即文莱二十六世苏丹的儿子，在一家 7 个孩子中他是老七。作为一个年幼的王子，他像很多同辈一样，在王宫接受了传统的伊斯兰教育。这是一种非正规教育，主要是阅读与背诵圣书《古兰经》，重点在于养成良好的举止仪态、尊敬长者和成为伊斯兰教的祈祷者。除了由他的外祖母引导背诵《古兰经》外，他还有幸在水村及附近地区受到一些有名的《古兰经》经师的教诲。一种以伊斯兰教为中心的强化教育对他的理念的形成及宗教观很有教益。

除接受宗教教育外，他从年幼时起就对传统的马来文学表现出兴趣，并喜爱马来诗歌，后来他赢得“皇家诗人”的称号。年幼时，他开始练习一种用来防身的马来武术，特别喜爱足球等团队运动。踢球时，他与队友配合默契，不管其地位与身份如何，因此他与许多不同阶层的人成为朋友。这些人后来在他困难时坚定地站在他一边。

1932 年，佩义兰·穆达·登加与他的两个堂兄弟一起赴马来亚的瓜拉江沙马来学院读书。这是他作为王室成员第一次到国外接受正式的西方教育。这是一所正规住宿学校，主要接收马来统治阶层的子女。该学院的主要宗旨是通过英语教育使贵族子弟具有行政管理能力。在马来学院学习期间，佩义兰·穆达·登加与同学关系很好，他能与其他马来学生密切来往。据一个同学回忆，他是一个很大方的人，晚上经常到附近村庄小店招待他的马来同学吃晚餐。经过 4 年的学习，佩义兰·穆达·登加通过了 4 级考试，返回文莱。

从马来亚学习回国后，佩义兰·穆达·登加在英国常驻官员 R. E. 图尔布尔（后来任北婆罗洲总督）的鼓励下进入国家行政部门工作。他的第一份工作是在瓜拉白拉奕林业局当实习生。在实习期间，他工作与居住在乌鲁白拉奕一带的村庄。作为村长的客人，他在那里度过了快乐时光。每当回忆起他的早期经历，他便想到与村民在一起的日子，甚至萌发当一个农民的想法。对于他这样一个王子来说，那是一段艰苦的经历。他曾回忆说："工作时，我使用砍刀和锄头，在丛林中辟出一条路……"他的职责之一，就是每月从内陆沿着河流走到瓜拉白拉奕，为他手下的马来族和达雅克族工人发放工资。这一段经历给了他了解人民和他们需求的机会。当他继任苏丹后，他继续到边远地区去了解农村的生活。

一年后，他作为一个实习官员进入司法部门，开始处理司法机关的日常工作。在那里，他学习了民法与刑法。他对法律方面的书很感兴趣。每天，他至少花一个小时的时间研究国家法律。他还旁听法院的诉讼，以获取有关法律方面的知识。他经常参加文莱－穆阿拉区地方法院审理各种案件的听证会。

1938 年，他离开司法部门。有人曾建议他到英国进一步深造，但不知何种原因，他到英国深造的打算未能如愿。英国常驻官员的秘书曾建议他到常驻官员办公室工作，但被他婉言谢绝。之后，他开始跟随文莱一些知名的宗教经师努力研习宗教。

1941 年 9 月 6 日，他与佩义兰·班达哈拉·阿卜杜勒·拉赫曼的女儿——佩义兰·达米特结婚。3 个月后，即 12 月 16 日，日本侵略军占领文莱。1942 年 2 月 3 日，他参加了"国家理事会"。6 月 29 日，应日本地区司令的要求，他开始在日本总督署工作。

日本占领期间，他和他的家庭同全国所有人一样遭受了极大的苦难，起初他们住在水村。日本占领的末期，联军开始轰炸，大部分住在水村的人跑到丛林地区躲藏起来。他的全家也搬到内地一所简陋的木屋，非常拥挤，在这里居住了一个多月。与他们一起居住的还有大家庭的一些成员，如两个姐姐、妻子的姑妈、他的母亲和一个养女，大家像沙丁鱼一样挤在狭窄的空间里。日本占领期间的痛苦经历在他的心里留下了深深的烙印。日本结束对文莱的占领后，他欣喜若狂，这样形容道："好像天堂降临人间。”

他们夫妇的第一个儿子——哈桑纳尔·博尔基亚王子于 1946 年 7 月 15 日出生，这是他们最高兴的事。第二年，他们的第二个儿子——穆罕默德·博尔基亚王子出生。同年，佩义兰·穆达·登加成为佩义兰·班达哈拉，填补了因 1943 年佩义兰·班达哈拉·阿卜杜勒·拉赫曼的去世而留下的空缺。1947 年 8 月 7 日，他作为新的佩义兰·班达哈拉，第一次参加了国家理事会会议。他的第一个重要贡献是，使宗教局像其他马来国家宗教局一样正规化。根据他的建议，宗教局原来的 18 名成员于 1948 年 1 月 31 日召开了第一次会议。从那以后，所有有关宗教方面的诉讼案件都提交宗教局。

这位新的班达哈拉代表其正在执政的苏丹兄长承担了沉重的责任。他的苏丹兄长大部分时间在国外生活。这实际上是让新的班达哈拉操持王宫事务。这位未来的苏丹积极地走访内地，与人民交谈，听取他们的意见，向苏丹转达，并等待英国常驻官员的进一步行动。这样，他开始赢得人民的信任与尊敬。英国殖民当局看到了他的作用，并认为新的班达哈拉作为英国殖民当局与当地人民之间的主要联系渠道是不可少的人物。英国常驻官员对新的佩义兰·班达哈拉陪同英国殖民统治者巡视文莱全国，并向文莱国民解释在 1948 年所进行的行政改革表示赞赏。1950 年 6 月 6 日，他继承其兄的王位，最终成为新苏丹，并于 1951 年 5 月 31 日正式加冕，成为第二十八世文莱苏丹兼首相、国防部长。

从气质、习性、意志和外交才干方面来看，新苏丹完全不同于其兄长。在文莱王室中，他是第一个在外国接受完全的西方式教育的人。他在担当重任之前，在几个政府部门和王宫内部从底层做起。作为一个虔诚的穆斯林，他不沾一滴酒。他保持其职能部门与本人的尊严，从而得到文莱人民与英国殖民统治者的信任。

二战结束后，东南亚国家纷纷掀起了争取民族独立的斗争。在周边国家的影响下，文莱人民也开始要求摆脱英国的殖民统治，恢复文莱的国家主权和民族尊严。以文莱苏丹为首的统治集团认为，文莱再也不能继续充当被“保护”的角色，应从英国人手中收回他们的权力。1953 年，苏丹宣布要在文莱制定一部宪法。他建立了一个由7人组成的咨询委员会，负责调查研究国内民意和国外的宪法体制，为起草第一部文莱宪法做准备。1959年3月，苏丹率代表团前往伦敦与英国政府就制定新宪法和恢复自治问题举行谈判，文莱方面所提宪法草案的大部分内容为英国政府所接受。文莱首部宪法于1959年9月29日正式颁布。1963年1月，苏丹派政府官员赴吉隆坡与马来亚政府就文莱加入马来西亚联邦的条件进行探讨，但由于双方在文莱石油收入和苏丹在联邦执政者会议的排位问题上存在严重分歧，谈判失败，文莱没有派代表出席在伦敦举行的马来西亚联邦协定签字仪式，文莱最终保持了作为一个主权国家的地位。

自1929年英国"壳牌石油公司"在文莱西部的诗里亚地区首次发现大油田后，文莱经济状况开始发生变化，石油和天然气逐渐成为文莱经济发展的重要支柱。1963年以前，勘探和开采文莱石油的垄断权属于英国"壳牌石油公司"，而石油产品和原油的销售则由"婆罗洲壳牌销售公司"经营。1963年10月，苏丹主持通过了《1963年石油法案》，将文莱政府与英国"壳牌石油公司"的利润分配由四六分成改为五五分成，并取消了禁止非英国公司在文莱进行地质勘探活动的规定。

20世纪50年代，文莱政府开始制定以经济发展为主要内容的国家发展计划，试图对本国的经济、社会发展方向给予宏观指导。他在位期间，文莱政府先后实施了两个五年国家发展计划，使文莱经济得到较大的发展，人民生活有了明显改善。佩义兰·穆达·登加被文莱人民誉为现代文莱的"总设计师"。1967年10月5日，他主动将王位让给其长子哈桑纳尔·博尔基亚。1984年文莱独立后，他出任国防部长。1986年9月7日逝世，享年72岁。

二　二十九世苏丹

哈桑纳尔·博尔基亚为现任文莱苏丹，其全名为苏丹哈吉·哈桑纳尔·博尔基亚·穆伊扎丁·瓦达乌拉。1946年7月15日出生于斯里巴加湾市。幼年在王宫接受宫廷教育；后在本地上马来小学；1959年到马来亚首都吉隆坡市上中学。1961年被立为王储后，又到吉隆坡维多利亚学院接受高等教育。1966 年与其二弟即现任外交部长穆罕默德亲王一道到英国皇家圣赫斯特陆军学院受训，获上尉军衔。在该学院，他学习了英语、数学、军事科学、综合科目、国际关系，还专修了苏联概况，对当代战略与科技发展有特别兴趣，谙熟国际事务。据该学院院长回忆，苏丹在校期间为人谦和、友善，尊长爱幼，在学院士官生与长官中人缘很好；在学习知识与训练时十分刻苦，顽强坚韧。20 年后在回顾这段经历时，苏丹说，他学会了从理论上和实践上如何当一名领导人，最重要的是通过参加团队训练学会了一种集体精神。他回忆说，前几周是很困难的，一大清早被教官唤醒，睡眼蒙眬地在细雨中参加操练给他留下了不可磨灭的印象。军校生活培养了他的责任感以及尊敬师长、勇敢和严守纪律的品德，其中之一就是要能牺牲自己的安逸生活，献身公众事业。

1967 年 10 月 5 日，他继承王位成为第二十九世苏丹，并兼任首相和国防部长之职。他在接受政府官员和人民效忠宣誓时坦诚宣布："我很高兴，也很难过，我年轻缺乏经验，但我对我的父亲和各个理事会充满信心，并希望得到他们的指点。"他的第一项诺言是继承父志，在和平中提高人民的生活水平，并将其作为他的最崇高的目标。1968 年 8 月 1 日加冕。他就任文莱苏丹后，文莱在国际上的地位以及与英国的关系成了他最关心的国家大事。1968 年 11 月，他在其父陪同下亲赴伦敦与英方开始谈判，主要是对两国 1959 年协议进行审议，并就文莱的防务问题与英方进行多次商谈。同年 12 月，苏丹再次率团赴英国继续与刚上台的工党政府进行谈判，双方最终就廓尔喀部队继续留驻文莱问题达成协议。此后，双方又对 1959 年协议进行了马拉松式谈判，最终于 1971 年 1 月签署了《文莱国苏丹和元首殿下与大不列颠及北爱尔兰联合王国女王陛下关于修订 1959 年协议的友好合作协议》，规定英国政府继续负责文莱的对外事务，但文莱的国防和安全事务由双方共同承担，文莱享有完全的内部自治。

1971 年协议签署后，苏丹意识到文莱的独立势在必行，不能长久拖延，因此，加紧实行自治的步伐；同时面对与周边一些国家的对抗局面，文莱将建立国防作为优先考虑，大力加强文莱皇家马来军团（文莱皇家武装部队的前身）的力量。1971 年 7 月苏丹又兼任文莱皇家马来军团统帅。1978年，他率领代表团赴伦敦就文莱独立问题与英国政府谈判，并于1979年1月签署了《文莱英国友好合作条约》。根据该条约，文莱于1984年1月1日独立。

在文莱准备独立前，苏丹采取了一系列建立清廉政府和保持内部稳定的措施。1981年12月，文莱政府宣布成立反贪局，该局独立于警察部门之外，局长直接向苏丹负责。1983年4月，文莱国内安全法生效，反对利用宗教从事分裂活动以及背离文莱文化与宗教传统的极端主义；同时强调，任何犯人只要保证忠于文莱王室，放弃颠覆与破坏活动就将予以释放。

1983年12月31日午夜，苏丹宣读《独立宣言》，强调文莱是一个主权、独立、民主的伊斯兰国家，遵循逊尼派教义。1984年1月1日文莱独立后，苏丹组建了一个小型内阁，他继续担任苏丹和首相之职，并兼任财政部长和内政部长。他的父亲任国防部长。他的两个弟弟分别担任外交部长和文化、青年与体育部长。佩欣·阿齐兹、佩义兰·巴赫林和佩欣·拉赫曼分别出任卫生与教育部长、司法与交通部长和发展部长。在1984年2月23日文莱首次庆祝国庆的集会上，苏丹宣布一项“给无地者土地”的纲领和“帮助土著居民”的计划。他有意保持本国石油生产的合理水平，实现经济多元化。在外交方面，文莱进一步改善与那些曾经帮助文莱进入国际组织的国家的关系，其领导人开展一系列出访活动。与此同时，他在国内开展反对滥用毒品运动；告诫在国外学习的学生不要浪费政府提供的奖学金，更不要将恶习带回文莱。1985年，苏丹建立“伊斯兰宣教中心”（Islamic Dakwah Centre），倡导开展伊斯兰教研究活动，并对建立文莱大学提供多项支持。

1986年9月7日二十八世苏丹逝世，他在悼念父亲的悼词中说：“不管我们的愿望多么纯洁，不管我们的发展计划多么伟大，不管我们的希望多么高尚，没有和平、稳定和安全，就不可能实现。为此，我们必须以执着的精神去捍卫和平。”1986年10月，文莱内阁改组，他不再兼任财政部长和内政部长，改为兼任国防部长。财政部长由杰弗里亲王担任。他决心建立一个强有力的和廉洁的政府，认为“只有建立高效、廉洁的管理体系，文莱才能走向发展、繁荣和稳定”。他说：“应当牢记，要避免自己内部的任何分裂与敌对，这样大家才能享受业已取得的进步和繁荣。”

苏丹在文莱人民中享有“平易近人”的赞誉。他经常身着便服深入群众，外出视察时亲自开车。他威严有度，颇有励精图治的雄心，一心要把自己塑造成一位伊斯兰君主政体的模范君主。文莱公民享受免费教育、公费医疗。文莱可以说是一个名副其实的高工资、高福利的国家。人民遇到大的天灾人祸，苏丹往往亲临现场表示慰问；对一些因火灾失去家园的灾民，政府帮助重建房屋，他亲自发放公房的钥匙。他允诺要实现每个家庭都有自己的房子，具备现代化的水、电、排污设施；继续提供免费教育、公费医疗和扩大交通基础设施建设；发展现代化农业，实现大米、肉类、鱼类食品自给。1984 年文莱独立后着手制定第六个五年发展计划，明确提出了“建立一个多元化经济结构”的战略指导思想，提出控制石油开采，大力发展农牧渔业、原料加工业和旅游业，全面发展经济。经过多年的努力，文莱原有的单一经济结构发生了明显变化，非油气部门在国民生产总值中的比重逐渐加大，基础设施日益完善，人民生活水平不断提高。

苏丹兴趣广泛，他喜爱马球、网球、羽毛球、高尔夫球、游泳等各种运动，在学生时代就是一位杰出的运动员。他擅长驾驶飞机与搜集各类名牌赛车，有时出国访问还亲自驾机。苏丹性格豁达，乐善好施，被誉为“大度的小国之君”。1996 年 7 月为庆祝自己 50 岁生日，他给全国公务员每人加薪 14%。2000 年 11 月文莱举办 APEC 首脑非正式会议期间，他赠送与会的 20 位外国领导人每人一件特制的真丝衬衣，并让皇家编织中心用金线精心缝制。衬衣的左边缝上了文莱国花形状的 APEC 会徽，这些会徽由 18K 金箔制成，缀以 8 颗红宝石。此外，参加 APEC 会议的部长级官员也被赠予银制的领带夹，也都缀以 8 颗红宝石，他们的夫人则被赠予缀有 3 颗红宝石的银制饰针。

1965 年 7 月 29 日苏丹与其表妹莎莉哈王后结婚，他与王后育有 2 男 4 女。1981 年与出身于平民家庭的玛丽亚姆王妃结婚，育有 2 男 2 女。2003 年 2 月，苏丹解除了与王妃的婚姻关系。2005 年 8 月，苏丹又低调迎娶马来西亚私营电视台 TV3 频道女主播阿兹里娜斯，但这段婚姻仅维持了 5 年。

苏丹重视发展对华关系，曾于1993 年11 月访问中国，1999 年8 月对中国进行工作访问。2001 年 5 月，他在参加亚太经合组织人力资源能力建设高峰会议后访问深圳。2001 年 10 月到中国上海参加亚太经合组织第 9 次领导人非正式会议。2004 年 9 月对中国进行工作访问 。2008 年 8 月到北京参加第 29 届奥运会开幕式及相关活动。2008 年 10 月出席在北京举行的第七届亚欧首脑会议。2013 年 4 月再次对中国进行国事访问。2014 年 11 月到中国北京参加亚太经合组织第 22 次领导人非正式会议。

三　比拉王储

比拉王储的全名为哈吉·阿尔·穆塔迪·比拉王储，1974 年 2 月 17 日出生于斯里巴加湾市，系苏丹的长子。比拉王储自幼就受到父亲的悉心栽培，早年在达鲁·哈纳王宫接受教育，小学时在王宫贵族学校和圣安德鲁学校念书。14 岁时通读了《古兰经》及其他伊斯兰教经典，还曾随亲属赴沙特阿拉伯的麦加圣地朝觐。1986 年进入文莱理工学院，1991 年获得英国剑桥普通教育高中文凭，1994 年获得剑桥普通教育大学进修班文凭。1995 年比拉王储主修了由文莱大学人文社会科学院主办并由牛津大学高级客座教授指导的课程，是年 10 月进入牛津大学研读伊斯兰课程，1996 年 6 月通过结业考试后毕业。王储在求学时期对体育运动有浓厚的兴趣，爱好足球、台球、羽毛球等体育活动，曾在国际台球比赛中获奖。

王储在就读牛津大学的两年时间内，努力学习外交事务，展露了其领袖和外交的潜能。在此期间，他先后会见了联合国前任秘书长加利和安南，并拜访了纽约和日内瓦的联合国办事处。在牛津大学研修国际贸易和金融专业时，王储还拜会了总部设在华盛顿的世界银行和国际货币基金组织以及设在日内瓦的世界贸易组织的领导人。王储到欧洲深造的目的之一，是要了解欧盟的一些委员会及其他相关的欧盟组织机构。他还与英联邦、世界卫生组织和东盟等相关机构的代表人员有过接触。

从幼年起，他就经常陪同其父亲出席各项民间活动，深受人民爱戴。1998 年 8 月 10 日被立为王储，成为文莱苏丹的合法继承人。他在苏丹出国期间曾担任代理最高元首。在苏丹安排下，他曾到教育部、财政部、宗教部等多个政府及私立部门实习，以增长从政经验，锻炼执政能力。他平时较少出国，被立为王储后曾先后对泰国、印尼和马来西亚进行正式访问，并于 2002 年 3 月首次访华。

四 外交与贸易部长

穆罕默德·博尔基亚亲王 1947 年 8 月 27 日出生于斯里巴加湾市，系现任文莱苏丹的长弟。1960 年赴吉隆坡维多利亚学院学习，1964 年返回文莱，在苏丹奥玛尔·阿里·赛里夫汀学院就读。1965 ~ 1967 年在英国圣赫斯特陆军学院受训，1971 年在伦敦加入爱尔兰卫队，后到英国国防部工作。1980 年曾在新加坡外交部工作过一个月。自 1984 年文莱独立以来，一直担任外交与贸易部长职务。1968 年被任命为枢密委员会成员，也是立法委员会主席。

五 外交与贸易部无任所大使

哈贾·玛斯娜公主 1948 年 9 月 6 日出生于斯里巴加湾市，系文莱苏丹的长妹，1992 年获文莱大学公共政策和管理专业荣誉学士学位，1994 年获文莱大学公共政策专业硕士学位，毕业后进入文莱外交与贸易部，1995 年出任文莱外交与贸易部无任所大使（部长级）至今。此外，她还担任文莱皇家女子警察部队荣誉司令。1983 年 9 月起担任文莱女童子军协会主席，2001 年 5 月被世界女童子军协会授予“杰出女性奖”。

玛斯娜公主是文莱的一位杰出女性和知名外交家，她曾多次代表文莱政府出席各种国际会议和中文两国政府间的政治磋商，十分重视发展中文两国友好关系。自 1997 年以来，她已 8 次访华。多年来，她为增进中文两国人民之间的相互了解与友谊做了大量工作，做出了重大贡献，2011 年 6 月被中国人民对外友好协会授予“人民友好使者”称号。

附录：

历代文莱苏丹一览

一世苏丹（1414～1415）	穆罕默德·沙（Sultan Muhammad Shah）
二世苏丹（1415～1425）	阿赫默德（Sultan Ahmad）
三世苏丹（1425～1433）	沙里夫·阿里（Sultan Sharif Ali）
四世苏丹（1433～1473）	苏莱曼（Sultan Sulaiman）
五世苏丹（1473～1521）	博尔基亚（Sultan Bolkiah）
六世苏丹（1521～1575）	阿卜杜勒·卡哈尔（Sultan Abdul Kahar）
七世苏丹（1575～1600）	赛弗尔·里加尔（Sultan Saiful Rijal）
八世苏丹（1600～1605）	沙·卜瑞奈（Sultan Shah Brunei）
九世苏丹（1605～1619）	穆罕默德·哈桑（Sultan Muhammad Hasan）
十世苏丹（1619～1649）	阿卜杜勒·加里鲁尔·阿克巴尔（Sultan Abdul Jalilul Akbar）
十一世苏丹（1649～1652）	阿卜杜勒·加里鲁尔·加巴尔（Sultan Abdul Jalilul Jabbar）
十二世苏丹（1652～1660）	哈吉·穆罕默德·阿里（Sultan Haji Muhammad Ali）
十三世苏丹（1660～1673）	阿卜杜勒·穆宾（Sultan Abdul Mubin）
十四世苏丹（1673～1690）	穆赫丁（Sultan Muhyddin）
十五世苏丹（1690～1710）	纳萨鲁丁（Sultan Nasaruddin）
十六世苏丹（1710～1730）、（1745～1762）	胡辛·卡玛鲁丁（Sultan Husin Kamaluddin）
十七世苏丹（1730～1745）	穆罕默德·阿劳丁（Sultan Muhammad Alauddin）
十八世苏丹（1762～1795）	奥玛尔·阿里·赛里夫汀一世（Sultan Omar Ali Saifuddien I）
十九世苏丹（1795～1806）	穆罕默德·塔贾丁（Sultan Muhammad Tajuddin）

续表

二十世苏丹(1806～1807)	穆罕默德·加玛鲁尔·阿拉姆一世(Sultan Muhammad Jamalul Alam I)
二十一世苏丹(1807～1825)	穆罕默德·坎祖尔·阿拉姆(Sultan Muhammad Kanzul Alam)
二十二世苏丹(1825～1828)	穆罕默德·阿拉姆(Sultan Muhammad Alam)
二十三世苏丹(1828～1852)	奥玛尔·阿里·赛里夫汀二世(Sultan Omar Ali Saifuddien Ⅱ)
二十四世苏丹(1852～1885)	阿卜杜勒·穆敏(Sultan Abdul Momin)
二十五世苏丹(1885～1906)	哈什姆·贾利鲁尔·阿拉姆·阿卡玛丁(Sultan Hashim Jalilul Alam Aqamaddin)
二十六世苏丹(1906～1924)	穆罕默德·加玛鲁尔·阿拉姆二世(Sultan Muhammad Jamalul Alam Ⅱ)
二十七世苏丹(1924～1950)	艾哈迈德·塔贾丁(Sultan Ahmad Tajuddin)
二十八世苏丹(1950～1967)	奥玛尔·阿里·赛里夫汀三世(Sultan Omar Ali Saifuddien Ⅲ)
二十九世苏丹(1967～)	哈吉·哈桑纳尔·博尔基亚(Sultan Haji Hassanal Bolkiah)

资料来源：文莱司法部：《1992 年文莱概况》（修订本）。

第四章

经　　济

文莱原是东南亚一个经济上贫穷落后的小国，在过去相当长的时期内，当地居民主要以渔猎和农耕为生，自给自足的自然经济占统治地位。19 世纪晚期文莱沦为英国的“保护国”后，自给自足的自然经济开始解体。英国为使文莱成为其原料供应地，加紧对文莱矿产资源进行勘探和开采，以石油生产为主的采矿业成为文莱经济最重要的组成部分。1929 年在白拉奕区诗里亚镇发现石油后，特别是在 20 世纪六七十年代石油、天然气大量开采后，文莱的经济结构发生了根本性变化，石油和天然气开采业成为经济的支柱产业。石油、天然气的生产和销售为文莱政府带来丰厚的外汇收入，加之国家人口少，文莱国民经济迅速发展，人民生活水平大幅度提高，成为富甲一方的石油王国。

第一节　概况

一　发展历程

文莱的经济发展大体可分为三个阶段。

（一）经济发展第一个阶段（1950~1984）

从 20 世纪 50 年代开始，文莱政府试图将国家经济纳入计划发展轨道。1953~1984 年，文莱共实行了四个“五年国家经济发展计划”。

第一个五年国家经济发展计划（1953~1957）　文莱政府拨款 1 亿文元，主要任务是进行一系列基础设施建设，如建设现代交通网，兴办学校、医院、码头，兴建办公楼、警察营房，兴修农田水利、上下水道、排涝工程，兴办社会福利事业。通过执行该计划，文莱的工矿业、交通运输业和电力工业等有了较大发展。

第二个五年国家经济发展计划（1962～1966） 该计划目标是："加强和促进本国的社会经济发展与提高本国国民文化水平。"计划 GDP 年均增长6%，人均收入提高4%。该计划包括14个项目，其基点仍然是努力改善电力、交通和电信等各项基础设施；增强工业设施，整顿教育和改善公共事业；发展农业，扩大水稻种植面积以增加农作物产量。该五年计划完成时，年平均经济增长率为6.6%，比原计划高出0.6个百分点。同期，文莱的人口增长率高达3.6%，大大抵消了经济增长给人民带来的实际收益。

在1967～1974年，文莱没有制定和实施目标明确的国家经济发展计划。这段时期的最初几年，其经济增长比较平稳。1973年10月世界石油危机爆发，国际市场油价猛涨，使得以出口石油为主的文莱的外汇收入急剧增加，经济发展骤然加快。1974年文莱的经济增长率高达11.85%。

第三个五年国家经济发展计划（1975～1979） 该计划的主要目标是实现充分就业，通过促进农业和制造业的发展实现经济多元化，改变高度依赖石油和天然气的单一经济结构，大力吸引外资和私人资本，用于基础设施建设和制造业发展，以达到年均6%的经济增长率。这期间，计划投资12.13亿文元，其中政府提供5亿文元，私营企业提供7.13亿文元。这些资金主要用于国防、交通运输、电信、广播、教育等领域，用于工业支出的仅占4.8%。

"三五"计划期间，由于国际市场油价持续上涨，文莱的经济形势持续看好，实际年均增长率为14.92%，比原计划高出8.92个百分点；人均收入的年增长率为11.07%，比原计划高出7.07个百分点。这期间，文莱的就业人数由1975年的5万人增加到6.34万人。但该计划确定的经济多元化目标没有实现。农业在国内生产总值中的比重不但没有上升，反而由1975年的占1.34%下降为1979年的占0.86%；非石油产品和制造业在国内生产总值中所占的比重也大大降低，由1975年的1.19%下降为

1979 年的 0.55%。

第四个五年国家经济发展计划（1980～1984） 该计划明确提出，要以实现经济结构多元化、减少对石油和天然气的过分依赖，作为国民经济的发展方向。特别强调要发展以农产品和林产品为原料的加工业，同时重视发展以非油气矿物为原料的制造业，继续推进工业园区的建设。这期间，文莱投资总额为 61.525 亿文元，其中公有部门的投资为 15.897 亿文元，私人资本在石油工业方面的投资为 41.478 亿文元，在非油气部门的投资为 4.15 亿文元。但由于国际石油市场价格的下跌和文莱石油产量的减少，国内生产总值不但没有实现预期的增长，反而以年均 4.44% 的速度下降。

但总的来说，1953～1984 年间，文莱建成了一批重要的基础设施和社会福利设施，扩充了全国公路网，新建了一个现代化港口，铺设了新的输油管道和天然气管道，扩建了首都国际机场，兴建了新王宫、国家体育场、政府办公大楼、手工艺中心等市政工程，使文莱的面貌发生了重大变化。

（二）经济发展第二个阶段（1984～1995）

1984 年文莱取得完全独立后，开始制定第五个五年国家经济发展计划（1986～1990），同时开始实施文莱 20 年长期规划。

第五个五年国家经济发展计划（1986～1990） 该计划规定了以下目标：①积极鼓励外资进入，发展新的出口导向型和进口替代型工业；②最大限度地、有效地利用国内资源；③保持充分就业和提高生产发展水平；④鼓励和培养马来族公民成为工商企业领导人；⑤继续促进非石油部门的发展，努力实现经济多元化。“五五”计划政府投资 37 亿文元。在此期间，由于国际石油市场价格好转，文莱逐渐扭转了经济持续下滑的局面，国内生产总值开始回升。1989 年经济增长率为 2.7%，非石油天然气加工工业、农业和渔业等部门的生产也得到了一定程度的发展，但远远没有达到基本自给的目标，更谈不上有较大规模现代化生产的发展。因此，经济多元化的进展成效不大。

第六个五年国家经济发展计划（1991～1995） 该计划提出在保持

石油和天然气工业发展的同时，加强对人力资源的开发和加快制造业的发展，积极鼓励私营企业发展。“六五”计划政府投资55亿文元。在此期间，经济宏观控制总体良好，发展相对平衡。根据国内与国际经济形势的变化，文莱政府进一步推行“产业转型”政策，以求改变经济过分依赖石油、天然气开采的单一格局，逐步增加非石油产业在国民经济中的比重。为此，文莱政府采取了一系列多元化经济政策，主要有以下几方面。

①大力发展石油、天然气的下游产业及能源工业，如炼油、液化天然气、化肥、塑料、化工原料产业；对公共服务业和建筑业加大了资金投入。

②扩大粮食和蔬菜的种植面积，增加牛、羊、鸡、鱼、虾的养殖及蛋、奶的生产，增加食品的自给率，减少食品进口。

③鼓励国内外商人在文莱投资、经商，促进中小型私人企业、商业部门的发展，允许外资在高科技和出口导向型工业项目拥有100%的股权。

④推行私有化，逐步将政府管理的电信、邮政、水电、交通等公共服务部门私有化，以提高服务质量和办事效率，减少政府的财政负担。通过推动私有化，实现文莱经济发展朝着由政府主导逐步转向以私营为主导的方向发展。

经过多年努力，经济多元化取得可喜的成果，非油气部门对国民经济贡献增大，制造业开始发展，文莱经济纯粹依赖油气的状况有所改变。在此期间，文莱经济保持了年均1.4%的低增长率。但比起前几年有所起色，经济明显回升，1996年的增长率为3.5%。与此同时，文莱的基础设施明显改观，银行、保险、餐饮、旅馆、交通、通信、批发、零售等服务行业也有长足发展，医疗卫生、环境保护、社会福利等方面都有所改善，人民生活质量不断提高。

由于国际市场油价下跌、美元汇率波动及文莱奉行控制石油开采的政策，作为文莱主要经济支柱的石油工业增速放缓，每年下降1.5%。而政府与私营部门经营的非油气部门增长势头强劲，年均增长5.7%，在国内生产总值中的贡献从1990年占46.4%上升到1995年占64.1%。相反，石油工业在国内生产总值中所占比重下降1/3左右，文莱经济开始发生结构性变化。

（三）经济发展第三个阶段（1996 年至今）

在“六五”计划取得显著成就的基础上，文莱政府着手制定和实施“七五”计划。但在此期间，受东南亚金融危机和石油价格下跌的影响，加上杰弗里亲王经营的“阿美迪奥公司”大量亏空，文莱的经济发展严重受挫。

第七个五年国家经济发展计划（1996～2000） 该计划继续以不断提高人民生活水平，加强基础设施建设，加快实现经济多元化进程，争取更大的经济发展成就为主要战略目标。主要内容有：提高人民生活质量；充分利用国家资源；重视发展非油气部门；加快人力资源开发，以满足国家日益发展的尖端工业项目的需要；保持充分就业和提高生产力水平；通胀率维持在合理水平；树立严守纪律、自力更生和互相关心的良好社会风尚；鼓励和培养更多的当地马来人成为工商界的领袖；保持清洁和有助于人们健康的环境。

与“六五”计划相比，“七五”计划更多考虑到今后 5 年国家将要面临的挑战与机遇及为迎接 21 世纪做好准备，更加突出发挥非油气部门的作用，特别是鼓励私营企业界更多地参与国家建设，更加重视教育与培训，特别是对高科技人才的培养，倡导提高全民素质，增强忠诚、奉献、勤奋、合作、关心他人的美德，加强创造性与责任感，强调社会经济均衡发展，重视加强环保意识。

“七五”计划预定文莱经济年均增长率为 5%，人均国内生产总值从 2.41 万文元（约合 1.8 万美元）增至 2.81 万文元（约合 2 万美元）。石油工业预计年增长 2%；非油气部门预计年增长 10%；其中服务业增长更快。为实现“七五”计划的各项发展目标，政府计划总拨款 72 亿文元（约合 51 亿美元）。

但在 1997 年爆发的东南亚金融危机给文莱经济造成巨大的冲击。国际石油价格暴跌，使文莱的财政收入锐减。建筑业、汽车销售业、零售业、房地产业和旅游业等行业收入一度大幅下降。东南亚金融危机发生后，文莱于 1998 年 9 月成立了由文莱外交部长穆罕默德·博尔基亚亲王为主席的国家经济理事会，负责审视文莱的经济形势，分析总结金融危机的影响和教训。该理事会于次年9月发表一份题为《文莱处于十字路口》的报告称，经济问题具有社会和政治方面的后果，如不加以解决，就可能造成不稳定，并认为“经济危机可能导致社会和政治的危机”。

为此，该理事会制定了刺激经济复苏的短期策略和确保经济持续发展的长期战略，并提出了具体的行动计划。刺激经济复苏的短期策略包括：增加一些关键领域的开支，如增加对公共房屋建设、小型旅游设施建设、信息技术基础建设的投资，落实各种培训计划等。确保经济持续增长的长期策略是以继续贯彻政府推行的经济多元化的策略为基础，进一步强化政府的财政机制，加强私营领域和巩固经济增长的基础。

强化财政机制的策略包括：通过明确优先发展领域和减少浪费，控制政府开支；通过私营化，缩小公共领域规模；通过扩大税收范围，逐步取消政府补贴，扩大政府收入。加强私营领域的策略包括：通过私营化和外国投资，扩大私营领域的规模，简化影响私营企业发展的政策和程序，鼓励国内外投资；通过提供融资便利，发展本国中小企业；通过确保政府及时支付款项，为私营领域的资金流通提供方便。巩固经济增长基础的策略包括：加强法制建设，以适应时代的需要；加强人力资源的开发和应用；在公营和私营领域开展提高生产力的运动；通过公营和私营部门的投资，建立一流的通信和信息技术基础设施。

根据上述策略，文莱将经济工作重点放在四个方面。一是促进中小企业发展，恢复私营领域的活力；二是大力发展旅游业，投资兴建14项旅游设施；三是加强金融服务，实行经济对外开放政策；四是加大人力资源开发的力度，强化创业技能培训。此外，为支持工业发展，文莱在4个区共划拨705公顷土地用作工业园区建设，其中的289公顷在文莱－穆阿拉区，371公顷在白拉奕区，40公顷在都东区，5公顷在淡布伦区。除白拉奕区371公顷中的283公顷由石油部门管理之外，其余所有工业园区均由文莱工业与初级资源部下属的文莱工业署（BINA）管理。到2000年底，BINA属下422公顷中的277公顷（约占总数的66%）已得到开发，并已分给各工业企业。

随着文莱政府采取刺激经济复苏的措施，文莱经济逐步摆脱了金融危机的影响。1999 年文莱的经济增长率由 1998 年的负增长上升至 2.5%。此后文莱经济基本上保持了持续增长的势头。

第八个五年国家经济发展计划（2001～2005） 该计划的主导思想是：①在 21 世纪的头 5 年，文莱在投资、全球化、信息技术发展和公司化管理方面面临新的挑战和机遇，需要利用一切可以利用的机遇，将重点放在持续发展上。发展工业，包括中小型工业和增值工业；鼓励发展服务业，诸如旅游业和金融业，实现经济多元化。②文莱独立后，在提高人民生活水平方面取得的快速发展主要是靠政府在发展上的巨大投入，其开支主要来自油气工业；但发展过度依赖政府开支的做法是不能持久的，文莱已进入建设国家的责任由政府和私营部门共同承担的时代。因此，在经济规划中需要采取新的措施，以保证经济的持续增长。私营部门要通过一些政府机构和服务行业的私营化和商业化，加快经济的发展速度，并在其中发挥经济增长的引擎作用。③通过发展人力资源、信息和通信技术，应用先进科技，扩大增长点，提高效率和生产率。同时在考虑地区和国际条件的情况下，发展知识经济。强调"八五"期间要实现"两个重要目标"：激活"七五"计划结束时停滞发展的经济和实现 1986 年开始实施的长期发展目标，即年均经济增长率达到 5%～6%。

该计划预算总额为 73 亿文元（约合 40.56 亿美元）。2003 年，政府宣布再度投资 10 亿文元，用于完成国家"八五"计划下的各项计划与工程。10 亿文元资金中的 5.78 亿文元分别用于 384 个新项目，其余则用来支付已在 2002 年完成的 158 个项目。文莱政府相信，在投入 10 亿文元资金后，文莱经济将获得一定程度的增长，同时可创造更多的就业机会。不仅如此，文莱政府又提出了新的一揽子经济多元化计划。按照该计划，预计到 2008 年，文莱可以吸引 45 亿美元的外资，创造 6000 个工作岗位。这项计划包括在文莱的双溪岭设立石油下游产业以及制造业特区。文莱石油公司将在特区内建立工厂，预计投资 5 亿美元，创造 300 个就业机会。另外一项是投资 15 亿美元兴建一家炼铝厂，原料将从澳大利亚进口，将提供 1000 个就业岗位。为了给该特区提供电力，文莱政府将投资 4 亿文元兴建发电厂。文莱丰富的石油和天然气资源是吸引国外炼铝公司前来设厂的主要原因之一。2014 年 11 月，韩国东阳公司与文莱经济计划和发展局签订投资协议，投资兴建炼铝厂。该厂占地 30 公顷，共投资 1.07 亿文元，预计 2015 年年底前建成投产，年产 12 万吨铝坯和 4.8 万吨铝型材，大部分销往韩国，少部分出口其他国家。该厂建成后，将为当地创造 560 个就业岗位，并将极大地促进文莱船运和交通业发展。

此外，文莱政府还将在该地区投资 5 亿美元建设一座码头，以及投资 1 亿美元发展附近和特区内的基础建设，以吸引更多的跨国公司前来投资。政府还计划在穆阿拉港建造一个耗资 15 亿美元的巨无霸港口。

总之，文莱政府决心改革现行的管理体制，大力提高经济竞争力，以应对各种挑战，使文莱继续享有和平与繁荣。但国内市场狭小、基础设施相对薄弱以及技术和劳动力严重匮乏等因素，制约了文莱的经济发展。

第九个五年国家经济发展计划（2007～2012） 该计划主要强调要加快人力资源的转变，迎接经济各领域体制上的挑战，增加就业，提高生产力。政府决定投入 95 亿文元，落实 275 个发展计划下的 826 个项目，以推动国民经济发展。同时，政府还增加每年用于发展建设项目的投资，并使国内生产总值年均增长保持在 6% 左右。2008 年的全球经济危机使文莱的经济发展受到很大影响，2009 年文莱的国内生产总值大幅下降。据亚行统计数据，文莱 2007 年国内生产总值为 184.59 亿文元；2008 年达 203.98 亿文元，较上一年增长 10.5%；2009 年暴跌至 156.11 亿文元，降幅接近 23.5%；2010 年回升至 168.67 亿文元；2011 年为 205.79 亿文元（约合 163.6 亿美元），已超过经济危机前的水平。2011 年文莱 GDP 增长率为 2.2%，人均国内生产总值约 3.99 万美元。2012 年第一季度，文莱的 GDP 为 53.64 亿文元（约合 43 亿美元），同比仅增长了 0.7%。但非油气业增长了 2.6%，油气业则下降了 1.3%。同时服务业增长了 2.6%，农林渔业增长了 13.6%。

第十个五年国家经济发展计划（2013～2017） 文莱从 2013 年开始实施第十个五年国家经济发展计划。“十五”计划期间，国家拨款 65 亿文元（约合 51.59 亿美元）推动第十个五年国家经济发展计划，希望随着“十五”计划全面推动，国家经济增长率将达到6%，赶上区域内其他国家经济增长平均水平。“十五”计划的主题是“知识及革新、提升生产力、加快经济发展”。该计划强调，中小企业仍是政府经济发展进程中不可或缺的重要环节，呼吁政府各部门拟定方案帮助本地中小企业成长。

二 2035年远景规划

2008年1月20日，文莱首相府发布了《文莱长期发展规划》（又称《2035年宏愿》），该规划包括三部分："2035年远景展望"、"2007~2017年发展战略和政策纲要"以及"2007~2012年国家发展计划"。2010年上海世博会的文莱馆曾对这一长期规划做过重点介绍。

1. 2035年远景展望

"2035年远景展望"提出到2035年，文莱要建立起富有活力和可持续发展的经济，并在生活质量和人均收入方面进入全球前10名。"2035年远景展望"为文莱确立了三个目标：首先是慢慢提高文莱人的生活水平；其次是在政府协助下，加快文莱人力资源开发；最后是发展除油气之外的多元化经济。为顺利实现这些目标，文莱制定了八大战略：教育战略、经济战略、安全战略、机制建设战略、本地企业发展战略、基础设施建设战略、社会保障战略和环境保护战略。

2. 2007~2017年发展战略和政策纲要

"2007~2017年发展战略和政策纲要"具体阐述了为保障2035年宏愿实现，文莱在2007~2017年里在教育、经济、安全、机制建设、本地企业发展、基础设施建设、社会保障、环境保护等领域需要实施的8个战略方向和50个政策方向。

（1）教育：实施早期儿童教育；吸取国际先进教学经验；采纳一流的中等教育和高等教育体制，包括发展工商业所需的职业教育、专才教育、技术教育等；加强发展信息产业所需的人才培养；发展终身教育课程，拓宽接受高等教育人群；促进科研和创新；提高教育效率；增进教育机构管理能力。

（2）经济：保证宏观经济稳定；确保经济高速增长，保证就业；培育强健的资本市场，包括伊斯兰债券市场；出台有利于提高生产力、开放度和竞争力的政策，促进经济竞争力；投资对提高文莱竞争能力、出口潜力和就业有帮助的油气下游产业和其他类似产业；投资国际一流的基础设施，吸引国际国内投资，促进出口；根据实际国情，发展能源规划，促进油气下游产业多元化；服务业私有化；对发展本地工商业所需的技术、知识、科研进行投资；促进国际经济双边和多边合作；鼓励妇女平等。

（3）安全：促进外交、国防和安全部门的紧密协调，确保国家安全；增强安全部队能力，包括国防部队、警察和情报部门；改进军队基础设施和装备；促进执政能力建设；加强突发事件应急处理体制建设；确保文化和社会和谐。

（4）机制建设：确保现代法制；引进国际先进政府管理经验；建设现代高效的公务员制度；精简政府机制；建立独立的公共和私有部门监督体制；确保经济政策的有效性和可执行度。

（5）本地企业发展：引进规划有效的本地企业融资计划，帮助中小城市企业提高竞争力；发展中小城市企业科技孵化中心；提高外资对本地企业的提携作用；鼓励使用本地产品；通过私有化、商业化和政府采购等来增加本地企业机遇；简化政府程序，减少企业成本；确保政府决策和付款迅速。

（6）基础设施建设：提供足够的社会基础设施，特别是公共住宅、卫生保健和教育设施；健全法制，保障社会和工业基础设施的投资；确保重要的政府基础设施项目建设资金；评估政府项目招投标和项目管理机制，确保按时保质完成。

（7）社会保障：为脆弱人群提供经济上可持续发展的社会保障体系；培育提升创业精神和自力更生精神的计划；为私有企业员工提供与公共部门一样的享受社会保障的机遇。

（8）环境保护：继续保护文莱生物多样性、热带雨林和自然生态；要求各产业和工业项目执行最严格的环保标准；对建筑物和著名文化遗产建立明确的保护指南；对有关公共卫生和安全的环境保护执行严格管理办法；支持国际和区域对跨境和跨区域环境关注的努力。

三 宏观经济政策

1. 积极促进经济多元化

文莱的整体经济和油气产业都存在很多弊端。多年来，文莱的经济面临着结构单一和过分依赖石油及天然气产业的问题。油气产业的上下游领域发展也处于失衡状态。为实现经济可持续、健康发展，政府继续推进经济多元化。

丰富的油气资源是上天对文莱的馈赠，使文莱国民过上了富裕的生活。但油气是不可再生资源，总会有耗尽的一天。目前文莱的经济严重依赖油气产业的支持，这是不健康、不可持续的。油气产业的繁荣并没有带动其他产业的发展。同时，文莱的油气收入主要是依赖原油和液化气出口，下游领域并没有拓展开来，油气产品缺乏附加值。此外，目前文莱油气产业提供了约 2 万个就业岗位，但文莱本地人仅占其中 1/3 的岗位。

经过长期努力，非油气产业对文莱 GDP 的贡献率逐渐上升。但文莱经济结构性问题依然存在，过度依赖石油和天然气产业的问题未能得到根本解决。今后很长一段时间内，促进经济多元化仍将是文莱经济发展的重中之重。政府不断推出新政策，大力发展制造业、旅游业、农业、水产养殖业、清真食品加工业等具有较大空间的产业。

2. 大力发展中小企业

尽管近年来文莱的中小企业数量增长较快，但许多企业并没有获得 ISO22000 等国际认证。为鼓励支持中小企业发展，文莱政府首先提出要实施三项改革：一是加强行政体制改革，提高政府运转效率和官员责任心；二是改善投资环境，包括提供商业注册便利、修改现有土地政策等，吸引跨国企业投资；三是改变人力资源结构，大力发展职业教育，积极引进国外优秀人才。另外，文莱政府还采取了一系列具体措施。文莱设立了战略发展资本基金，并成立专门委员会，负责重新审查和推介相关政策，以吸引更多外国投资。在这方面，文莱工业与初级资源部和经济发展理事会互为补充，前者提供投资优惠政策，如免税、提供工业用地等，后者负责招商引资并为投资活动提供便利。文莱工业与初级资源部为中小企业制定了投资优惠政策，并在工业区及配套设施建设、中小企业培训服务、财务政策等方面提供了大力支持和保障。文莱经济发展理事会专门为中小企业建立了企业孵化园和信息中心。文莱工业与初级资源部计划与亚洲企业论坛合作，推出本地商业计划，促进当地中小企业的发展。通过举办论坛、讲座和培训等途径，提高中小企业的竞争力，加速私营企业的发展。

2012 年 2 月，文莱举办首届全国中小企业颁奖典礼，比拉王储、工业与初级资源部部长叶海亚出席。共有 7 家企业分别获得银奖和铜奖，但金奖空缺。该奖项每两年颁发一次，以鼓励中小企业发展。2012 年 9 月，文莱工业与初级资源部副常务秘书哈斯娜发表讲话高度评价了中小企业在文莱经济发展中的重要作用。她说，文莱国内 98% 的商业机构为中小企业，是文莱推动经济多元化和实现 2035 年宏愿的强大基石。她还援引叶海亚部长在 2011 年文莱商业论坛的讲话，称 2010 ~ 2020 年是大力推动中小型企业发展的年代。

3. 继续发展油气产业，加快油气产业本地化

油气产业在较长时期内仍将是文莱的支柱产业，文莱政府在推动经济多元化的同时采取各种措施继续发展油气产业，并加快油气产业的本地化。

为解决石油天然气行业中小企业工业用地短缺问题，文莱政府计划在白拉奕双溪七渡港新辟 500 公顷土地用于发展油气产业。2012 年 6 月，文莱国家石油公司同俄罗斯国有 Zarubezhneft 油气公司签署全面合作备忘录。双方将开展油气领域的商业合作，探讨在能源领域建立合资企业，并与世界最大的天然气公司——俄罗斯天然气公司加强天然气勘探开采合作。

预计到 2030 年，文莱油气产业的支出将达到 88 亿文元（约合 70 亿美元），本地经济成分力争达到 60%，以便将更多资金留在本地经济系统内。目前，文莱油气产业的本地经济成分不足 15%。同时，文莱能源局希望到 2035 年，文莱油气产业的本地就业率可从目前的 37% 上升至 80%。

为保证文莱能源产业健康、可持续发展，促进本地中小企业成长，

文莱能源局2012年宣布国家能源发展战略目标及十项核心指标。战略目标分别为：①大力发展油气上下游产业；②确保能源的安全、可靠及有效供应；③促进能源产业衍生行业发展。十项核心指标为：①石油日产能翻番，达到80万桶；②储量接替率超过1；③下游产能突破50亿文元；④降低能耗45%；⑤减少断电事故数量，保持“零”重大断电事故；⑥建造5万千瓦可再生能源发电能力；⑦扶持5家本土企业参与区域和国际竞争；⑧能源领域创造5万个就业机会；⑨员工本地化达到80%，雇用5000名专业人才；⑩本土能源物资和服务支出增加10倍，达到60%。

第二节　农业、林业、畜牧业、渔业

一　农业

文莱农业落后，粮食、肉类与果蔬均不能自给。在全国5765平方公里的国土中，耕地面积仅占5%左右。淡布伦地区，上、中都东谷地，中白拉奕谷地的土地比较肥沃，是文莱主要的农业区。20世纪70年代以来，由于油气和公共服务业的发展，很多人弃农转业，使传统的农业受到冲击，文莱稻谷种植面积和稻米产量都呈下降趋势。1974年全国稻谷种植面积为3365亩，而到1985年减少为1344亩。稻米产量也从1973/1974年度的9613吨减到1983/1984年度的3218吨；1986年降为1450吨；1989年略有回升，但也只有1560吨。随着饮食结构的改变，文莱人对大米的消费量减少，但文莱本国生产的大米仍远不能满足国内的需求，不得不从国外大量进口。1984年文莱大米需求量的80%以上要依靠进口。文莱第五个国家经济发展计划（1986～1990）强调要重点发展农业，争取到1990年对大米进口的依赖从80%以上降到30%左右；但实际上到了1989年仍有70%的大米依赖进口，而且对进口大米依赖的减少并不是因为大米产量的增加，而是由于国内居民需求量的减少。2011年全国稻米产量增产30%，达2143吨，但仍须进口。

尽管文莱政府鼓励国民从事农业生产，但农业对国家经济发展的贡献较小。长期以来，文莱对农产品的进口实施零关税；农业公司税为30%，但有3～5年的免税期。2000年文莱的农业产值为1.40亿文元，2001年为1.46亿文元。农业产值连续10年在国内生产总值中所占比重不到1%。

农业（特别是水稻、水牛和奶牛数量）增长缓慢的原因是：国民在公共部门和其他部门就业机会较好；农产品价格不稳定，市场销售有限；开展和扩大农业生产的资金短缺。除了一些边远地区有少数人经营一点家庭农业，农民作为一个群体在文莱全国几乎不存在。2002年从事农业的人口为5200人，仅占全国总人口的1.5%，其中男性占4/5，女性占1/5。目前文莱仅种植少量水稻、橡胶、胡椒和椰子、木瓜等，生产力水平较低，一般是家庭式经营。

近年来，文莱政府鼓励经济多元化，重视发展现代化农业。为此，加强建设排水和灌溉工程，增加土壤的肥沃度，积极创造更多机会让本国公民从事农业生产，扩大粮食和果菜的种植面积，增加牛、羊、鸡、鱼、虾的养殖量，扩大蛋、奶的生产，增加食品的自给率，鼓励外国企业家进行农业投资，强调要实现食物自给并让国民享用安全食品。政府提出发展农业的“四个目标”：①提高稻谷、蔬菜、家禽和牛羊的生产水平；②发展农业加工业；③利用先进的耕作方法，生产高产量的农产品；④努力保护现有的生态多样化。在“八五”计划（2001～2005）期间，政府拨款9050万文元支持农业发展，占政府拨款总额的1.24%。

尽管文莱农业有了一定起色，但从总体上看，现在文莱所需农产品的80%仍须依靠进口。

粮食　大米是文莱人民的主食。为改变文莱大米主要依赖进口的状况，在“八五”期间，文莱农业局计划将大米的自给率由不足2%提高到3%，年产量达到1300吨。为达到此目标，文莱政府采取了许多鼓励措施：①改善稻田的基本设施。②提出更有效保护农作物的策略。③采用高品质稻种。为了提高对鼓励措施的宣传力度，农业局举办数个活动，如举行收割稻米节，并将其作为常年活动之一。举办收割稻米节活动的宗旨是：培养互相合作的精神，密切政府与农民之间的关系；提高人们对种植水稻的重要性的认识；展示政府对农民的关怀。除了上述推动性活动外，农业局还认真评估水稻种植业的发展状况；在实行稻田种植多元化的过程中，在稻米收割后，鼓励农民种植其他农作物，如玉米、花生、大豆、胡椒等，这不但能改善土质，也增加了农民的收入。农业局官员还鼓励稻农使用综合经营方式提高农田的经济效益，如在稻田中养鱼、稻田旁种植香蕉等水果作物。政府还拨款给农业局，用作购买稻米援助基金，改善灌溉系统及农村道路等。2012 年，文莱还启动粮食发展中心建设项目，其主要目的是提升国内粮食产量和食品加工的品质与安全水准，增强本地食品工业出口能力，并培养本地食品加工和行销人才。

蔬菜　从 80 年代后期开始文莱的蔬菜产量大幅上升，主要原因是当地从事蔬菜种植业的华人具有较高的农业生产技能，通过他们的精心栽培、辛勤耕作，文莱的蔬菜产量有了大幅增长。2000 年蔬菜总产量为 8863 吨，2002 年总产量为 9593 吨，可满足国内 70% 的需求。绝大部分蔬菜是叶菜类，其中 98.8% 用传统方法生产，其他则用水栽法生产。蔬菜主要分 4 类：叶菜、果菜、根菜和食用菌类。根据 2000 年的统计，这 4 类菜分别占 52.4%、47.2%、0.3%、0.1%。“八五”计划的目标是生产 1.27 万吨蔬菜，产值达 3500 万文元，自给率争取达到 94%。实现计划的途径是鼓励农民扩大蔬菜种植面积，并由政府提供种植技术培训、优良种子等。

水果　水果生产园地大部分规模较小，所产水果只能满足国内需求的 1/5，80% 从其他国家进口，2001 年总产量为 4140 吨。主要品种有香蕉、西瓜、菠萝、榴莲。2012 年本地水果产量占总需求的 43%。根据农业局规划，计划 2023 年产量增至 24649 吨，实现水果自给。通过改善基础设施，增加机械设备等予以实现。

2008 ~ 2013 年文莱农业产值及所占 GDP 比重、文莱主要农作物产量分别见表 4 - 1、表 4 - 2。

表 4-1　2008~2013 年文莱农业产值及所占 GDP 的比重

单位：百万文元

年　份	2008	2009	2010	2011	2012	2013
产值	129.7	141.9	128.2	131.9	151.5	146.3
比重(%)	0.6	0.9	0.8	0.6	0.7	0.7

资料来源：文莱首相府经济计划和发展局。

表 4-2　2008~2013 年文莱主要农作物产量

单位：吨

年　份	2008	2009	2010	2011	2012	2013
稻米	911.3	891.4	1071.7	1480	1756	1237.3
蔬菜	13055.8	12813.4	13012.3	12964	12685.4	12773.7
水果	3484.6	4372.3	3229.1	2627.9	8778.8	3854.7

资料来源：文莱工业与初级资源部农业局。

二　林业

文莱森林资源丰富，森林覆盖率居世界前列，但林业在文莱经济中不占重要地位。森林在文莱的主要作用是保护土壤、野生动植物、水源及整个生态环境。文莱现有 5000 多种植物，其中林木有 2000 多种。

文莱重视保护森林资源、发展林业。文莱有 11 个森林保护区，面积为 2277 平方公里，占陆地面积的 39%，其中 86% 的森林保护区为原始森林。文莱森林保护区分为 5 类：保护森林区、主要保护区、次要保护区、再生森林区、森林生产区。文莱政府限制砍伐森林和原木出口，实行以保护为宗旨的森林管理政策，利用森林区进行研究、教育、娱乐等活动，同时生产林产品，开展林业服务。

根据现行的森林保护政策，每年全国木材加工厂伐木数量限制在 10 万立方米左右。本地的木材产量只能满足国内 50% 的需要，其余靠进口。80% 的木材用于建筑业，其余的木材制成家具或其他木制品。为促进生态旅游计划，文莱开发了一座国家森林公园和数个森林公园，吸引了大量国内外游客。

此外，文莱政府还对森林苗圃实行私人管理，标志着林业生产私有化的开始。林业收入占文莱国内生产总值的0.3%。除现有的林区外，文莱计划在今后30年造林3.5万公顷。

三 畜牧业

牧场约占文莱国土面积的0.5%。都东农业区一向是文莱饲养家畜最集中的地区，这里有一半以上的农户饲养家畜。20世纪70年代以来，文莱居民对各种肉食的消费量急剧增加。为了保证对本国居民的肉食供应，文莱政府开始重视畜牧业生产，并为此采取了一些措施。1978年文莱与日本三菱商事会社合资在文莱－穆阿拉区建立了一个占地面积为486公顷的牧场，饲养奶牛和菜牛，向本国居民提供牛奶和牛肉。1982年，文莱又在澳大利亚北部地区维莱罗（Willeroo）买下了两个大型牧场用于饲养牛羊。这两个牧场的面积共达5868平方公里，比文莱本土还大。1995年1月，文莱与澳大利亚签署协议，澳大利亚北部牛羊肉供应中心将确保供应文莱符合伊斯兰教规的牛羊肉。这两处牧场1998年有小牛犊6000头，1999年有8000头，2000年有9000头，现在已经成为供应文莱清真牛肉的主要渠道。而文莱国内牧场2000年出产5200头牛、2800只羊。2000年文莱本国产水牛肉193吨、黄牛肉约13吨、山羊肉2.15吨，合计208.15吨，只能满足国内4%的需求。2001年，文莱从维莱罗牧场进口了10054头活畜（约2599吨）和125吨冷藏鲜牛肉。为了进一步增加肉类供应的品种，政府计划在文莱再建立一些养殖山羊和鹿的农场。2008～2013年文莱各类禽畜产品数量见表4－3。

表4－3 2008～2013年文莱各类禽畜产品数量

种类 \ 年份	2008	2009	2010	2011	2012	2013
水牛(吨)	4885	4116	4124	2550	2439	2497
黄牛(吨)	948	852	852	899	812	792
山羊(吨)	3653	6361	6806	6101	6850	6783
鸡(千只)	14210	28603	14910	14447	17084	16442
鸡蛋(百万只)	518	511	505	544	712	431

资料来源：文莱工业与初级资源部农业局。

文莱禁止养猪，文莱所需的猪肉主要是从马来西亚进口，泰国每月也向文莱出口 100 吨左右猪肉。

四　渔业

文莱具有发展渔业的良好条件，有 161 公里的海岸线，200 海里渔业区内有丰富的渔业资源，而且水域没有污染，又无台风袭击，适宜养殖鱼虾。文莱的全日制和非全日制渔民近千人，还有一支商业捕捞队。过去几年，商业捕捞队伍逐渐扩大，从事商业性捕鱼的主要是华人和马来人。自 70 年代起，文莱的渔业发展较为迅速，1974～1985 年的渔业产值年平均增长率高达 7%。与此同时，文莱居民对鱼的消费量增长也十分迅速，1974～1985 年鱼消费量年平均增长率为 4.5%。鱼已成为文莱人食品中最主要的蛋白质来源。但文莱本国捕捞的鱼虾远远不能满足国内居民的需求，需要大量依靠进口，进口的鱼虾主要来自邻近的马来西亚的沙捞越。

过去，文莱渔民主要使用木船和小型机动船在近海和内河进行捕捞。为了支持渔业发展，文莱增建了若干冷藏库，从英国购买了一艘装有新式电子探测设备的训练船，可以监测到 200 海里以内的渔业资源。目前，文莱不仅在近海，而且可以在远洋进行捕捞作业。文莱渔业潜在的产值为每年 2 亿文元（约合 1.2 亿美元），包括三个方面：近海与远洋捕捞、水产养殖和鱼类加工，但迄今文莱渔业资源并没有得到充分开发。文莱水产的最高产值可达 1.12 亿文元。文莱共有 50 个鱼虾养殖场，大部分是家庭式小型养殖场，其中有 4 个规模较大。

2008～2013 年文莱水产养殖业产量见表 4－4。

表 4－4　2008～2013 年文莱水产养殖业产量

单位：吨

年　份	2008	2009	2010	2011	2012	2013
鱼	42.4	72.3	108.8	125.4	144.4	33.8
虾	438.4	354.1	293.4	156.8	391.9	456.4
淡水鱼	85.2	34.1	18.9	14.6	20.0	5.6
蟹	0.4	0.2	2.7	4.8	0.0	0.3

资料来源：文莱工业与初级资源部渔业局。

政府鼓励鱼类加工业的发展，本国企业和合资企业从事鱼类加工，其产品在本国销售。政府还提供对渔业加工人员的培训，其中包括包装材料的设计和选择等。文莱渔业收入仅占国内生产总值的 0.5%。

总的来说，文莱的农业、林业、畜牧业和渔业尚有发展潜力。经过数年努力，文莱现在鸡蛋产量可基本满足自给；热带蔬菜的 75%、家禽的 70%、硕莪粉的 20%、香料的 30%、观赏植物的 30%、水果的 30%、牛肉的 9% 已由本地生产。但就总体而言，文莱离食品自给的目标相距甚远，目前仍有 80% 的食品需要依靠进口。随着文莱食品自给计划的推行，文莱用于食品进口的开支将会逐年减少。但农业在国民经济中所占比重较小，而且因文莱人热衷于在政府部门工作，不愿从事比较繁重的野外作业，而雇用外籍劳工费用较高，因此，文莱的农业、林业、畜牧业和渔业在近期很难有大的发展。

第三节 石油与天然气工业

文莱在 20 世纪二三十年代，甚至在六七十年代经济都很落后，石油和天然气的发现不仅改写了文莱的历史，也使文莱一跃成为富裕之国。在文莱国家博物馆的石油展厅中，有两张介绍文莱发现石油前后截然不同情况的大幅图片，这两张图片上各有醒目的英文说明，翻译成中文是“没有石油的世界，缺乏色彩”“盛产石油的世界，绚丽多彩”。这正是文莱发现石油前后国情的真实写照。

一 石油与天然气的发现和开采

石油与天然气是文莱经济的主要支柱。文莱工业也是以油气的开采与生产为主，文莱经济往往随着国际油价的波动而起落。西方石油公司在文莱的石油勘探活动始于 1899 年，他们在文莱湾附近打了一口 260 米的探井，虽然没有开采出石油，但发现了石油蕴藏。1913 年，英国壳牌石油公司开始在文莱陆上进行石油勘探活动，并获得了在都东地区开采石油的特许权，后来又在白拉奕地区取得了同样的权利。1929 年英国壳牌石油公司在诗里亚打出了第一口油井，并在这一带发现了具有商业价值的石油蕴藏，于是便开始大力开采。从此以后，文莱的石油勘探、开采一直为英国壳牌石油公司的子公司——文莱壳牌石油公司所垄断。

30年代，文莱的石油产量逐年增加，1932年开始出口石油。1940年，文莱的石油产量达到第二次世界大战前的最高水平，年产量达818万吨。1941~1945年日本占领期间，文莱的石油生产中断。1945年6月英国重返文莱后，文莱开始恢复石油生产，壳牌石油公司增加了对文莱石油资源的勘探和开发投资，使石油生产迅速得到恢复。诗里亚地区的陆上石油生产量从1947年起就超过二战前的最高水平，达到173万吨；以后几年的产量逐年增加，到1955年达到年产530万吨。50年代后半期，文莱的石油产量基本上保持在500万吨左右。诗里亚油田是文莱石油的摇篮。1991年在该油田的第一口油井附近竖立起一座纪念碑，纪念诗里亚油田生产第10亿桶石油。此外，在文莱与马来西亚边境的拉骚（Rasau）也有一个岸上油田，1979年开始产油，但规模不大。

由于掠夺性开采，文莱陆地的石油资源日益枯竭。1954年，壳牌石油公司开始勘探海上油田。六七十年代陆续发现7个近海油田，它们分布于东西两区：西区有4个油田，即西南艾姆巴、费尔里、甘纳特和费尔里－巴拉姆（与马来西亚共管）；东区有3个油田，即冠军、马格佩和铁公爵。其中冠军油田的储量占全国总储量的40%，产量也最高，日产5万多桶，约占全国日产量的1/3。文莱90%的石油和几乎全部商业用天然气出自上述7个海上油田。海上油田的开发，扩大了文莱的石油生产能力。

70年代是文莱石油工业发展的黄金时期。1973年底，国际石油市场油价暴涨，大大促进了文莱石油生产的发展，石油生产量急剧增加。1974年文莱的石油生产量猛增至943.3万吨，以后连续几年大体保持在这个水平，1979年达到创纪录的1225.7万吨（日产24.3万桶）。

到80年代初，由于国际石油市场的原油供过于求，油价下跌，文莱的石油生产受到了影响，产量有所下降，1982年减少为日产18万桶。1984年文莱宣布独立后，鉴于本国石油探明储量增加不多，文莱开始控制石油产量，把原油的日产水平限制在15万桶以下。因此，自80年代中期起，文莱的石油产量基本上呈下降趋势，各年的平均日产量为：1984年15.5万桶，1985年14.9万桶，1986年14.9万桶，1987年13.9万桶，1988年13.3万桶，1989年13.2万桶。

进入90年代，文莱的石油产量又开始回升。这首先是因为1990年8月伊拉克入侵科威特，使这两个产油国的石油出口中断，国际市场上一度出现原油短缺、油价上涨的局面。在此形势下，文莱的石油产量在1990年出现回升，平均日产量达到15.2万桶。与此同时，文莱的石油探明储量又有大量增加，因而政府放松了对石油产量的限制。90年代，原油的日平均产量控制在15万~18万桶。近年文莱日产石油约为20万桶，在世界产油国中居第34位。

长期以来，文莱国内没有石油加工能力，开采出来的原油基本上用于出口，而本国所需的成品油却要依赖进口。为改变这种状况，1983年，文莱壳牌石油公司投资5000万美元，在诗里亚地区建立了一所炼油厂，日加工能力为1万桶原油，主要生产国内所需的汽油、煤油和柴油等。1992年，文莱壳牌石油公司投资建立的另一家炼油厂投产，这所新炼油厂主要生产动力汽油，日加工能力为750吨。1997年以前，文莱原油出口主要是期货销售，约占90%以上。1998年，由于世界石油市场供大于求，文莱原油的固定客户急剧减少。目前，文莱原油出口的期货和现货销售各占50%。文莱原油主要出口东盟国家、美国、日本、韩国等。近年来，文莱向中国出口的原油数量猛增，约占文莱原油产量的13%。

2003~2013年文莱石油产量情况见表4-5。

表4-5 2003~2013年文莱石油产量

单位：千桶/日

年份	2003	2004	2005	2006	2007	2008	2009	2010	2011	2012	2013
产量	207	207	200	219	193	174	166	169	165	159	135

资料来源：文莱首相府能源局。

文莱天然气储量为3950亿立方米，约可开采40年；天然气日产3000万立方米，为世界第四大产气国。文莱的天然气一般和石油混合在一起，除少数油田仅产石油或天然气外，其他油田兼而有之。文莱天然气开采始于20世纪60年代初，当时由于原产天然气无法直接用船装运出口，因而产量不大。1969年文莱建立了液化天然气公司，把大量的天然气转化为液化气，便于用船装运，于是天然气的产量急剧增加。西南艾姆巴油田的天然气产量最高，日产1500万立方米，其储量和产量各占文莱总储量和总产量的一半。1976年在卢穆特建成一座当时世界上规模较大的液化天然气加工厂之一。该厂距离西南艾姆巴油田24公里，有两条直径为84厘米的输气管道与天然气田相连。该厂有5套冷却装置、3个容量为6万立方米的液化气储存罐，年产720万吨液化天然气。此后，文莱液化天然气公司又投资1.2亿美元，建造了两个新的巨型液化天然气储存罐。加工后的液化天然气98%供出口，2%供国内消费。

根据一项为期20年的合同，自1973年开始，文莱每年向日本输出500万吨液化天然气，1994年，该合同又延长20年，文莱每年向日本输出550万吨液化天然气。1999年，文莱又与日本公司签订增加供货协议，每年增加到输出601万吨液化天然气。此外，1994年文莱与韩国签订为期3年的合同，每年向韩国输出70万吨液化天然气。1997年两国又续签为期16年（1997～2013）的合同，文莱每年仍向韩国供应70万吨液化天然气。

2003～2013年文莱天然气产量见表4－6。

表4－6　2003～2013年文莱天然气产量

单位：十亿立方米

年份	2003	2004	2005	2006	2007	2008	2009	2010	2011	2012	2013
产量	10.3	10.1	9.92	10.5	10.2	10.3	9.51	9.60	10.1	9.70	9.84

资料来源：文莱首相府能源局。

二　石油与天然气产业结构状况

文莱石油和天然气主要由文莱壳牌石油公司开采。过去，文莱政府通过收取矿区使用费和公司税从石油业获取收入，而文莱壳牌石油公司的经营权完全由英国和荷兰方面掌握。1974 年文莱政府取得了壳牌石油公司 20% 的股权，以后又取得了该公司 50% 的股权。1993 年 4 月，文莱政府还设立了文莱石油天然气局，以加强对石油和天然气的管理。目前，有 4 家公司拥有在文莱勘探和开采石油和天然气的权利。

文莱壳牌石油公司（Brunei Shell Petroleum Company）经营文莱石油与天然气勘探、生产、加工、出售与运输业务。该公司的前身系英国马来亚石油公司（British Malayan Petroleum Company），1957 年改称现名。早在 1929 年，壳牌石油公司就同文莱政府签约取得诗里亚油田的开采权，50 年代又陆续取得那威、都东等地区油田的开采权，至 1963 年，该公司在文莱共拥有陆地石油开采面积 2715 平方公里。1963 年在海上发现石油后，该公司又取得文莱将近 7400 平方公里的海上油田开采权。该公司包括以下几个分公司。

①文莱壳牌石油私人有限公司从事石油、天然气的勘探与生产以及原油的销售，并拥有一座石油冶炼厂。文莱政府与荷兰壳牌集团各占 50% 股份。

②文莱液化天然气公司向文莱壳牌石油公司购买天然气加以液化再卖给文莱冷煤公司。文莱政府在该公司中占有 50% 的股份，荷兰壳牌集团和日本三菱公司各占 25% 股份。

③文莱冷煤公司从文莱液化天然气公司购买液化天然气后运输、出售给日本商家，该公司的股份占有情况与文莱液化天然气公司相同。文莱液化天然气主要卖给日本东京电力公司、东京煤气公司和大阪煤气公司。

④文莱壳牌油轮公司建于 1986 年，共有 7 艘油轮，负责为文莱冷煤公司运送液化天然气，向日本和韩国出口。文莱政府与荷兰壳牌集团各占 50% 股份。

⑤文莱壳牌石油销售公司负责文莱国内石油与石油化工产品的销售。文莱政府与荷兰壳牌集团各占 50% 股份。

⑥文莱天然气油轮公司于 1998 年 2 月成立，负责租用文莱壳牌油轮

公司的7艘油轮和另外1艘外国公司的油轮，安排运送出口至日本和韩国的液化天然气。文莱政府在该公司占有80%的股份，荷兰壳牌集团和日本三菱公司各占10%的股份。

文莱壳牌石油公司是参与文莱石油天然气工业时间最久和最成功的公司，也是文莱最大的企业，在文莱国民经济中占有重要地位。该公司每年为国家赚取大量外汇，在文莱国内生产总值中所占比重在一半以上。由于该公司实行高度现代化生产，职工人数相对不多，仅占文莱就业人员的5%，但工资福利、医疗卫生与培训设施均优于其他企业。此外，该公司在教育与社会公益事业方面贡献卓越，帮助文莱政府建立了一个农业培训中心。

法国埃尔夫石油公司起初是由法国、美国和文莱的资本建成，于1982年获得3144平方公里的岸外油田的开采权。埃尔夫石油公司于1999年2月在文莱实施石油天然气的商业化开采获得成功以来，日产能力约为2000桶原油和300万立方英尺天然气，出售给文莱壳牌石油公司加工提炼。

另有两家石油公司也获得在文莱勘探、开采石油权，但所拥有的开采地区都在陆地上，且面积较小。

三　石油与天然气工业发展前景

文莱石油蕴藏量究竟有多少，还有多少年的开采寿命？这一直是令人感兴趣也是外界广为猜测的问题。据1990年相关数据，文莱石油储量约为16亿桶，按当时的开采速度，从20世纪80年代中期算起，预计可开采30～50年之久。近年来，油田勘探和石油开采技术的突破和应用，使在更深海域勘探、开发潜在油田变为可能，大大扩大了文莱可开发石油天然气油田的范围。同时，新技术的应用也有助于提高老油田的产量，减少浪费。因此，科学技术的发展和应用，增加了文莱政府对石油天然气发展潜力的信心。这也反映在文莱政府于90年代初放弃资源保留政策，转而实施按能力生产的政策。

然而，作为非再生一次性资源，文莱有限国土的油气储量总有耗尽的一天。这种忧患使文莱政府下决心未雨绸缪，从第五个五年国家经济发展计划（1986~1990）起实施经济多元化政策，加大对制造业、农业和服务业等的投入，以期逐步减少对油气的依赖。综观目前文莱政府的油气政策，可归纳为以下几点。

首先，为保存有限的地下资源，文莱政府采取限量开采、加强勘探的政策。从1993年起，文莱壳牌石油公司改变传统的二维钻探方法，开始利用先进的三维地震学技术进行钻探作业，取得了良好的成效。当年9月在铁公爵油田附近的布干一区（Bugan-1）探测到40亿立方米天然气储量，1995年7月又在冠军油田以西约12公里处的塞拉义一区（Selangkir-1）发现可观的天然气储藏。为了加强资源的勘探，文莱政府还授权并鼓励壳牌石油公司以外的其他石油公司进行勘探活动。

其次，发展油气下游工业。文莱石油出口一直以原油出口为主，为增加资源产品的附加值，文莱政府研究建立一家出口型石油提炼厂的可能性。1993年文莱还投资1亿文元对文莱液化天然气厂进行改造和扩建，以巩固和加强天然气处理能力。另外，文莱研究开发天然气除液化外的其他用途，并制定了石油化工业的长期发展战略——“石油化工总体规划”，筹划建立炼油厂、化工厂、化肥厂，发展生产尿素和甲烷等石油化工产品的下游工业。

最后，加强石油公司“文莱化”。长期以来，文莱的地下资源开发完全依靠西方的技术和管理。1986年，文莱政府将它在文莱壳牌公司的股份增至50%。在文莱壳牌石油公司中，不少高级职位已由文莱人担任。文莱政府官员多次强调，文莱壳牌石油公司“文莱化”符合文莱的国家利益，并将继续成为该公司最优先处理的问题。

为摆脱单纯依赖石油天然气工业的局面，文莱从长期发展的战略需要出发，大力发展多元化经济。经过20多年的努力，文莱经济有了长足发展，石油天然气工业、多元化经济和国外投资收入已成为其三大经济支柱。据官方统计，油气业虽在相当长的一段时期内仍将保持主宰文莱经济命脉的地位，但其在GDP中所占的比重明显下降。2012年，文莱财政收入中，87.8%来自油气产业，12.2%来自非油气产业。

第四节　服务业与商业

一　服务业是经济多元化的重点

自1929年在诗里亚打出第一口油井以来，文莱开始逐步发展成为富裕国家。近年来，文莱政府采取了一系列有力措施，积极推进经济多元化。服务业被列为文莱推行经济多元化的重点领域之一，服务领域的各行业也得到了不同程度的重视与发展。

为了挖掘新的经济动力，文莱把发展金融服务业视为重要举措，并于2000年成立文莱国际金融中心，为投资者提供金融增值服务，吸引国际金融机构。2006年，为推动经济多元化发展，文莱政府制定第九个五年国家经济发展计划和今后经济发展30年长远规划。为此，文莱政府一方面增加对基础设施和信息产业等的投入，改善招商引资环境；另一方面加大招商引资力度，积极鼓励发展中小企业和增加私人投资，努力实现服务业等领域新的突破。同时，文莱把宣传其港口建设等大型建设项目规划作为文莱双边、多边交往与合作的一项内容，吸引国际社会支持和参与文莱经济多元化战略的实施。文莱在2007年开始实施的第九个五年国家经济发展计划里，在旅游业、服务业等经济多元化的重点领域，出台了一些鼓励措施。文莱政府加紧推进大摩拉岛深水集装箱码头的建设；努力改善旅游设施，扩大宣传，力求实现旅游业的高增长；大力发展伊斯兰金融和离岸金融业务。

自文莱实施经济多元化战略以来，由于采取一系列得力措施，文莱服务业占GDP的比重不断提高。根据文莱首相府经济计划和发展局资料，2005年第二季度，批发零售业增长16.1%，餐饮酒店业增长6.6%，运输及通信业增长14%。2007年，文莱建筑业和服务业的总产值占GDP的30%左右。除此之外，文莱的运输及通信、银行保险等行业也有较高增长。

近年来，中国与文莱在服务业方面的交流与合作日益频繁，特别是中国－东盟博览会的成功举办和泛北部湾经济合作步伐的加快，双方服务业的联系更加紧密。2006年中文双边服务业交流与合作势头良好。随着泛北部湾经济合作的发展，中国与文莱进一步开展港口与交通运输、服务贸易等方面的交流与合作。2007年中国与东盟各国签署了关于航空服务业开放的《中国－东盟全面经济合作框架协议服务贸易协定》。协定规定，中国与包括文莱在内的东盟六国取消在航空运输、飞机维修、订票系统等航空服务领域的“市场准入限制”及“国民待遇限制”。其中，文莱等四国对中国民航企业“飞机维修和保养服务”“航空器租赁”“航空运输服务的销售和营销”等完全开放。2008年，双方就港口物流、旅游等重点领域的合作进行了深入的探讨并交换意见，达成共识，签署了合作备忘录，双方都表示希望在服务业等领域加强交流与合作。

二 金融服务业有待发展

金融服务业一直被认为是经济增长的重要动力，有利于贸易和投资的发展。在文莱，金融业部门和其他行业的推动者，已被确定为多元化经济的主要贡献者。

根据目前的数据，文莱银行及其他接受存贷款机构的贡献中，约94%为金融业资产，而保险及伊斯兰保险业占5%，资本市场在整体金融资产中不超过1%。在文莱国内生产总值中，整体金融业达到4%左右。这种状态迫切需要进一步发展多样化金融服务部门，尤其是该区的资本市场，以配合银行业长期融资的可行方案。

文莱发展部长兼文莱金融管理局副主席苏尤说，尽管国内市场小，文莱消费者在投资方面大有希望将市场进一步扩大。文莱支持发展伊斯兰金融服务业在市场上的基金规模，包括伊斯兰基金和传统基金。同样，在机构方面，持牌投资顾问所管理的资产大幅增长，从2008年的1亿文元增至2013年的近5亿文元。他表示，作为子公司的文莱金融管理局，在支持文莱发展伊斯兰金融服务业方面发挥重要的作用。

同时，充分受益于资本市场的发展，私营部门须更好地定位自己，提升企业的管理水平、透明度和会计标准。金融机构需要更多的创新以及提供更可行的投资、产品和服务。专业服务机构，包括法律和审计事务所，应该做好准备，提供必要的支持，而其他利益相关者，包括教育和培训机构应考虑行业的需求，设计其他合适方案。上述各种举措的最终目标，是使文莱发展成为首屈一指的伊斯兰金融中心。

三　旅游业方兴未艾

旅游业是文莱近年来大力发展的产业，政府将其作为促进经济多元化的重要内容。浓郁的伊斯兰风情、历史悠久的水村、令人神往的热带雨林，这些独特的旅游资源使文莱成为众多游客的向往地。

前往文莱的游客主要来自东盟国家，其次是亚太地区。2009 年入境文莱的旅客已达 15.7 万人次。2011 年，旅游业对文莱国内生产总值的贡献率为 5.8%，并提供了 1.4 万个就业机会。自 2004 年文莱斯里巴加湾市首次参加中国 - 东盟博览会“魅力之城”专题展以来，文莱独特的传统文化及自然景观吸引了众多中国游客前往文莱旅游。据统计，2013 年文莱共接待 268112 名外国游客，同比增长 5%，其中中国游客达 30481 人，仍是文莱第二大客源地。

根据 2012 年世界经济论坛公布的旅游竞争力指数，文莱在全球 139 个国家和地区中排名第 67 位，被定性为“优势和不足均十分明显”。这份榜单根据 14 项指标评定，包括政策规定、环境可持续性、安全、卫生、旅游业地位、航空设施、陆地交通设施、旅游设施、信息通信产业设施、价格、人力资源、旅游亲和力、自然资源和文化资源。新加坡（第 10 位）、马来西亚（第 35 位）和泰国（第 41 位）的旅游竞争力均超过文莱。由此可见，文莱的旅游业发展还面临诸多障碍，包括来自区域内其他国家的竞争。

文莱政府将旅游业视为新的经济增长点，积极采取多项措施对外进行宣传，吸引海外游客赴文莱旅游。为了加快旅游业的发展，文莱政府将 2001 年定为“旅游年”，于 2005 年 7 月成立了旅游管理委员会，文莱工业与初级资源部副部长和常务秘书分别担任该委员会的主席和副主席，其他成员包括旅游发展局局长、财政部常务秘书、移民局局长、青年体育局局长、文莱航空公司总裁、饭店协会会长、文莱旅行社社长和文莱国际贸易协会会长等，以加快文莱旅游业的发展速度，保证旅游业的发展效率，满足文莱国家经济发展的需要。2006 年，文莱举办了“文莱旅游观光年”活动，海外游客增长迅速。2012 年 9 月，第 9 届中国 - 东盟博览会期间，文莱政府又举办了旅游专场推介会，向参会各方深度介绍文莱的旅游资源。文莱旅游业主打自然环境、民俗文化和宗教传承三张牌。文莱在发展旅游业的同时，十分强调要保护其文化特色和生活方式，不能因发展旅游业而使环境受到污染。

根据文莱政府制定的 2012 ~ 2016 年旅游业发展蓝图，文莱旅游业收入 2016 年预计将突破 3.5 亿文元（约合 3 亿美元），旅游业将成为石油天然气业以外新的经济增长点。按照这一规划，2016 年文莱将吸引游客 41.7 万人次，比 2011 年增长近 72%；旅游业收入也将在 2011 年 1.55 亿文元（约合 7.9 亿元人民币）的基础上增加 126%。

第五节 交通运输业

文莱虽是独立仅 30 余年的小国，但交通运输已相当发达。文莱的交通运输主要依靠陆运、水运和航空。除诗里亚到巴达斯的一小段轻便铁路外，全国其他地方都没有铁路。

一 陆运

文莱的公路四通八达，道路状况良好。长 135 公里的哈桑纳尔·博尔基亚大道连接首都斯里巴加湾市、白拉奕区和石油城诗里亚。穆阿拉和都东之间另有一条新的沿海高速公路相连，全长约 60 公里。文莱主要居民点之间都有现代化公路网沟通。此外，文莱与马来西亚的沙捞越有公路相通。从斯里巴加湾市往东南通过沙捞越的林梦地区的公路可达文莱的淡布伦区。

文莱公路网中的 60% 为国家公路，由文莱公共工程局直接管理；30% 为地方公路，由地方政府机构管理；10% 为私人公司的公路，多数由文莱壳牌石油公司出资维修和管理。

截至2013年4月，文莱登记车辆121453辆，其中私车120286辆，货车1157辆，出租车10辆。平均1.8人拥有一辆私车，是世界上拥有私车比例最高的国家之一。除首都与其他城镇有不定时的公共汽车外，全国几乎没有公共交通服务系统。

2008～2013年文莱车辆统计情况见表4－7。

表4－7　2008～2013年文莱的车辆统计

单位：辆

年　份	私　车	出租车	公共汽车/货车	总　数
2008	190363	30	1476	191869
2009	154398	41	1257	155696
2010	102585	9	1176	103770
2011	132743	13	1699	134455
2012	130352	—	1766	132118
2013	120286	10	1157	121453

资料来源：文莱交通部陆路运输局。

二　水运

对于濒临大海的文莱而言，海运非常重要。文莱出口的石油、液化天然气，进口的绝大部分货物，都要通过海运。离首都不远的穆阿拉港是文莱的主要港口，全国约90%的进出口货物都通过这里进出。穆阿拉港是一个深水港，占地24公顷，码头长611米，吃水深8米。200米长的船只可在这里靠岸，每年进出这个港口的船只达数百艘，日处理货物数千吨。港区有装卸设备、集装箱场地、冷冻设备和水泥密封库（专用于储存散装水泥，容量为8000吨）。这里既能装卸普通散装货物，也可处理集装箱货物。“六五”计划期间，政府拨款8870万文元用于扩建穆阿拉港，增加集装箱装卸设备，建设一个87米长的集装箱货运码头。该港与新加坡、马来西亚、泰国、菲律宾、印尼和中国台湾地区有定期货运航班。

为全力打造穆阿拉港成为区域重要港口，文莱政府目前已拟定 8 项策略：①全力推动船运业发展；②打造世界级的船运服务设施；③发展穆阿拉港成为东盟东部增长区的一个区域船运中心；④鼓励直接船运服务，让穆阿拉港与世界各主要港口接轨；⑤推动港运后勤服务；⑥鼓励快艇开展载客业务；⑦发展货物转运业务；⑧推出更多港运服务来增加政府收益。

2010～2013 年穆阿拉港装卸货物量见表 4－8。

表 4－8　2010～2013 年文莱穆阿拉港装卸货物量

单位：吨

年份 \ 类别	装货量	卸货量
2010	23032	1024553
2011	22997	1018916
2012	21574	1189747
2013	24139	1017363

资料来源：文莱交通部港口局。

此外，斯里巴加湾市设有货运码头、海军和政府船舶使用的泊位和客运码头，设有仓储设施。这里的船舶主要来往于文莱淡布伦区、马来西亚沙捞越的纳闽岛和沙巴等地的港口。

文莱壳牌石油公司在穆阿拉和瓜拉白拉奕两个港区都有自己的码头和仓储设施。为使原油能直接从诗里亚油田出口，该公司在诗里亚建立了海运泊岸。文莱液化天然气公司在卢穆特建了一条一英里长的防波堤，以便从那里直接装运液化天然气。

由于文莱河、白拉奕河和都东河均可通航，文莱利用这 3 条河流进行内河航运，这 3 条河在货运与客运方面发挥一定的作用。

2011 年文莱共有各类注册船只 273 艘，货物吞吐量达 101.8 万吨，比 1999 年约增加 14%。

三 空运

自1953年起，文莱就开展商业性航空业务，斯里巴加湾市和白拉奕之间有短途航线。二战期间，日本建造了布拉卡斯机场。70年代文莱航空事业有了新的发展。由于民航业务大大增加，原有的老机场已难以承担不断发展的空运业务，急需建造新机场以满足日益增长的空运需要。一座耗资1.13亿文元（约合8000万美元）的现代化国际机场于1974年建成。这座机场位于首都斯里巴加湾市北郊，有一条3650米长的跑道，机场安装有一套新的电脑飞行信息系统和先进的导航设备，可停靠各种型号的飞机。全天24小时运营。

新机场的候机大厅宽敞明亮，设施齐全。有分别为穆斯林和非穆斯林开设的全天候营业的餐厅，还设有工艺品商店和免税商店，并设有“蓝天候机室”。这个富丽堂皇的候机大厅面积约5820平方米，拥有120个沙发座位，其他设备包括健康按摩椅、大屏幕电视、工作电脑室（有上网设备）、沐浴间、祈祷室。乘坐头等舱和公务舱的乘客在上机前能享用各种服务。6个登机口直接通到机舱外，加快了乘客登机和下机的速度。机场的货运处理设备也很先进。2000年初，文莱政府耗资3000万文元（约合1700万美元）扩建这座国际机场。2008～2013年文莱国际机场出入境旅客量见表4－9。

表4－9 2008～2013年文莱国际机场出入境旅客量

类别 \ 年份	2008	2009	2010	2011	2012	2013
出入境(人次)	409454	401458	458216	456075	481669	528042
机场客运(人)	392688	400325	461652	478924	484220	533312

资料来源：文莱内政部移民局。

文莱的国际航空公司为文莱皇家航空公司（Royal Brunei Airline, RBA），简称“文航”，创建于1974年，属国家所有。文航有多架波音777－200ERS客机和A320客机。飞往澳大利亚、日本、中国等国家。此外，文航还同法航、荷航集团签署长达12年的机械工程服务伙伴协议，合同总额为7500万美元。文莱的飞行员和地勤人员大多数在英国受过严格的训练，具有较高的专业素质。马来西亚航空公司、新加坡航空公司、菲律宾航空公司、荷兰航空公司、英国航空公司和中国香港国泰航空公司等也有定期航班飞往文莱。2013年，客运量达106.1万人次，货运量达2554.9万吨。

目前，文航已成为东南亚地区表现最佳的航空公司之一。它在1999年、2000年连续夺得世界旅游奖中的“最佳一等舱”大奖。2000年，文航成为除欧洲航空公司之外，亚洲国家中首个获得JAR－OPS航空驾驶证书的最佳航空公司。文航机舱内的《友好》（*Muhibah*）杂志，被世界航空娱乐协会遴选为2002年最佳航班杂志及最佳机舱内娱乐指南。

为了提高竞争力，文航耗资6000万文元（约合3333万美元）提升所有飞机的设备，其中一项是将波音B767－300s商务舱“蓝天梦想座位”（Sky Dreamer）提升为“蓝天行政舱”（Sky Executive，等同于头等舱），其座位放平后，乘客平躺下来犹如仰卧在自己的床上，双腿可以尽情舒展，非常舒服。此外，每个座位的前座后背都装置一个10.4英寸的个人电视。文航独有的系列娱乐系统（称为“蓝天节目”），让乘客可以尽情享受空中旅途娱乐及休闲乐趣。即使是经济舱，每个座位的前座后背都装置8.4英寸的电视。这是本区域内其他航空公司在短程航班中所没有的。

2008～2013年文莱民航空运量见表4－10。

表4－10 2008～2013年文莱民航空运量

年份＼类别	邮件(公斤)	货物(公斤)	总量(公斤)
2008	313426	19592818	19906244
2009	308047	19161261	19469308
2010	344956	27652142	27997098
2011	279062	28125879	28404941
2012	214486	23863516	24078002
2013	257724	16207436	16465160

资料来源：文莱交通部民航局。

此外，诗里亚油田附近的安达肯机场，是由文莱壳牌石油公司投资建造的，由该公司自己管理。这个机场主要是为海上石油开采服务。

第六节　邮电通信业

一　邮政业

文莱邮局提供全方位的邮政服务。除了首都邮政总局外，全国有20多个地区和分支邮局。在全国一些重要的地点，设有多功能邮政柜台，提供邮政及各种相关的服务，包括出售邮票、收寄挂号邮件和大宗货物包裹及（本地和国际）快递业务以及收缴电话费、水费、电费等。此外，还有邮政所和邮票零售点，为公众提供服务。

社团邮寄是文莱邮局近年开办的一项新业务，包括加盖免费邮戳、邮资已付戳和商业回答业务。海外邮寄一般利用空运，寄往东盟国家的邮件是由文莱皇家航空公司每天发送，寄往英国的普通邮件是每周发送一次。

邮局星期一至星期四上午8时到下午4时30分营业。星期五（政府规定的假日）邮政总局和一些分局提供特设的服务柜台。

为不断改进邮政服务，邮局向公众发放调查表格，让公众就邮政服务质量坦率回答各种问题和提出意见。公众也可向邮政总局顾客信息中心直接投诉，有关部门将根据这些意见和建议改进工作。

尽管文莱邮政业不断完善其服务，但邮局仍面临越来越多的文莱人使用电子邮件（E-mail）和短信服务的挑战。现在，使用传统方法邮寄信件的人越来越少，而使用电话和E-mail、传真机的人越来越多，因为这些方式与传统的邮寄相比，费用更低，速度更快、更方便。

2009~2013年文莱邮局和邮箱数量见表4-11。

表 4-11 2009~2013 年文莱邮局和邮箱数量

类别 \ 年份	2009	2010	2011	2012	2013
邮局(所)	23	24	24	24	25
邮箱(个)	12397	12602	12602	12602	12602

资料来源：文莱交通部邮政服务局。

2009~2013 年文莱邮政业务分类统计情况见表 4-12。

表 4-12 2009~2013 年文莱邮政业务分类统计

单位：件

类别 \ 年份	2009	2010	2011	2012	2013
信件	9619173	8405785	7939949	7250791	6679229
明信片	48139	59783	96461	58656	34247
印刷品	795040	1184596	592605	385946	288503
挂号信	129562	126656	131025	130334	149941
小包裹	37472	32103	58034	98109	116254
包裹	12994	14375	17935	19554	21842
快递	52012	51351	58608	61240	74434

资料来源：文莱交通部邮政服务局。

二 电信业

同其他发展中国家相比，文莱的电信业比较发达。早在 1986 年 2 月，文莱的电话用户就达到 24820 户，当时还有近万户在申请安装电话。1987 年，德国西门子公司与文莱政府签订了一项承包合同，负责在文莱安装能容纳 47000 部电话的线路，包括安装 11 台交换机。到 1989 年，文莱已有 49360 部电话投入使用，平均每百户居民中有 20 部电话。文莱政府还在 1989 年同美国电报电话公司签订一项价值 1700 万美元的承包合同，由该公司负责在文莱安装两部国际数字式电话交换机，此项目于 1991 年完成并交付使用。1993 年 5 月，文莱政府又与美国电报电话公司签订了一项价值2000万美元的协定，由该公司向文莱提供10部5SS－2000大容量电话交换机，以便形成全国性的数字交换网络。截至2011年底，文莱国内移动电话用户达44.3万户，其中37.7万户为预付费用户，固定电话用户降至7.98万户。此外，文莱互联网用户增至5万余户。

1992年4月，连接文莱和新加坡的海底数字光纤电缆开通。文莱苏丹与新加坡总理通过电视会晤互致祝贺。这条长1500公里、耗资6200万美元的电缆是东盟海底光纤电缆系统的一个组成部分，它与先期于1992年2月完工的文莱－马来西亚－菲律宾光纤电缆系统连成一体。整个系统已于1994年完成并交付使用。光纤电缆能够提供清晰的声音、文字和图像传送服务，极大地方便了文莱与东盟其他国家的通信联系。

文莱还于1990年底投资1000万文元，在距离首都8公里处铺设了一条海底电缆。它除了作为文莱－新加坡和文莱－马来西亚－菲律宾海底光纤电缆的连接点，为国际通信服务外，也作为光纤通信交换系统，起到控制文莱国内光纤通信设备的作用。

文莱有两个机构提供电信服务：一个是文莱交通部下属的文莱电信局（JTB），它负责提供国内外互联网、公用电话和电传等服务。1995年9月，文莱开通互联网业务，公司名称为文莱网络（Bru Net）。由于服务差和联网速度慢，2000年又开辟了第二个独立互联网络。面对激烈竞争，Bru Net采取降价措施和加大投资，以提高服务质量。目前，文莱与世界大多数国家可直通电话。另一个是私人公司——DST，它主要经营多孔移动电话服务。

文莱有两个地面卫星通信站，一个可接收印度洋地区卫星，另一个可接收太平洋地区卫星。

第七节　财政与金融

一　财政

文莱的财政政策由以下五个原则决定：①投资的目的是随着时间的推

移，增加国家外汇储备的真正价值；②实行健全的财政政策，使通货膨胀保持在低水平，而且经济不应过热；③信贷的供给必须支持本地工业和企业的扩展；④文莱的财政实力应是发展财政技能的跳板，并由此向公民提供就业机会；⑤海外投资政策应该是建设性的、长期的、互利的，并避免对接受国的经济产生任何不利影响。

文莱国家财政收支情况良好，多年来奉行平衡预算政策，是一个既无内债又无外债的国家。政府财政收入的主要来源是：①公司税。主要是文莱壳牌石油公司和文莱液化天然气公司交纳的公司税和石油矿区租让费，也包括其他公司交纳的公司税。②政府财政收益，即政府在国内和海外投资所获得的收益。文莱的国外投资和外汇储备存款收入每年为20亿~25亿美元。这两项财源历年占政府财政收入的95%。文莱政府不征收个人所得税，货物税、房地产税、印花税和执照税都不高。对进口不限制，进口关税的税率也很低。

从70年代到80年代，文莱的财政收入急剧增加。从1974年起，由于石油出口收入猛增，政府的财政收入大幅增加，收支盈余不断扩大。但在80年代末期，受国际石油价格下跌的影响，文莱的财政收入大幅度减少。1988~1997年，文莱连续10年出现了财政赤字，赤字总额达67.782亿文元。亚洲金融危机的爆发更给文莱经济造成了巨大冲击，使政府的财政收入锐减。1998年和1999年财政赤字分别为19.827亿文元和15.846亿文元。从2000年起，政府的财政收支情况有了好转，开始出现盈余。

文莱政府的财政支出主要是用于社会福利、公共工程、教育和防务，其中教育和社会福利方面的开支占很大比重，主要是因为政府坚持高社会福利政策。

2004年政府的财政计划总支出为49.903亿文元（约合29.882亿美元），其中政府各部门开支为35.211亿文元，占总支出的70.56%；“八五”计划项目开支为9亿文元，占总支出的18.03%；其他支出为5.692亿文元，占总支出的11.41%。2009/2010财年~2012/2013财年文莱财政收支情况见表4-13。

表 4－13　2009/2010 财年～2012/2013 财年文莱财政收支情况

单位：百万文元

类别＼年份	2009/2010	2010/2011	2011/2012	2012/2013
总收入	6392.89	9165.96	12935.86	11639.65
总支出	6638.80	6351.08	7182.28	7411.02

资料来源：文莱财政部财务司。

文莱人均 GDP 在 20 世纪 70 年代至 80 年代中期逐年增长，1983 年高达 22000 美元。80 年代后期，由于石油收入减少和人口增长，文莱人均 GDP 虽呈下降趋势，但近年来仍处于较高的水平。2008～2011 年文莱人均 GDP 见表 4－14。2012 年，福布斯对全球 182个国家和地区的人均 GDP 进行评估，文莱以 4.8 万美元排全球第五位。

表 4－14　2008～2011 年文莱人均 GDP

单位：美元

2008 年	2009 年	2010 年	2011 年
37053	34827	47200	48685

资料来源：中国驻文莱大使馆经商处、亚洲开发银行。

2006～2013 年文莱通货膨胀率统计见表 4－15。

表 4－15　2006～2013 年文莱的通货膨胀率

单位：%

2006 年	2007 年	2008 年	2009 年	2010 年	2011 年	2012 年	2013 年
0.2	0.1	2.1	1.8	0.4	0.1	0.1	0.4

资料来源：文莱首相府经济计划和发展局。

二　金融

文莱过去和马来西亚、新加坡一起构成统一的货币流通区域，其货币制度经历了金本位制、金汇兑本位制、英镑汇兑本位制等几个阶段，当时文莱的货币也采用林吉特（马元）。1967 年，文莱、马来西亚、新加坡三国实行货币分家，文莱成为一个独立的货币流通区域，6 月 12 日文莱的货币改为文莱元（即文元）。按照文莱、马来西亚、新加坡三国签订的《相互通货等值交换协定》，文元与马元、新元等值，并可相互通用。文元的含金量为 0.290299 克。法定汇率为 1 英镑兑换 8.57142 文元，1 美元兑换 3.06122 文元。1967 年 11 月 18 日英镑贬值 14.3%，文元兑英镑的平价改为 7.34693 文元兑换 1 英镑。1971 年 12 月 18 日美元贬值，12 月 19 日文莱宣布文元维持原含金量不变，兑英镑平价不变，兑美元升值为 2.81955 文元兑换 1 美元；1972 年 6 月 23 日英镑实行浮动汇率后，6 月 27 日文莱政府决定文元不再盯住英镑，改按 2.81955 文元兑换 1 美元的固定比价与美元挂钩。1973 年 6 月 21 日，文元与美元脱钩，实行浮动汇率。

1973 年马来西亚废除与文莱签订的《相互通货等值交换协定》。从此，文元只与新元保持等值关系。迄今，文莱的银行票据交换主要在新加坡进行，文莱的巨额美元外汇也存放在新加坡的银行。

文莱第一次发行的纸币面额有 100 文元、50 文元、10 文元、5 文元和 1 文元。第二次新版钞发行是在 1972 ~ 1988 年。1979 年增加发行面额为 1000 文元和 500 文元的纸币。目前流通的钞票面额有 1000 文元、500 文元、100 文元、50 文元、10 文元、5 文元、1 文元面额的纸币和 50 分、20 分、10 分、5 分、1 分面额的硬币。

目前，文莱已经加入国际货币基金组织、世行、亚行、伊斯兰发展银行组织等国际金融机构。2009 年 12 月，文莱政府新修订的《2000 年反洗钱法》正式生效，赋予政府更大权力，防止国际毒贩利用文莱金融机构进行洗钱。

（一）金融监管机构

文莱曾长期没有中央银行，金融职能由财政部及其下属的货币与金融委员会及金融机构部行使。为促进金融业的健康、可持续发展，2011 年元旦，文莱正式设立了金融管理局，负责执行国家货币政策，监督金融体制运作。比拉王储出任金融管理局主席。

成立于 2000 年 7 月的国际金融中心在文莱的国际金融业务监管中也

扮演着重要角色。1997年亚洲金融危机的爆发促使文莱加快了建立本国金融中心的步伐。该机构提供的服务包括：注册和组建离岸公司；注册和组建国际合伙公司；信托行政管理；申请国际银行业执照；申请国际保险业执照；申请国际伊斯兰银行业执照；注册代理和委托许可。文莱国际金融中心的主要目标包括六个方面。

（1）提供金融增值服务，推动文莱及亚太地区经济多样化；

（2）为地区和国际的法人及个人提供安全、低耗和调控灵敏的国际金融服务；

（3）为文莱提供就业计划及培养高素质金融专业人才；

（4）吸引国际专业人才，帮助提高文莱国际金融中心的运作水平；

（5）带动文莱相关产业，如中介、法律、咨询、运输等服务业及旅游业等产业的发展，从而带动文莱经济的整体增长；

（6）推动文莱以平等身份参与全球经济活动，扩大文莱与其他国家经济的交流与融合。

在文莱国际金融中心注册的离岸公司包括银行、基金管理公司、信托基金和信托公司。

（二）主要金融机构

文莱的首家银行——海岛银行诞生于20世纪80年代，此前文莱的票据交换业务基本上在新加坡进行。文莱本国的金融机构有文莱达鲁萨兰伊斯兰银行、佰都利银行和文莱伊斯兰信托基金；外资银行有花旗银行、渣打银行、汇丰银行、新加坡大华银行、马来西亚银行。

文莱政府近年来一直努力加强伊斯兰银行和保险机构的发展，希望它们能提供更有效率和竞争力的服务。为此，文莱采取了两次大规模的机构合并。

2006年，政府将文莱伊斯兰银行（IBB，由海岛银行发展演变而来）和文莱伊斯兰发展银行（IDBB）合并为文莱达鲁萨兰伊斯兰银行。文莱达鲁萨兰伊斯兰银行在文莱有14个分支机构，拥有国内50%以上的资产和融资业务，储户存款占全国金融市场客户存款的25%。2011年，文莱达鲁萨兰伊斯兰银行税后实现盈利8680万文元。它的总资产已经超过61

亿文元。2012 年 6 月，文莱达鲁萨兰伊斯兰银行成功发行了第 75 次短期伊斯兰债券，金额为 1 亿文元。2012 年，文莱达鲁萨兰伊斯兰银行在新评选出的全球伊斯兰教机构 500 强中排第 69 位。

为加强伊斯兰保险业务，进一步扩大服务领域，完善伊斯兰金融体系，2010 年 11 月，文莱政府又将经营伊斯兰保险业的两家企业（Takaful IBB 和 Takaful BIBD）正式合并为文莱伊斯兰保险公司。

据亚行统计，文莱近年的外汇储备增长迅速。2004 年为 4.89 亿美元；2006 年增加到 6.67 亿美元；2008 年为 7.51 亿美元；2009 年猛增至 13.5 亿美元。2010 年，文莱的外汇储备已达 15.63 亿美元。2014 年，文莱的外汇储备达 300 亿美元。

2010 年 3 月，中国银联与佰都利银行合作，开通了银联卡在文莱的刷卡支付业务。2011 年 4 月，佰都利银行开始发行银联卡。汇丰银行（文莱）从 2011 年 1 月开始办理人民币存款业务，是文莱首家开展该业务的银行。

文莱政府很少干预银行事务，通常只按照英镑区规定管理银行。其外汇管制和银行法规根据 1956 年银行法实行。文莱未实行外汇管制。1973 年 6 月 21 日，文元与美元脱钩，实行浮动汇率。2012 年，文元与美元的比率为 1 美元兑换 1.4 文元。

第八节 对外经济关系

一 进出口贸易

对外贸易是文莱财政和外汇收入的主要来源。政府制定了全面的进出口贸易政策，涉及禁止进口物品、进口许可制度、贸易技术要求、出口限制和贸易补贴等内容。在此贸易政策的指导下，文莱的对外贸易发展平稳。常年贸易顺差为文莱政府提供优厚的社会福利奠定了经济基础。

（一）贸易政策

稳定的政局为文莱开展对外贸易提供了良好的环境。从总体上讲，文莱实行的是自由贸易政策。文莱贸易政策的制定和实施主要由文莱工业与初级资源部负责，财政部和其他有关部门参与协调。

1. 禁止进口物品

文莱禁止进口鸦片、海洛因、吗啡、淫秽品、印有钞票式样的印刷品、烟花爆竹等。此外，政府还会对某些商品实行临时禁止进口，如水泥等。

2. 进口许可制度

出于环境、健康、安全和宗教等方面的原因，文莱海关对少数进口商品实行进口许可制度，不同种类商品的进口许可证由相关部门签发。植物、农作物和牲畜须由农业局签发进口许可证（植物不能带土）；军火由皇家警察局发证；印刷品由皇家警察局、宗教部和内务部发证；木材由森林局发证；大米、糖、食盐由信息技术和国家仓库局发证；二手车由海关发证；电话装置、无线电通信设备由通信局发证；药品和毒药由卫生部发证；鲜、冷冻的鸡肉、牛肉由宗教部、卫生部和农业局发证。除了以上商品进口时需要由有关部门发放进口许可证之外，机动车、农产品、药品和与药品相关的产品进口还须提供相关的原产地证书和检查证明。

没有商业价值的样品可免税进口，但有商业价值的样品进口，需要交抵押金。如果样品在3个月内出境，可退还抵押金。

3. 贸易技术要求

《文莱公共卫生（食品）条例》规定所有的食品，无论是进口食品还是本地生产的食品都应安全可靠，具有良好的品质，符合伊斯兰教清真食品的要求。由于文莱属于伊斯兰国家，因此对肉类的进口实行严格的穆斯林检验。另外对酒类的进口也严加控制，对于某些动物产品，如牛肉、家禽须提交卫生检疫证书。进口的可食用油不能有异味、不含任何矿物油，动物脂肪须来自在屠宰时健康的牲畜并适合人类食用，动物脂肪和食用油须是单一形式而不能将两种或多种脂肪和食用油混合。食用脂肪和食用油的包装标签上不得有“多不饱和的”字眼或其他相似的字。非食用的动物脂肪须出具消毒证明。进口活动物和动物制品须有兽医证明。大豆奶应是从优质大豆中提取的液体食品，可包括糖、无害的植物物质，除了允许的稳定剂、氧化剂和化学防腐剂，不含其他物质。此外，其蛋白质含量应不少于2%。

该食品卫生条例分5个部分，对食品添加剂、包装以及肉类产品、鱼类产品、动物脂肪和油、奶产品、冰激凌、糖、酱油和调味品、干果、水果、茶、咖啡、果酱、不含酒精饮料、盐、香料、粮食等，都有相应的技术标准。该技术标准对食品的生产日期、有效期、食品容器以及农药最大残留量、稳定剂、氧化剂、防腐剂等都有明确的规定。

食品卫生检查包括物理的和微生物、化学、血清、放射性检查等。

4. 服务贸易中的政府工程项目

文莱政府工程项目的招标通告刊登在马来文的政府周报《文莱灯塔报》（*Pelita Brunei*）上。文莱对政府工程项目规定如下：金额在50万文元以下的项目，一般而言仅文莱本国公司有投标资格。对50亿文元以上的项目，外国公司与当地公司合资注册的公司可投标。外国公司不可以单独投标。

5. 出口限制

文莱政府除了对石油、天然气出口实施控制以外，对动物、植物、木材、大米、糖、食盐、文物、军火等少数物品实行出口许可证管理制度，对其他商品出口的管制很少。

6. 贸易补贴

由于国内粮食和果蔬产量远不能满足需求，文莱政府对水稻等农作物的本国生产者在土地、化肥、信贷和农业基础设施方面给予一定的支持和补贴。

（二）贸易现状

自文莱发现油气后，对外贸易在国家经济中一直占有重要地位。20世纪70年代后期至20世纪80年代前期，文莱对世界各国的出口额逐渐增加，出口额占国内生产总值之比，从1.5%增至17.9%，同期，进口额占国内生产总值之比，则从95%降至85.8%。巨大的贸易顺差是文莱政府为国民提供高福利的物质基础。在2008年全球经济危机爆发前，文莱的进出口额保持双向增长。受经济危机影响，2009年的进出口额和贸易顺差都出现大幅下降。2010年，文莱的进出口贸易开始复苏；到2011年，进出口贸易已经超过经济危机前的水平。

2012年第一季度，文莱进出口总额达56.521亿文元（约合44.86亿美元），环比增长5.4%。其中出口和进口分别为45.786亿和10.735亿文元。出口方面，液化天然气和甲醇分别增长5.9%和85.4%，非油气产品增长26.7%，但原油出口减少1.3%。

2008~2013年文莱进出口统计见表4-16。

表4-16 2008~2013年文莱进出口统计

单位：百万文元

类别＼年份	2008	2009	2010	2011	2012	2013
出口额	14941.94	10434.87	12117.62	15678.47	16220.74	14308.95
进口额	3647.32	3491.86	3457.28	4528.42	4455.17	4520.60
贸易总额	18589.26	13926.73	15574.90	20206.89	20675.91	18829.55
贸易顺差	11294.62	6943.01	8660.34	11150.05	11765.57	9788.35

资料来源：文莱首相府经济计划和发展局。

文莱主要出口的商品有原油、液化天然气和石油产品；主要出口对象国有日本、韩国、印度尼西亚、澳大利亚、中国、印度、新加坡、新西兰、泰国和美国等。

2010~2013年文莱的出口情况见表4-17。

表4-17 2010~2013年文莱的出口情况

单位：百万文元

国别和地区＼年份	2010	2011	2012	2013
日本	5254.07	6796.89	7156.47	5691.21
东盟	1093.18	1833.04	2073.27	2980.98
韩国	2008.97	2502.39	2550.51	2331.54
美国	3.25	10.99	110.51	2.43
英国	0.15	0.08	0.27	—
澳大利亚	1246.87	1551.05	1205.39	1042.19
中国	750.96	633.96	432.78	195.57
其他	1178.51	1873.09	2309.30	1671.67

资料来源：文莱首相府经济计划和发展局。

文莱的主要进口商品有食品、药品、机器和运输设备等。新加坡、马来西亚、中国、韩国、日本、德国、美国、英国、泰国和印度尼西亚等国是文莱的主要进口物资来源国。2010～2013 年文莱的进口情况见表 4－18。

表 4－18 2010～2013 年文莱的进口情况

单位：百万文元

国别和地区＼年份	2010	2011	2012	2013
东 盟	1768.76	2025.98	2328.21	2301.52
欧 盟	201.84	257.19	316.27	329.26
英 国	149.03	95.52	108.85	91.42
美 国	335.80	445.50	348.16	539.92
日 本	343.88	262.01	334.77	261.52
其 他	657.97	1442.21	1018.90	996.96

资料来源：文莱首相府经济计划和发展局。

2012 年第一季度日本继续保持文莱第一大出口市场地位，所占比重为 39.7%，其次为东盟（19.3%）、韩国（18%）、印度（8.3%）、澳大利亚（7.5%）和新西兰（6.4%）。进口方面，东盟为文莱最大的进口商品来源地，占 54.5% 的比重（其中新加坡占 29.5%），欧盟占 9.8%，中国和美国各占 8.7%，日本为 7.6%。从进口商品来看，机械设备和交通工具占 26.8%，工业产品占 23.5%。

二 外国资本

独立后，文莱采取积极措施吸引和利用外资。政府努力创造宽松的投资环境，为外资企业提供优惠的税收条件和快捷的投资申请服务。进入文莱的外资呈逐年增长之势，但在各个领域分布不均，大部分流向了油气开采领域。同时，文莱也对外进行投资，主要是购买发达国家的债券，近年来也涉足少量基础设施建设项目。

（一）外国对文莱的投资

1. 投资政策

文莱的投资环境竞争优势较为明显：政治稳定，国家富裕；市场化程度高，税率低；地理位置优越，辐射面较广；投资风险低。文莱政府也欢迎外资在共同分享利益的前提下，参与文莱的经济活动。政府为改善投资环境、提高办事效率做出了许多努力。

为鼓励外商到文莱投资，政府1975年颁布了投资促进法，并在此基础上于2001年颁布了新的投资法令。该法令规定，企业根据投资项目可能带来的实际利益，可享受适当的税收优惠。文莱工业与初级资源部依据该法令，划定了“先锋产业”和“先锋产品”。

“先锋产业”需同时满足三个条件：符合公众利益；该产业在文莱未达到饱和程度；具有良好的发展前景，且产品在该行业具有领先性。具体包括：实验、顾问和研发的工程技术服务；计算机信息服务和其他相关服务；工业设计的开发和生产；休闲和娱乐服务；出版和教育产业；医疗服务；有关农业技术的服务；有关提供仓储设备的服务；组织展览和会议的服务；金融服务；商业顾问、管理和职业服务；风险资本基金业务；物流运作和管理；运作管理私人博物馆；部长指定的其他服务和业务等。

文莱政府已公布的“先锋产品”包括：航空食品，混凝土，药品，铝材板，轧钢设备，化工产品，船舶，纸巾，纺织品，听装、瓶装和其他包装的食品，家具，玻璃，陶瓷，胶合板，塑料及合成材料，肥料和杀虫剂，玩具，工业用气体，金属板材，工业电气设备，供水设备，屠宰加工的清真食品等。

投资“先锋产业”项目的公司，按照投资金额，从生产之日起，可享受不同程度的税收优惠：金额在50万~250万文元的，可5年内免税；投资总额在250万文元以上的企业，8年内免税。企业可申请免税期延长，每次3年，总共不超过11年。在政府建设的高科技园内进行投资的企业可享受11年的免税期，企业同样可以申请每次5年的免税期延长，总共不超过20年。同时，投资“先锋产业”的公司，建厂所需的材料、机械及文莱本地没有的生产原料，在进口时都可以免交关税。文莱政府还会为这些外商投资企业优先在工业区安排场地。

为吸引更多外资，文莱政府近年来连续下调公司税。从 2008 年起，公司税由 30% 减至 27.5%；2009 年再减为 25.5%；2010 年公司税已降至 23.5%。自 2011 年起，公司税又从 23.5% 下调至 22%。同时，政府还调整税制，为新成立企业和年利润低于 25 万文元的小企业提供更多税收优惠。

外国在文莱的投资事务由文莱工业与初级资源部管理。为加快外来投资者申报投资项目的审批手续，文莱工业与初级资源部内设立了“一条龙服务办公室”。

2. 利用外资情况

尽管文莱政府鼓励外来投资，但长期以来，国家收入过分依赖石油、天然气的开采；人口少而人均国内生产总值高，人民生活安逸；本地发展马来化倾向的限制，以及劳动力匮乏等因素，阻碍和影响了外资的进入。外来投资主要集中在石油、天然气领域。只有少数新加坡、马来西亚、中国台湾的厂家利用文莱对欧美纺织品出口无配额限制的优势，在文莱开设成衣厂，加工服装出口。

2007 年，文莱吸引的外资共有 3.92 亿文元。受全球经济不景气影响，2008 年，进入文莱的外资下降到 3.353 亿文元，与 2007 年相比减少了 14.5%。欧盟对文莱的投资为 3.24 亿文元，占 96.6%。其中，英国的投资为 2.21 亿文元，占 65.9%；挪威的投资为 1.03 亿文元，占 30.7%。东盟国家为 1290 万文元，占 0.4%。据统计，2011 年，文莱共吸引外资 15.1998 亿文元。其中，第一季度 3.8993 亿文元，第二季度 2.7348 亿文元，第三季度 4.8364 亿文元，第四季度 3.7293 亿文元。

从外资来源看，英国、挪威、德国、日本、新加坡、中国、美国是文莱的主要外资来源国。其中，英国和挪威占很大比例。从外资流入领域看，油气产业吸收了绝大部分外资，其次是加工业和零售业。

（二）文莱对外投资

在吸引外资的同时，文莱也积极对外投资。其主要对外投资机构有两个。一个是成立于 1982 年的 QAFK 控股公司。该公司由穆罕默德亲王管理。另一个是1983成立的文莱投资署。

文莱在对外投资时比较谨慎，主要购买西方发达国家的政府债券，同时也对现金、黄金、股票和房地产进行有限投资。2011年6月，文莱首相府副部长在第七届亚洲资产管理圆桌会议上表示，将把人民币列为投资对象，以减少文莱资产受美元汇率波动的影响。

近年来，文莱也开始投资区域内其他国家的基础设施建设项目。截至2010年3月，文莱对中国的直接投资项目达1540个，合同外资额为52.32亿美元。2011年，文莱在越南的94个投资国中排第12位，投资领域涉及酒店、度假村、工厂等。

三　区域经济合作

文莱积极与区域内国家开展多边合作，发展外向型经济，目前已参加的区域合作主要有东盟东部增长区和中国－东盟自贸区。

（一）东盟东部增长区

东盟东部增长区是东盟内部三个次区域合作之一，1994年3月在菲律宾达沃市正式形成。东部增长区覆盖了文莱全国，马来西亚沙捞越州、沙巴州和纳闽岛，印度尼西亚东部的加里曼丹岛、苏拉威西、伊利安查亚和马鲁古群岛，以及菲律宾的棉兰老岛和巴拉望岛，总面积为156万平方公里。除文莱外，其他均为偏远和不发达地区，拥有丰富的自然资源和人力资源。

东盟东部增长区设立了高官会和部长级会议，并在文莱设有常设秘书处。其远期目标是将次区域资源消耗型经济模式改为非资源消耗的、高水平生产型的经济模式，最终达到缩小成员国乃至东盟老六国之间发展差距的目的。直接目标是刺激本区域的贸易、投资和旅游业增长，包括促进人员、货物和服务的流动；共同享有基础设施和自然资源；实现经济互补。通过经济互补以及资源和市场共享，促进欠发达和地缘相近地区的发展。2005年12月，东部增长区批准实施10年经济发展路线图，确定了四大合作领域：交通、基础设施建设和信息产业、农业产业和自然资源、旅游和中小城市企业发展。2012年6月，在文莱召开了第九届东盟东部增长区运输、基础设施和信息技术发展大会。与会代表一致同意采取措施推动贸易、投资、旅游、农业、渔业、能源、交通、通信以及其他工业基础设施建设的发展，促进区域一体化。2012 年 9 月，印度尼西亚、马来西亚、菲律宾和文莱的交通部长在文莱就加强东盟东部增长区互联互通基础设施建设进行讨论。他们在会后发表联合声明，表示未来将加大对该次区域交通基础设施建设的投入，并建立项目实施监管机制，加强次区域内物流及客运能力建设。根据东盟东部增长区实施蓝图，该次区域的发展目标是成为东盟的旅游中心、粮食基地和外商投资优选目的地。

自东盟东部增长区成立以来，文莱为促进次区域内贸易和投资便利化，推动次区域经济增长做了很多努力。1995 年 11 月，文莱主办了首届东部增长区博览会。文莱政府为东部增长区常设秘书处免费提供办公大楼，并承担了其一半的活动经费。2006 年，文莱与马来西亚、印度尼西亚和菲律宾签署了民航领域全面开放的备忘录。目前，东盟东部增长区内开通了空中和航海线路，跨境游客逐渐增多，内部商贸和社会联系也得到扩大。但除旅游外，其他领域的合作还有待加深，要实现成立之初设立的预定目标还需要长期努力。

东盟东部增长区得到了亚行的支持，并与中国、澳大利亚、新西兰、印度、日本及韩国等发展了伙伴关系。

（二）中国－东盟自由贸易区

中国－东盟自由贸易区（CAFTA）由中国和包括文莱在内的东盟 10 国共同组成。这是一个拥有 19 亿人口、国内生产总值近 6 万亿美元、贸易总额达 4.5 亿美元的自由贸易区，也是东亚最大的自由贸易区。

中国－东盟自由贸易区包括货物贸易、服务贸易、投资和经济合作等内容。2002 年 11 月，在第六次中国－东盟领导人会议上，中国与东盟国家签署了《中国与东盟全面经济合作框架协议》，决定到 2010 年建成中国－东盟自由贸易区。2004 年 11 月，双方签署了《货物贸易协议》，规定自 2005 年 7 月起，除 2004 年已实施降税的早期收获产品和少量敏感产品外，双方将对其他约 7000 个税目的产品实施降税。2007 年 1 月，双方签署了《服务贸易协议》，承诺在 60 多个服务部门相互提供高于世界贸易组织水平的市场开放。2009 年 8 月，双方签署了投资协议，相互开放投资市场。2010 年 1 月 1 日，中国 - 东盟自由贸易区正式建成。

中国 - 东盟自由贸易区建成以来，文莱和中国的经济合作更加紧密。2011 年，文莱和中国之间的经贸合作进一步得到拓展，双边贸易额突破 10 亿美元大关，达到了 13.1 亿美元，同比增长 27.1%。2012 年第一季度，中国继续保持文莱第三大进口商品来源地的地位，仅次于东盟和欧盟。旅游方面，2011 年中国前往文莱的游客约 3 万人次，同比增长了 26%。中国成为文莱第一大游客入境市场和仅次于马来西亚的第二大人员入境市场。

第五章

军　　事

第一节　概述

一　建军简史与战略目标

文莱武装部队建立于 1961 年 5 月 31 日，当时称“文莱马来兵团”，1965 年 5 月 31 日改名为“文莱皇家马来军团”。建军初期仅有一个营的兵力，纯属皇家仪仗队性质。当时，文莱一直在英国的“保护”下，其防务由英国负责。1971 年文莱实行自治后，以陆军为基础，逐步建立了一支以维护国内治安为主，包括海军、空军的武装部队。1984 年文莱完全独立后，“文莱皇家马来军团”又改称“文莱皇家武装部队”（Royal Brunei Armed Forces，RBAF），附属于国防部，是文莱主要国防力量并不断发展壮大，担负起国防任务。文莱苏丹希望把武装部队建设成为一支职业化的军队，他为军队训练定下的座右铭是：“与其战时多流血，不如平时多流汗。”1991 年 9 月，苏丹宣布改组 RBAF，武装部队由陆军、海军、空军、后勤部队和军事训练中心五部分组成，它们有自己的司令部，但直接对武装部队总部负责。

文莱皇家武装部队的战略目标是：有效地执行对外政策，采取有力的外交措施来促进和保护国家利益，拥有并积极发展一支可靠的防务力量，维护国家的和平、稳定与安全。这支防务力量的任务包括四个方面：第一，对外国势力直接或间接干涉文莱内政的企图起威慑作用；第二，防止国内现存的或潜在的任何敌对分子对国家进行颠覆；第三，采取行动抵御外来侵略、恐怖主义或暴动；第四，根据请求，协助警察和民事部门维护公共秩序。此外，文莱皇家武装部队还在国家建设中发挥辅助作用，如成立军人合作社、对某些部门实行私有化等，面向社会，提供更多的就业机会，以减轻政府和部队的负担。

文莱国土小、人口少、兵力弱，在防务问题上离不开与本地区国家和西方大国的合作。文莱认为，美国在亚洲驻军有助于保持该地区军事力量的平衡，维护本地区的和平与安全。近年来，亚太地区形势复杂多变，南海主权争议时起时伏。文莱油气田大部分在南海海域，文莱视南海为其战略前沿地带，把应对南海潜在冲突、保卫文莱海上油气田作为武装部队的首要任务。

为尽快提高军队人员素质，加快军官的专业化和年轻化进程，文莱近年来更注重提高军官的基础知识和专业技术水平，不断选派各类、不同层次的军官出国深造或学习进修。目前，文莱的高级军官大多在英国受训，中级军官一般在澳大利亚、新加坡、马来西亚受训；雷达、通信等技术军官则主要在美国受训。

文莱实行志愿兵役制，当兵打仗对当地一些年轻人来说是件不大情愿的事，因而造成军队兵源不足，限制了军队的发展。所以，文莱把武装力量增强的重点放在更新和改良武器装备、实现现代化和提高效率上，以弥补兵员的不足。2011 年文莱军事人口情况见表 5－1。

表 5－1　2011 年文莱军事人口资料

最低服役年龄	18 周岁
全国人口	40.6 万人(2011 年)
可获得军事人力资源 (16～49 岁)	男性:112688 人 女性:117536 人
兵役适龄人口 (16～49 岁)	男性:95141 人 女性:99386 人
年度达到服役年龄人口	男性:3572 人 女性:3465 人

资料来源：https：//www. cia. gov/library/publications/the—world—factbook/geos/bx. html。

与此同时，文莱还对军队的人事进行了较大幅度的调整。一批年龄较大、缺乏专业知识的老龄军官陆续退役，一批接受过军事院校正规教育、具有实践经验的年轻军官出任要职。

二　国防体制

1984 年 1 月 1 日文莱宣布完全独立，开启了文莱达鲁萨兰国作为一个新独立和主权国家的新时代。同时，文莱宣布政府进行改组，建立包括国防部在内的 10 个政府部门。国防部的建立标志着文莱开始独立处理防务事务，而在此之前则是由英国政府负责的。现任苏丹哈桑纳尔·博尔基亚的父亲奥玛尔·阿里·赛里夫汀被任命为第一任国防部长。1986 年 9 月 7 日赛里夫汀去世后，苏丹哈桑纳尔·博尔基亚接任国防部长兼武装部队最高统帅，对军队拥有指挥权。

文莱国家防务政策的重点是维护和平、主权和国家安全，并对其他政府部门在行使其职责方面提供支持与合作。

国防部分为文职部门和军事部门两部分，除苏丹本人兼任国防部长外，设一名副部长、皇家武装部队司令和两名常务秘书。现任副部长是穆斯塔帕（Dato Paduka Haji Mustappa）。皇家武装部队司令是塔威少将（Major General Dato Paduka Seri Mohd Tawih）。

（一）文莱国防部的军事部门

国防部的军事部门共分为 6 个局，各个局的职能如下。

国防部长办公室与战略策划局（Defence's Minister Office & Directorate of Strategic Planning）　其职责主要有：在秘书处的权限范围内，为国防部长提供行政服务；为国防部长提供及时的国防和有关国防的分析报告；为国防部长提供客观的、有可操作性的、与国防政策有关的建议；负责处理国防部长与公众往来的信件。

作战局（Directorate of Operations）　其职责是协助皇家武装部队司令执行适合文莱国防的防卫和作战计划；负责执行提升军队战斗力的计划，管理部队的休整和管理特遣部队；协调军队帮助其他政府机构应对各种非传统威胁。

情报局（Directorate of Intelligence） 负责向国防部和文莱皇家武装部队提供及时、准确、客观而有价值的情报；保障内部安全审查；作为军队的外事部门，负责外国的国防部门与军事组织和文莱国防部、文莱皇家武装部队的联络；在情报与安全活动中，负责对国防部、文莱皇家武装部队人员提供培训和指导。

作战能力管理局（Directorate of Force Capability Development） 负责通过科技研发提升部队的作战能力。

人事局（Directorate of Personnel） 负责军事人员管理、礼仪和重大活动、招聘人员、纪律、待遇、福利、医疗、任职和任命等事务。

后勤保障局（Directorate of Logistics） 成立于1986年，负责文莱皇家武装部队的后勤供应、装备支援、协调部队的换防和住房问题。

（二）文莱国防部的文职部门

文莱国防部的文职部门下设5个局，各个局的职能分别如下。

发展与工程服务局（Directorate of Development & Works Services） 发展与工程服务局由三个部门组成：管理与财政部、项目发展部、维护与工程服务部。其职责主要为：负责制定并管理国防部的工程建设，包括工程设计、工程造价预算；负责管理和维护国防部所属的所有建筑，包括国防部对外出租的民用建筑物；负责保存国防部工程建设的所有档案；对国防部所有建设工程进行监理；为国防部所有工程建设项目提供专项资金或提出资金申请。

财政与军需局（Directorate of Finance and Acquisition） 其职责是负责申请、管理专项资金。监督专项资金的使用；负责满足国防部、文莱皇家武装部队和廓尔喀步兵营所需要的物质、文化条件；支付所有的军需费用；负责和协调国防部、文莱皇家武装部队和廓尔喀步兵营的军需采购。

行政和人力资源局（Directorate of Administration and Manpower） 其职责是为平时的一般人员编制配置提供帮助和支持；评价和研究财政年度内国防部内所有机构及其人员的配置及工作情况；负责财政年度内衔级调配并监督本局内的财政收支情况；管理训练委员会、人事委员会和后续工作委员会；监督国防部的日常纪律性事务和宗教事务；负责退伍军人的安置工作。

国防政策局（Directorate of Defence Policy） 其使命是“为国防政策提供建议、信息和支持”，其作用是“加强与友好国家双边、地区、多边的防务合作”。国防政策局由三个部门组成：行政处、科研处和法律处。

公众关系局（Public Relations Unit） 其职责是：发布信息；使公众理解国防政策，提高公众的国防意识；和利益相关者沟通，使其了解国防部；推进国防部与其他部委之间合作的便利化。

三　国防预算

由于文莱国小人寡而又拥有巨额财富，因此文莱政府十分重视发展自己的军事力量，以防范外敌。在独立后的最初年代，政府每年都把国家财政预算的大约 1/6 用于国防建设，购置现代化军事装备。但自 20 世纪 90 年代以来，国防预算在国家财政预算中所占比重开始减少。在 1991～1995 年的“六五”计划中，防务和国内安全预算为 3.86 亿文元，约占国家财政总预算的 7.7%。在 1996～2000 年的“七五”计划中，国防预算为 5.28 亿文元，约占国家财政总预算的 7.3%。而在 2001～2005 年的“八五”计划中，国防预算仅为 1.79 亿文元，约占国家财政总预算的 2.46%，较前两个五年计划大幅度减少。2012 年国防预算为 3.27 亿美元，约占国内生产总值的 3.1%。值得一提的是，文莱国防预算总量虽远不及周边大国，但其人均国防经费在亚洲仅次于新加坡而列第二位。

第二节　军种与兵种

文莱皇家武装部队由现役部队和预备役组织构成，现役部队包括文莱皇家陆军、文莱皇家海军、文莱皇家空军，总兵力大约 7000 人。预备役组织主要包括后勤服务部队和培训学院。

一 文莱皇家陆军

文莱皇家陆军是文莱建立最早的军种，其战斗力最强、人数最多，是文莱皇家武装部队的中坚力量，也是文莱国防的主要力量，约有4900人。文莱皇家陆军司令是优素福陆军准将。

文莱皇家陆军是一个旅级规模的部队，总部下设三个作战营和一个支援营。3个作战营为步兵营，编制序列分别为第一营、第二营和第三营。第一营于1962年在马来西亚的波德申成立。驻防地在Berakas，下设有Marka连和5个（A、B、C、D、E）步枪连。第二营成立于1975年1月，驻防地在1976年5月迁移至都东。第三营成立于1994年5月，驻防地在2007年6月迁移至白拉奕区。支援营最早由五个中队组成，目前的支援营改组于1990年1月，由装甲侦察连队、战斗工兵连队、总部支援连队组成，驻防地在白拉奕区。

文莱皇家陆军的角色是维护国家安全和捍卫国家主权，其主要职责是：反对任何来自国内外的威胁，维持国家的和平与安全；实施反叛乱、反恐、反暴动行动；随时待命帮助文莱皇家警察部队维护国内安全；负责陆地和河上巡逻；开展搜救行动；参加各种仪式性行动；实施各种“心灵”工程和开展慈善事业。

文莱皇家陆军的装备大部分依靠从国外进口，最大的供货商是英国。长期以来，文莱皇家陆军以轻型装备为主，如“蝎子”式轻型坦克、轻型装甲运兵车、反坦克武器、81毫米口径迫击炮、“轻剑”式地对空导弹等。

二 文莱皇家海军

文莱皇家海军成立于1965年6月14日，原属于文莱皇家马来军团，最早被称为船队，由一定数量的铝制船组成。随着经济的发展，船队得到了很大的支持。1966年，船队成为一个连队编制。1974年，文莱皇家海军转移到新的驻扎基地——穆阿拉。1991年10月1日，文莱皇家海军正式成为独立的武装部队。现任海军司令是塔米特准将。

文莱皇家海军是文莱皇家武装部队成立的第二个军种，由四个部分组成：作战舰队、行政单位、训练中心、后勤支援部队。

文莱皇家海军的主要使命是捍卫文莱的领土完整和海域主权，遏制文莱水域的海上打击部队；作为开展海上攻击的威慑力量，保护国家的近海资源，维护南海的通信线路，监测200海里专属经济区，进行海上搜寻与救援行动，对文莱皇家陆军提供任务支援，为其他安全机构和文莱国防部提供任务支援。

文莱皇家海军人数较少，大约1000人。文莱皇家海军是一支规模小而装备精良的部队。为了早日实现武装部队现代化，适应维护国家安全的需要，文莱皇家海军制定了以购置新舰船、改良旧装备和扩大基地为内容的现代化发展计划。文莱拥有F2000级护卫舰、“井畅”级导弹巡逻舰、“军官”级近海巡逻艇、两栖突击载具、登陆艇、内河用小型武装船只（特种作战中队所使用）、动力船和水警巡逻艇等各种舰艇。

三　文莱皇家空军

文莱皇家空军最早组建于1965年。1967年，该军事单位被称为直升机连。1980年，文莱创建了飞行员培训学校。1981年、1982年，文莱空中军事力量第二中队、第三中队分别成立。1991年，征得苏丹的同意，文莱空中军事力量被正式命名为文莱皇家空军。

文莱皇家空军分为5个部分：作战部队、防空团、后勤部队、训练部和行政部。作战部队由第1飞行中队、第2飞行中队、第4飞行中队、第5飞行中队、战术空降部署部队、消防部队组成；防空团由第33中队、第38中队、基地防卫中队、技术培训学校组成；后勤部队由工程中队、勤务支援中队、技术设备维修部组成；训练部由飞行训练学校、空军技术培训学校、标准及评价中队组成；行政部由体能训练科、收费处、宪兵团、军事运输和文职办事处组成。

文莱皇家空军的职责是保卫国家领空，从空中监控陆地和海上边界。

文莱空军大约1100人，装备基本来源于国外。其中作战部队第1飞行中队配备有贝尔 212 型和贝尔 214ST 型直升机，第 2 飞行中队配备有 MBB Bo 105 型直升机，第 4 飞行中队配备有 S－70 型直升机，第 5 飞行中队配备有CN－235 型运输机；防空团第 33 中队配备有剑杆便携式防空导弹，第 38 中队配备有便携式防空导弹；训练部配备有 PC－7 型和贝尔 206 型教练机。

四　后勤服务部队

文莱后勤服务部队是文莱军事力量最早建立的部分，早在文莱皇家武装部队成立前 40 年，后勤服务部队的各个下属单位就已经陆续成立。

在 1991 年之前，文莱后勤服务部队是被合并或分散到文莱皇家武装部队的各个服务部门中的。1991 年 10 月 1 日，随着文莱皇家武装部队的改组，文莱后勤服务部队也正式成为一个独立的部分。1992 年 1 月 28 日，文莱后勤服务部队正式运行。

目前，文莱后勤服务部队是文莱皇家武装部队最大的组成部分之一，担负着为文莱皇家武装部队的其他组成部分提供管理、安全、健康、后勤、通信、运输、技术支持等服务的责任，下辖 15 个分支机构（见表 5－2）。

表 5－2　文莱后勤服务部队机构概况

机构名称	主要职责
后勤总部和警卫部队副官局	协调人事工作和福利待遇，为皇家武装部队其他机构的军事训练、宗教仪式和体育活动提供协调支持
仓储管理部门	为皇家武装部队提供各种装备
陆地工程指挥部	为陆地工程提供技术建议
澎南军工厂	负责提供修理服务，修理陆地装备和向前线派遣修理队
信号中队	提供通信便利
运输系统	提供运输服务
乐队	为皇家武装部队和各种国家庆典活动提供音乐服务
女兵俱乐部	对女兵的训练进行管理
博物馆	负责保存和展出文莱皇家武装部队的历史史料

续表

机构名称	主要职责
医疗服务	为军人、军属和需要紧急治疗的公众提供医疗服务，为部队人员紧急救援提供培训，参与联合军演
牙科服务	为军人和军属提供牙科检查、治疗服务
宪兵队	协调地区安全、交通管理，执行军事法，为军演提供支持
陆地装备技术培训学校	为学员提供陆地装备修复的课程和实践活动，优秀的学员可以到苏丹技术学院深造
储备局	负责安置后备军人和退伍军人
消防机构	负责火灾的防备和消防

资料来源：http：//www. mindef. gov. bn/mindefweb/serviceforce/e_ org. html。

五 文莱皇家武装部队培训学院

文莱皇家武装部队培训学院是文莱的军校，负责为部队提供合格的军事人才，成立于 1969 年 4 月 7 日。目前，文莱皇家武装部队培训学院共分为 8 个部分。学院负责对军人提供各种层次的培训课程，除了培训新兵，学院还负责提升老兵的军事技术和文化水平。

第三节 准军事力量——皇家警察部队

文莱的正规警察部队于 1905 年创建，当时被称为“海峡租界警察分遣队”，在 1921 年改为文莱皇家警察部队，并在 1965 年被正式命名。1984 年文莱独立后，皇家警察部队归首相府领导，其主要职责是根据国家宪法所赋予的权力维护法制。在文莱的军事力量中，皇家警察部队的任务为：最大限度地减少违反法律的事件；全力侦察犯罪活动和确定罪犯；时刻准备对公共安全与社会需求做出反应；在发生破坏性事件后立即恢复公共秩序与安全；通过对官员和人员的适当培训提高警察的专业技能；在反对犯罪和反对违反国家法律方面增强群体参与率；树立一个友好、有爱心和易于接近的形象；最大限度地通过教育让公众了解交通规则和条例；坚持和实施东盟警察会议和国际警察大会通过的各项决议；与其他法律机构和政府部门保持良好的联系。

文莱警察部队按照地域分为两个警区：文莱警区和白拉奕警区。警力按照职能分为武装警察、公安行政警察和刑事警察。在机构设置上，全国所属的机构有普通警务处、刑侦处、海上警务处、机场警务处、皇家卫队。刑侦处设有专门负责国内安全的特科，它与国防部情报局协作搜集国内外的情报。

皇家警察部队在芒吉斯设有一个警察训练中心。除了正规警察，文莱还有一个志愿警察兵团，担负油田守卫的工作。现任警察总监是巴赫林。

第四节　对外军事关系

由于自身军力有限，为了缓解国家安全的脆弱性，文莱一直重视与其他国家，尤其是五国联防成员国英国、澳大利亚、新西兰、马来西亚和新加坡保持紧密的军事合作。正如文莱2004年发布的《国防政策白皮书》所说的，“文莱的国防能力通过与欧洲、北美、澳大利亚、新西兰和南亚的技术合作与培训合作得以加强”。

一　与英国的军事关系

文莱独立以前，一直处于英国的殖民统治之下。尽管二战后文莱为了自身的独立多次与英国进行谈判和交涉，逐步取得了不同领域的自治权，但是文莱外交和军事的独立是在1984年完全独立后才得以实现的。因此，独立后的文莱和英国仍然保持着非常紧密的军事联系。1994年12月，文莱同英国签订了《国防合作谅解备忘录》，英国在国防工业和军事人员训练方面给予文莱援助，文莱的大部分武器装备都从英国购买。

除了帮助文莱培训高级军官、提供武器装备，为文莱派驻军事顾问，英国在很长时间里还在文莱驻扎有军事力量——廓尔喀禁卫军和廓尔喀步兵营。

廓尔喀禁卫军由文莱苏丹负责招募，其人员基本是退役的英军廓尔喀人，指挥权也由退役英国军官负责，禁卫军的开支由文莱负责。廓尔喀禁卫军的主要职责是负责文莱首都苏丹王宫和主要政府机构的安保工作。

廓尔喀步兵营驻扎在诗里亚，负责保卫石油城的安全，其薪金和各种支出由文莱负责，处于英国政府指挥之下。早在 1983 年 9 月，文莱就和英国达成协议，约定在文莱独立后，原先驻守在文莱的英国军队继续驻留。1997 年 2 月，英国国防部长波蒂洛访问文莱，同文莱苏丹和外交部长进行会谈，双方就文莱购买英国武器和英国廓尔喀部队留驻文莱达成协议。4 月，两国举行历史上规模最大的联合军事演习，参加的部队约 1 万人。1998 年文莱和英国的协议到期，但文莱政府主动要求与英国签署新的驻军协定，延长了廓尔喀步兵营在文莱诗里亚的驻扎时间。

由于两国特殊的关系，近年来双方军事合作仍然比较密切。在合作机制方面，2002 年文莱和英国依据两国签署的《防务合作联合委员会谅解备忘录》建立了联合防务委员会（Joint Defense Commission）。联合防务委员会是两国防务高官开展深度合作和深度交流的一个军事合作机制。联合防务委员会每年召开一次联合会议，最近的一次联合防务委员会会议于 2012 年 6 月召开。

二　与澳大利亚的军事关系

由于同属英联邦国家，文莱和澳大利亚的军事关系比较密切。在合作机制方面，两国每年都举行双边防务会谈，相互通报各自的长期防务计划。1985 年，两国签署了《军事合作协定》，表示要加强训练、演习方面的合作。1987 年 12 月，澳大利亚国防部长访问文莱，两国表示要进一步加强军事合作，每两年举行一次海上联合军事演习。1999 年 5 月，文莱和澳大利亚签订了《军事合作备忘录》，9 月两国举行了双边军事合作对话。

近年来，文莱与澳大利亚的军事合作更加深入。2005 年 2 月，文莱苏丹访问澳大利亚时，两国签署了《合作打击国际恐怖主义谅解备忘录》，双方将在海关、财政、移民、情报、执法、安全和运输方面加强合作。2012 年 2 月，文莱国防部副部长穆斯塔帕访问澳大利亚，他与澳大利亚国防部长史密斯举行了双边会谈，双方表示将进一步提升两军协同行动能力，加强在军事演习和培训领域的合作，并开展在军事科技领域的合作。澳方表示支持文莱 2013 年举办东盟国防部长扩大会议。

三　与马来西亚的军事关系

政治、经济关系不断推进的同时，文莱和马来西亚在军事领域也保持着良好的合作关系。1987 年 7 月，马来西亚武装部队司令加扎利访问文莱，两国军方领导人表示要加强防务合作。1992 年 2 月，文莱和马来西亚签订了成立两国“防务委员会”的协议，双方军事合作领域包括军事训练、军事演习、人员交流、军事侦察、后勤支援和海事研究。自 1993 年起，文莱和马来西亚每年都举行一次海军联合演习。在 2006 年 8 月举行的双边第 10 届年度磋商中，文莱同意联同马来西亚派遣约 100 人的维和部队，参与联合国组织的临时维和部队，在黎巴嫩进行维和工作。

2010 年 3 月，马来西亚国防部长访问文莱，与文莱国防部副部长就两国之间的防务合作问题进行了商谈。2011 年 11 月，马来西亚和文莱共同召开了“防务委员会”第 14 次联合工作会议。两国会议代表表示将继续加强两国之间的防务合作，双方还就军事演习与培训、后勤合作、情报交流等事宜进行了讨论。

四　与新加坡的军事关系

早在文莱独立前，文莱和新加坡就具有军事合作关系。新加坡的步兵和炮兵在文莱的淡布伦地区进行丛林循环训练。1984 年后，文莱和新加坡的军事合作随着两国政治、经济关系的加强也更加紧密。除了淡布伦设有新加坡的军事训练基地外，新加坡还在穆阿拉地区驻军。新加坡还为文莱训练军事人才，文莱每年大概有300多名官兵在新加坡参加70多个军事项目的训练，相当于文莱派驻海外受训官兵的一半，因此文莱和新加坡在军事方面有着“特殊联系”。此外，文莱和新加坡两国海军自1997年起就把海军联合演习作为常态化的一种机制。

近年来，文莱和新加坡的军事合作更加密切。文莱皇家武装部队培训学院和新加坡武装部队军训学院之间开展密切的合作；双方之间的联合军事演习更加频繁，如开展代号为“共同迈进”、“塘鹅”和“空中守卫”的联合军演等；两国间军事人员培训计划等专业交流更加频繁。正是为两国部队防务合作做出了卓越的贡献，时任文莱皇家武装部队总司令阿米努丁少将于2012年4月13日获得了新加坡总统陈庆炎博士颁发的特殊军事勋章。

五 与美国的军事关系

1994年11月，文莱和美国签署了《防务合作谅解备忘录》，为两国间的军事、防务合作构筑了基本框架。在此框架下，文莱和美国构建了联合防务工作会议机制，定期就两国间的防务合作进行沟通和交流。近年来，文莱和美国之间的军事合作更加密切。文莱为美国提供港口使用的权利，同意美国军舰不定期停泊并为其提供维修补给。此外，两国间的军事演习也比较频繁，美国每年都在文莱举行代号为“翠鸟”的军事演习。2000年1月，美国海军少将罗夫勒访问文莱；8月，两国联合举行海上备战和训练合作军事演习。2001年6月，美国第七舰队司令梅格尔中将访问文莱，并拜会了文莱外交部长博尔基亚亲王等人；7月，美海军和海军陆战队联合小组与文莱皇家武装部队举行了联合军演。2002年5月，美国海军与文莱皇家武装部队举行了代号为“克拉”的联合军事演习。2002年12月，文莱苏丹访问五角大楼，为两国间的防务合作奠定了基础。2004年9月，文莱国防部副部长率团访问美国。2006年5月，美国国防部副政务次长里查劳勒斯访问文莱，与文莱高官就两国关系、本地区及国际安全问题、两国间未来的合作方向及资讯进行了交流。2010年7月，文莱和美国签署了美国为文莱提供更多后勤、补给和军事服务的协议，双方还表示美国对文莱的军事援助将通过联合军事演习、人员培训等方式实施。

此外，日本、德国、印度、韩国等国的军舰都曾对文莱的穆阿拉军港进行过访问。通过交流合作，文莱与上述国家的军事关系不断加强。由于文莱与缔结《五国防卫协定》的成员国——英国、澳大利亚、新西兰、马来西亚、新加坡都保持着紧密的双边军事关系，这五国均表示希望文莱加入该防卫协定，但文莱尚未对此表态。

第六章

社　　会

第一节　高福利政策下的国民生活

在任何国家中民众都是社会的主体，作为一个国家的统治者要想维持其长期的统治，不能不考虑广大民众的生存问题。文莱政府非常重视经济的发展，以满足人们的物质生活需要。1984 年独立后，文莱苏丹就一再提出了亲民的执政理念。2004 年 9 月 25 日，在王室举行的恢复被中断 20 年的立法委员会开幕仪式的致辞中，苏丹就要求立法委员会和国民更亲近，使君主制国家更加强大。由王室主要成员组成的文莱政府在文莱独立后，依靠本国丰富的石油和天然气资源发展经济，取得了辉煌成就。文莱财政部称，文莱既无外债，又无内债，外汇储备一直保持在 200 亿～300 亿美元之间，黄金储备 30 亿美元，20 世纪 80 年代初期人均 GDP 曾达到 2 万美元。进入 21 世纪初以来，人均 GDP 仍达到 1.3 万～1.5 万美元，2012 年文莱人均 GDP 达 5.2 万文元（约合 3.8 万美元），在亚洲是仅次于日本、新加坡的第三个富裕的国家。由于国家财富较多，文莱政府对以马来人为主体的文莱国民实行高福利政策。在政府财政支出中，经济服务及社会服务两项开支占每年度总支出的 27% 以上。

工资、补贴与社会救济　文莱是一个高工资国家。早在 20 世纪 90 年代，非熟练与半熟练工人日均工资为 20 文元（约合 14 美元），熟练工人日均工资为 25～35 文元（约合 17～24 美元）；女佣、包装工人、体力劳工、机关低级职员人均月薪为 300～500 文元（约合 205～342 美元），司机人均月薪为500~650文元（约合342~445美元），文书、领班和其他专业人员人均月薪为1000文元（约合684美元）或更高。这是政府公布的数字，实际上这些人员现在的月薪都超过上述水平。高级技术人才的月薪更高，至于在政府部门工作的国家公务员、各级官员直至部长的月薪，少则几千文元，多则达几万文元。如部长与副部长工资每月为二三万文元，常务秘书、一级官员（相当于部长助理）工资每月为一两万文元。

除固定工资外，还有多项补贴。如政府部门的部长和副部长、常务秘书等高级官员的住房补贴就达一万文元左右，另外还有司机、佣人、交通和差旅等多项津贴。司局级官员最少也有五六千文元月薪及相应的各项补贴。对居民所需的水、电、汽油及米、面、糖等生活必需品，政府给予一定的价格补贴。文莱物价虽高，但相对平稳，2013年的通货膨胀率仅为0.4%。由于文莱不征收个人所得税，通货膨胀率相对较低，房价相对便宜，邻近的马来西亚和新加坡等国华人都愿到文莱经商。

文莱政府重视对各类社会弱势群体提供社会救济。60岁以上的公民，包括犯人家属中的老人在内，每月可领取200文元（约合137美元）的养老金。政府每年支付的养老金总额为3.3亿文元。此外，政府还向贫穷家庭提供现金补助，向遭受天灾人祸或其他不幸者提供救济，并向残疾人和孤儿提供生活费用。

免费教育　文莱政府非常重视教育的投资，政府实行免费教育，并资助学生出国留学费用。所以，文莱人的文化修养水平较高，文莱10岁以上居民的识字率位居世界前列，其中男性为97.7%，女性为95.4%。根据联合国教科文组织公布的数据，文莱教育发展程度在全球127个国家中居第34位。根据世界经济论坛全球竞争力报告，文莱初等教育质量在全球142个国家中居第20位，高等教育和培训质量居第28位，初等教育入学率达100%。但文莱居民接受高等教育的比例仅为17%，低于东盟30%的平均水平。

《2011年全球性别差异报告》数据显示，文莱女性平均年收入约为

38000 美元，仅位居卢森堡和挪威之后，居世界第三位，而文莱男性平均年收入仅居世界第 29 位。文莱女性收入不仅高于瑞士、美国等发达国家，更是令邻国马来西亚（第 107 位）和印尼（第 109 位）无法比拟。此外，文莱妇女享有平等权利，经济参与度居世界第 20 位。1971 年，文莱妇女在劳动人口中的比例仅为 20%，到 2010 年已达到 58%。妇女在政府公务人员中的比例已达到 50.4%，28% 的女性居于高位。

文莱公民可免费进入政府开办的学校就读。中学毕业后，通过考试达到一定水准，可到国外上大学，政府提供包括假期（寒假、暑假、斋月）回国的往返路费，以及学习期间的食宿、医疗、书本甚至服装等费用，每月还提供一定数额的零花钱。文莱国内仅有一所综合性大学，即文莱大学，另外还有专科性的技术学院和古兰经学院。这些学院实际上就是专科学校，达不到高等学府的水平。

医疗保障　文莱公民享受免费医疗，即使是非文莱籍永久居民也可享受一定的医疗优惠。文莱最大、最有名的医院是以王后名字命名的文莱王后医院，设备可与欧美国家相媲美。各国大使夫妇与家人可在该医院就医，除交很少一部分挂号费外，医疗检查、药品、住病房与膳食都不用付钱。这是驻别的国家的大使夫妇及家人难以享受到的特权。

王后医院的病房和医疗设备都很好，医护人员服务态度很热情，护理也非常周到，但医生的专业素质欠佳，处理疑难病与急诊的经验较差。为此文莱政府规定，如该医院不能治疗的病，可以出国（一般到新加坡和英国等国家）治疗，由国家负担出国路费、医药费和膳宿费，这也是全世界少有的。

住房计划　文莱于 1984 年独立后不久，开始实行旨在为国民提供现代化与宽敞舒适的住房的计划，鼓励国民私人建房，并由政府提供低息贷款。文莱国民向政府贷款建房，数额相当于其月工资的 4 年累计数，在 30 年内（或在退休时）还清。同时，政府还统建廉价房屋分配给住户。住户每月付些房租，30 年后该房屋可成为其私有财产。

文莱政府给官员的住房优惠更多。政府官员有的住在政府提供的宿舍内，象征性地交点房租。有的以私人储蓄或向政府贷款建新房自住，从政府领取住房津贴。各国驻文莱使馆的大使官邸和馆舍一般都是向王室成员、政府部长、官员或富商租赁的。为解决公民住房问题，文莱政府制定了无房公民住房计划和国家住房发展计划。

购车政策 文莱政府一直鼓励私人购车，向购车者提供无息贷款。汽车进口税原为20%，但自1995年2月2日起，文莱财政部宣布新的汽车进口税，根据其缸量分别提高20%～180%。此举可能旨在控制车辆过多和减少交通堵塞，但在文莱曾引起一些人的不满，特别是那些收入微薄、尚在积累资金准备购车或更换新车的人，他们纷纷向有关部门投诉，却未能改变政府的这一决定。但文莱原来私人拥有的车辆就多（平均每户有3辆汽车），加上有钱的人也多，因此，增购新车的人仍然不少。

第二节 基于伊斯兰教的社会管理

伊斯兰教于15世纪初传入文莱。随着伊斯兰教的不断发展，伊斯兰教信仰也在文莱得到了强化。1984年文莱独立后，苏丹哈桑纳尔·博尔基亚一直致力于维护和提高伊斯兰教的地位，不仅继续保留1959年宪法将伊斯兰教定为国教的条文，而且以伊斯兰教为制定政策的依据和社会的行为准则，力图使异教徒皈依伊斯兰教，使整个文莱成为一元化的穆斯林社会。伊斯兰教不仅影响了文莱人的精神生活，而且对文莱政治、经济和社会的发展也产生了重要影响。

一 伊斯兰教与文莱立国哲学

文莱于1984年独立后，面临着在新的历史条件下统一国民思想、维护统治者地位的问题。对此，文莱需要一种立国哲学来体现国家意识形态。1990年11月，文莱苏丹公开赞扬将伊斯兰教文化与文莱文化和不容争辩的君主权力相结合的新的思想体系，强调保守的伊斯兰教价值观和文莱马来文化的独特性。这种思想体系就是“马来伊斯兰君主制”。其实早在独立前夕，文莱苏丹就曾宣布国家的政治目标：“文莱达鲁萨兰将永远是一个主权独立的马来伊斯兰君主国，永远尊奉逊尼派伊斯兰教原则，基于自由、信任和公正，不断寻求真主的引导与保佑、和平与安全、福利与幸福。”文莱政府正式提出马来伊斯兰君主制的目的，在于希望以此作为官方意识形态来统辖全国民众。

马来伊斯兰君主制的出台与文莱所面临的社会问题密切相关。独立后的文莱与国际社会的接触越来越密切，西方思想文化观念也随之渗入，影响文莱人的思想和生活方式，尤其是一些年轻人更乐于接受外来的新鲜事物，有些人开始质疑君主制度的合理性，有些人的传统观念开始动摇，伊斯兰教信仰亦受到冲击。在此情形下，文莱决定仿效印尼和新加坡，依靠本土文化反击西方文化，将马来伊斯兰君主制正式确定为立国哲学，其主要内容就是将忠君思想与伊斯兰教精神相结合，宣扬“君权神授”，将苏丹奉为“伊斯兰教的捍卫者”“真主安拉的使者”，为维护苏丹的统治提供宗教上的理论依据。马来伊斯兰君主制已成为文莱政府验证民众忠君爱国的主要准则。对这一思想提出任何质疑都是绝不允许的。在文莱，任何人不得反对政府的伊斯兰化政策，不得怀疑苏丹对伊斯兰教的虔诚，也不得怀疑苏丹在宗教上的绝对权威。可见，马来伊斯兰君主制的实质就是利用伊斯兰教为君主统治提供意识形态基础。伊斯兰教是国家政治思想的核心，并渗入政府的教育与管理工作当中。

二　伊斯兰教与文莱政治制度

文莱的政治制度基于两大支柱——成文宪法与马来伊斯兰君主制。1959 年 9 月 29 日，文莱颁布第一部宪法，从而确立了“伊斯兰教法”（Syariah laws）的重要地位，并将伊斯兰教定为国教。1971 年和 1984 年文莱宪法曾有过两次修改。文莱宪法规定，苏丹为国家元首和宗教领袖，拥有全部最高行政权力和颁布法律的权力；设宗教委员会、继承与册封委员会、枢密院、立法院和内阁部长会议协助苏丹理政。2004 年 9 月，立法院第一届会议审议并通过宪法修正案，内容涉及司法、宗教、民俗等多个方面，共 13 项内容，包括赋予苏丹无须经立法院同意而自行颁布紧急法令等新法令的权力；制定选举法令，允许民众参选从政；将立法院扩大到 45 人，由委任议员 30 人和民选议员 15 人组成；规定伊斯兰教为国教；等等。

文莱虽然颁布了宪法，但所实行的是名义上的君主立宪，实质上依然是君主制。根据宪法规定，国家最高权力归苏丹，首相必须是文莱马来人，精通伊斯兰教的沙斐仪派，由苏丹兼任。

伊斯兰教在文莱的政治制度中占据重要地位，这不仅体现在伊斯兰教事务管理制度日益完善，而且也体现在宗教官员拥有较高的政治地位。宗教事务部的前身是1954年7月成立的国家风俗、宗教和社会福利部。随着1955年伊斯兰教法的实施以及1956年宗教理事会的成立，宗教部门的职能更加明晰。1959年文莱宪法颁布后，伊斯兰教成为国教，宗教事务部成立。此外，文莱宪法还规定，宗教官员兼任重要的立法机构、行政机构和其他政府决策机构一半的职位。文莱设有伊斯兰法庭，与高等法院一起处理穆斯林的宗教案件。在文莱的许多地区，伊斯兰教法代替普通民法成为案件判决的依据。

三　伊斯兰教与政治社会稳定

文莱独立以来在发展过程中面临着许多问题和挑战，影响到文莱社会的稳定。其中主要包括：政治和宗教异端的挑战；失业率上升；外国劳工大量涌入所带来的治安问题；等等。文莱的新生儿出生率不断下降，这是由于妇女忙于工作，生育愿望相对减弱所致。相应的，文莱的家庭也呈现小型化的趋向；而且文莱穆斯林的离婚率也在上升。此外，文莱还面临着毒品的威胁，越来越多的青年沉溺于毒品。近年来，由于政府雇员人数下降，失业人数激增，18岁至25岁的青年失业现象尤其严重。由于没有工作，国内又缺乏娱乐设施，年轻人只好整日游荡于街头，或开车疾驰兜风，社会治安每况愈下。为维持政治和社会稳定，文莱政府出台了多项措施。

第一，严防政治和宗教异端，坚决打击犯罪活动。

二战后，文莱政府曾经历过多次挑战。成立于1955年的人民党曾在50年代末至60年代初的文莱政治生活中产生过很大影响，但由于1962年举行争取民族独立的武装起义而遭取缔，并导致紧急状态法令的颁布。另外，1961年，文莱出现过巴哈依教（Bahai）组织，其成员主要生活在边远地区，要求实行自治，反对君主制。1973 年，马来西亚籍军人奥斯曼在文莱宣扬反伊斯兰君主制思想，后被拘押。1980 年，达鲁尔·阿卡姆组织在文莱产生巨大影响，后壮大并改组为杰马·阿尔·阿卡姆组织。1991 年该组织因与伊斯兰教教义相抵触而被查禁。

文莱独立后一度放松对政治的监管，于是持不同政见者相继涌现。1985 年 5 月，文莱“民族民主党”（PKDB）成立，但其群众基础薄弱。1986 年 2 月，PKDB 内部分裂，一部分人另立门户，建立起文莱民族统一党（PPKB）。PPKB 声称代表多种族的利益，旨在为争取更广泛的民主和实现普选而斗争。随着形势的发展，PKDB 的主张也越来越大胆，甚至呼吁苏丹结束自 1962 年以来的紧急状态，并要求苏丹让出首相的职位，立即实现选举。结果，PKDB 最终为文莱政府所不容，于 1988 年 1 月被取缔。PPKB 虽未遭取缔，但由于成员少，对社会的影响也不大。至此，文莱的政党运动再次陷入低谷。不过，尽管持不同政见者的政党解散了，但持不同政见者仍在，他们已成为影响文莱政府稳定的隐忧。

文莱政府对威胁其统治的个人也采取十分严厉的措施。1986 年，文莱演说家苏拉巴亚（Surabaya）因传播反伊斯兰教思想，被驱逐出境。1989 年，一名马来西亚籍传教士因传播马来西亚总理阿卜杜拉·拉扎克的治国理念，于 1994 年被驱逐出境。影响最大的事件是 2001 年初的婆罗洲福音派教会（SIB）事件。SIB 是一个基督教组织，因成功劝服部分穆斯林皈依基督教，触动了文莱宗教社会最敏感的神经，最终遭到宗教法庭的起诉和查禁，但是文莱政府此举也受到国际人士的批评，被指责侵犯公民的宗教信仰自由权。虽然伊斯兰教理事会的监管相当严格，例如在公共场合演讲前必须得到伊斯兰教理事会的批准，在公共场合宣扬反伊斯兰教思想将被处以 2000 美元罚款和 3 个月监禁等，但仍有不少人敢于触犯条例，其最主要原因就是对政教合一的伊斯兰君主制不满，这使得文莱国内政治宗教形势日趋复杂化。

第二，将伊斯兰教作为稳定剂。

文莱苏丹及其政府将伊斯兰教作为维护社会稳定的灵丹妙药。一方面通过正面宣传，弘扬正统的伊斯兰教；另一方面不时地谴责、警告伊斯兰教异端，并在此基础上进一步要求穆斯林强化自己的宗教信仰，避免反社会反宗教的行动。

在正面宣传和弘扬正统的伊斯兰教方面，文莱官方经常以隆重的方式庆祝穆斯林节日。为了弘扬伊斯兰教文化，文莱在 2001 年举办了国际伊斯兰展览会，苏丹和其他王室成员积极参与了这项活动，从而对宣传伊斯兰教起到了促进作用。

文莱苏丹常在讲话中公开敦促本国穆斯林增强对伊斯兰教的信仰，避免染上社会恶习，如酗酒、纵情寻乐、相互攻讦等。苏丹在演讲中常引用《古兰经》，表明他对伊斯兰教教义的精通及尊崇。为了向国民显示自己对伊斯兰教的坚定信仰，他曾于 1991 年、1992 年和 1993 年连续三次到麦加朝圣，每年斋月结束时还要到首都大清真寺发表演讲，赞颂伊斯兰教。苏丹还资助在首都近郊新建清真寺，其规模比前任苏丹在位时修建的奥玛尔·阿里·赛里夫汀清真寺还要大，可容纳 6000 名礼拜者。文莱苏丹号召本国民众保持民族特性，不可盲目效仿他人。他强调指出，文莱人应当发展作为马来人的特性，不必仿效其他人的思维方式，因为这将导致马来特性的消失。他还指出，以信仰伊斯兰教及忠于君主为中心的生活方式是文莱人的生活方式，任何人不可亵渎。伊斯兰教教规已成为当代文莱马来人的生活准则。此外，文莱政府还采取各种措施促使民众皈依伊斯兰教，并取得了明显进展。

除弘扬正统的伊斯兰教外，文莱政府亦对违反伊斯兰教教义的行为进行严惩。苏丹反复表示，绝不容忍任何在文莱破坏伊斯兰教信仰的企图。文莱早已在国内实行禁酒，并从 2001 年起进一步扩大禁酒的范围，禁止穆斯林在国外饮酒。为此，宗教部伊斯兰法庭从 2001 年 3 月开始，执行了一项新的法令，不仅所有到国外饮酒的穆斯林都将被提起控诉，而且其他违反宗教教义的举动，如购买、销售酒精饮料等，也都将被起诉。初次触犯新规定者将被罚款 500 文元，第二次犯错则会被罚款 750 文元，而第三次或以上则每犯一次错罚款 1000 文元。对此，文莱政府执法人员展开了频密的调查工作，以杜绝穆斯林触犯伊斯兰教法令的行为。与此同时，文莱政府亦要求文莱华人社会融入本地文化和生活方式，支持马来伊斯兰君主制的价值观念。

文莱的穆斯林中存在不同派别之间的斗争，反映了文莱社会不同利益集团的对立，这同样会削弱政府的统治地位，尤其是宗教极端主义者的狂热和极端言行更令政府感到不安，为此，文莱苏丹常警告极端分子，并谴责他们为异端，呼吁民众警惕恐怖主义的破坏活动。文莱政府对极端的伊斯兰教派也进行了限制和打击，例如，政府于1991年取缔了一个极端组织，理由是其对国家安全构成了威胁。近年来，文莱政府对一些国际性组织在其境内发展分支机构也日渐警惕，尤其公开指责扶轮社、雄狮俱乐部等，认为这些组织是反伊斯兰教及支持犹太复国主义的。鉴于文莱政府的态度，原先加入这些组织的文莱人纷纷退出。

总之，自独立以来，文莱政府一直致力于维护和提升伊斯兰教的地位，把伊斯兰教作为政府制定政策的依据和整个社会的行为准则，力图促使其他异教徒皈依伊斯兰教，使整个文莱成为一元化的穆斯林社会。

第三节 医疗卫生

一 概况

文莱政府把卫生保健事业作为其政府工作的重点之一，卫生部力争成为东南亚地区声誉最好的医疗卫生服务部门，其宗旨是向国民提供高水平的医疗服务，提供高质量、卫生的生活环境。卫生部的主要任务是通过高质量和综合的卫生保健体系，改善文莱人民的卫生状况及福利。这种体系是有效的、充分的、负责的、平等的和所有人都能享受的。因此，文莱的卫生事业在亚洲可算是最好的国家之一。

文莱政府坚持实行高社会福利政策，每年用于医疗卫生事业的费用在国家预算中所占比例较大。2000年的预算约2.03亿文元，约占政府总预算的7.45%。在2014/2015财年财政预算中，政府给医疗卫生部门拨款2.96亿美元，占整个预算拨款的6.2%。

随着生活水平的提高和医疗条件的改善，文莱人民的健康状况也有明显变化。文莱的医疗保健制度优越于其他东南亚国家，仅次于新加坡。文莱已没有百日咳、破伤风、小儿麻痹、脑炎等传染病。文莱自 1969 年以后也未发现疟疾，1987 年被世界卫生组织列入无疟疾区。文莱的人均寿命，2000 年男性为 75.4 岁，女性为 77.7 岁。新生儿出生率由 1996 年 6.8‰上升为目前的 7.4‰，死亡率从 70 年代的 0.24% 减至目前的 0.06% 。

2004 年 6 月 3 日，文莱政府正式批准《烟草控制框架公约》，成为世界上第 18 个批准这一公约的国家。世界卫生组织西太平洋地区总干事认为，文莱批准这项公约不仅是对提高文莱人民生活水平和健康状况做出的一个重要承诺，而且此举也会推动其他国家采取类似行动，加入烟草控制活动的行列。为了执行该公约，文莱政府采取了一系列措施，例如禁止烟草广告，在学校、政府机构制定“不许吸烟”的规定，并将烟草产品的税收提高两倍。文莱卫生部还在全国开展一项“无烟月”活动，举办流动展览，宣传吸烟的危害以及造成的经济负担等。

二　现状

文莱医疗卫生机构分三级：医疗诊所为初级医疗单位，医疗中心为二级医疗单位，区医院为三级医疗单位，还有流动医疗队和“飞行医院”为边远地区服务。全国的医院和医疗中心包括政府医院、军事医院、私人医院和文莱壳牌石油公司的内部医院，此外，还有政府主办诊所和私人诊所。目前，文莱的主要医院有以下几所。

文莱王后医院（Raja Isteri Pengiran Anak Saleha Hospital）　以苏丹王后名字命名的文莱最大的医院，建于 1983 年，占地 32 英亩，耗资 1.62 亿文元。该医院有全国最先进的医疗技术设备，是全国的医疗中心。2000 年，该医院被委任为澳大利亚昆士兰州大学卫生学校下属的四所大学的教学医院之一。同年 6 月 1 日，该医院的门诊部分为 7 个医疗中心：斯里巴加湾市医疗中心、拉希达公主医疗中心、森古隆医疗中心、加东医疗中心、穆阿拉医疗中心、巴拉卡斯第一医疗中心、巴拉卡斯第二医疗中心。医疗中心门诊部的主要任务是为居民提供便捷的医疗服务。医疗中心设备齐全，服务周到。2002 年 1 月，该医院开设了妇产科病房，开展接生和产前检查等业务。

杰鲁东医疗中心（Jerudong Park Medical Centre，JPMC） 该医疗中心开设有普通门诊、专家门诊、牙科、放射科、心脏科、妇产科、理疗科和药房、化验室等，今后还要增加设备，扩大业务。

拉比卫生中心（Health Centre at Labi） 2001 年 6 月 9 日开始建造，耗资 68.8 万文元。该卫生中心于 2002 年初对外开放。

此外，近年来文莱新的一代对他们的健康非常关心，特别注意外貌，强调身材的匀称。因此，保健与美容业在文莱如雨后春笋般发展起来。

文莱现有的健美中心包括杰鲁东医疗中心的健美中心、哈鲁姆体操馆的减肥健身中心、塔尔戈健身和美容中心，可提供健美操训练等服务。美容产品从来自印度尼西亚的传统草药到来自美国和欧洲国家的西方产品，应有尽有。文莱一些美容店广泛出售巴黎、意大利和其他西方国家的各种美容产品和化妆品。文莱在美容与卫生保健方面另一项突破是在王后医院引进美容手术等。

三 问题及应对措施

尽管自 1984 年独立以来，文莱医院和日渐增多的诊所为本国公民提供免费医疗，卫生保健事业取得了长足的进步，但仍存在不少问题。

第一，医务人员短缺仍然是文莱医疗卫生方面面临的最主要问题。2012 年，文莱医生人数同人口总数比例为 1∶736，现在大部分医生和牙医都是外籍人士。有些需要特别医治与护理的病人还须送到国外就医。护理人员短缺情况也比较严重，且专业水平较低，还需要不断从国外输入。为了克服医务人员不足，文莱卫生部近年来加大了各项培训计划，充分利用国内现有的培训设施，培养自己的医务人员，以逐步改变依赖外国医生和护士的状况。文莱拉希达护理学院成功地培养了训练有素的拥有护理文凭和高级护理文凭的护士。

与此同时，文莱政府积极寻求同国外医疗机构开展有效合作：马来西亚国家心脏研究所与文莱卫生部和杰鲁东医疗中心合作，向文莱提供医疗服务。文莱卫生部和文莱大学与英国圣·乔治医院的医疗学校签订了备忘录，在医疗护理方面联合进行研究生培训。1996 年和 2001 年，文莱卫生部还分别与中国卫生部及沙特阿拉伯费萨尔国王专科医院和沙特王国卫生系统的“研究中心”签订了卫生合作备忘录。这些合作包括医疗人员培训、研究业务与信息交流等。

第二，文莱人的健康状况仍不容乐观。文莱卫生部一项调查表明，心脏病、高血压、中风、癌症和糖尿病已成为威胁文莱人健康的“五大杀手”，其中心血管疾病已成为“第一大杀手”。文莱的中小学学生中，约有 20% 的学生体重超标，近 7% 的学生肥胖。文莱还属于结核病高发国，每 10 万人中有 94 人患此病症。

第三，近年来文莱吸毒人数不断增加，现已成为一大社会问题。据文莱戒毒所统计，近年来涉及毒品的案件呈上升趋势。在吸毒者中，75% 以上为 30 岁以下的年轻人。为此，文莱法律规定，携带超过 15 克海洛因或超过 500 克大麻者将被处以死刑。

第七章

文　　化

第一节　教育

一　教育简史和政策

20 世纪初文莱成为英国的“保护国”，英国逐渐感到需要一些受过西式教育的当地人到殖民统治机构任职。英国壳牌石油公司在文莱勘探石油活动的开展，也产生了对有文化的技术工人的需求。于是，英国人开始在文莱出资兴办西式学校。1918 年，英国当局向私人开办的 5 所学校拨款，控制了管理权，但其中两所不久关闭，以后又设立了新学校。到 20 世纪 40 年代，除了原有的 3 所由英国殖民当局控制的国立学校外，还开办了 3 所教会学校，另有 4 所华文学校。1950 年文莱壳牌石油公司又在诗里亚开办了一所石油技术学校，主要为本公司培养机械修理工和电工。

20 世纪 50 年代以来，文莱的教育事业有所发展。1956 年文莱政府创办了一所规模不大的师范专科学校，专门为国内的中小学培养师资。50 年代中期，文莱的教育事业逐步纳入计划办学轨道。文莱政府于1954～1959 年执行了教育发展计划，1970 年成立了国家教育委员会，1972 年该委员会向政府提交报告，确定了文莱的教育方针和政策。其宗旨是确立一个符合“马来伊斯兰君主制”这一国家思想体系的高效能、平等的教育制度，为全体文莱人提供最大限度的发挥潜力的机会，从而为国家的发展做出贡献。

文莱教育的主要目标是：使受教育者在智力、精神、体美等方面得到不断的、全面的发展，在文莱社会树立以“马来伊斯兰君主制”原则为中心的价值观和文化准则，灌输伊斯兰教义，使民众尊重、信仰并能遵守这些教义，培养民众对君主制、国家和法律的忠诚。文莱教育的主要政策是：向所有儿童提供至少12年的教育机会；提倡、坚持以马来文为主、英语为辅的双语制；进行伊斯兰教教育；提倡发展国民观念；为条件具备者提供接受高等教育的机会；等等。

由文莱政府开办的学校一切费用均由政府拨款支付；而私立学校则由主办者自筹资金。教育经费占文莱国家财政预算的比重历年都比较高。文莱向全体公民提供从学前教育到高等教育的一切费用，包括在国内住校生的食宿、家住离校8公里以上学生的交通费，以及到国外接受国内尚不能提供的一些高等教育所需费用。但非文莱公民，主要是未获准入籍而在文莱生活的永久居民不能享受免费教育，他们只能在申请获准后才能上政府开办的学校，而且还要交纳各种费用。

2014/2015财政年度，教育部门拨款为6.12亿美元，占整个预算的12.9%。

二　教育制度

文莱教育部是全国教育的主管部门，负责管理从幼儿园到大学的各类政府学校和有关教育机构。私立学校由各自主办的民间团体管理，但受教育部监督。除教育部学校司小学处和行政司服务处在地区（文莱只有4个县区）设有较小的办事处外，各地区没有负责教育的分支机构。

教育部设部长和副部长各1名，负责教育方面重大事务的决策。负责该部行政事务的是常务秘书、副常务秘书。该部下设8个司、2个单位和1个秘书处，它们是：学校司、计划研发司、行政司、督学司、技术教育司、课程开发司、考试司和辅助课程司，监察单位、特殊教育单位，资格认定委员会秘书处。此外，还设立了3个委员会：①以教育部长为主席、副部长和常务秘书及各司司长为委员的“教育规划委员会”，负责研讨、制定与教育体制各个层面有关的政策和规划。②以教育部长为主席的

“资格认定委员会”，其副主席为教育部副部长，委员有公务员委员会主席、文莱大学副校长（校长为文莱苏丹）、有关部的常务秘书和公务员局局长。该委员会是文莱唯一负责政府承认的专业学术资格的评审、认定机构。③以教育部副部长为主席的“职业技术教育委员会”，负责职业、技术教育及培训方面的计划、标准及证书的审批。

文莱的教育制度主要仿照英国模式，教学基本依照英国的教学大纲进行。现行的教育制度为“7—3—2—2—4”制，即小学7年（含学前班1年、初小3年和高小3年），初中3年，高中2年，大学预科2年，大学4年。中小学每学年有3个学期（1～5月、5～9月和9～12月）。大学每学年为两个学期（8月3日～12月7日，1月13日～5月17日），每学期18周。

截至2012年，文莱共有各类学校259所，学生总人数为117609人，教师10916人。其中，幼儿园、小学及普通中学共240所，学生102280人，教师9601人；职业技术学校12所，学生6287人，教师606人；大学（含大专院校）7所，学生9042人，教师709人。

三 教育概况

（一）初等教育

分学前教育、初小和高小三个阶段，共7年，即学前班1年、初小3年、高小3年。学前班入学年龄为5岁，完成学前教育后自动升入初小，此后必须考试及格才能升级，否则要留级，但每年级只能留级1次。完成7年小学考试后，所有学生必须参加全国统一的“小学证书考试”（Primary Certificate Examination），然后升入初中。

文莱的小学入学率达100%。小学课程的设置旨在训练学生的沟通和运算等基本技能，培养、开发他们的个性、情感、思维能力、创造力、独立性；按照伊斯兰教教义的指导，发展他们的行为和精神。

学前教育的课程有马来语、英语、算术、品德、伊斯兰教知识、体育、音乐及个人和社会发展等。初小课程有马来语、英语、数学、伊斯兰教知识、体育、手工艺术和公民课。初小教育阶段注重对学生的创造力和读、写、算能力的培养。高小课程基本上同于初小，不过增加了科学、历史、地理等课程。高小教育阶段旨在增强学生的基本技能和应用双语的能力。

（二）中等教育

文莱中等教育由普通中学和职业技术学校组成。

普通中学学制5年，分为初中3年、高中2年。初中毕业时要参加名为“初中证书考试”的全国会考，现改为“初中考评”。通过考评以后可有三种选择：一是升入高中，二是进入职业技术学校，三是就业。高中阶段的教育虽仍是普通型教育，但在科学、艺术和技术领域已有些专业化了。高中结束时，成绩优秀者可参加文莱－剑桥 GCE“O”级考试（Brunei－Cambridge GCE Ordinary O Level Examination），成绩稍差的学生可参加文莱－剑桥“N”级考试。在“N”级考试中取得好成绩的学生一年后也有机会参加“O”级考试。通过“O”级考试者，学习两年大学预科课程后，可参加文莱－剑桥“A”级教育证书考试。其他学生可选择就业或在苏丹哈桑纳尔·博尔基亚教育学院、文莱大学、西脑农业培训中心、职业技术学校接受教育或出国学习。

初中课程设置旨在使学生既接受普通教育，又接受职业导向性教育，为他们升入高中或职业技术学校做准备。学生要学习7～9门功课。其中必修课程有马来语、英语、数学、综合科学、伊斯兰教知识、历史和地理7门；选修课程有电脑、农业科学、家政学、商学、第三语言、木工、铁工、手工美术和音乐9门。选修课也要进行考试。“马来伊斯兰君主制”思想也是初中必修课程，但不考试。上述各科除伊斯兰教知识、“马来伊斯兰君主制”思想和手工美术课外，均以英语授课，音乐课可用马来语或英语授课。

文莱为向职业教育分流的学生制定新课程，并在试点中实行，这种课程可使学生获得“国家3级行业证书”（National Trade Certificate Grade 3，NTC 3），这是国家承认的工艺技能等级证书。

（三）职业技术教育

文莱的职业技术教育目的是为年轻人提供学习并提高技能的机会，学制通常为 1～3 年。作为综合教育的一部分，技术教育的培训包括到工业部门实习 6 个月，商业教育的实习为 3～6 个月，毕业时学生可获得文莱职业技术教育委员会认证的水平证书。职业技术教育由职业技术学校（院）和培训中心提供，开设专业非常广，涉及机械、建筑、设计、医疗卫生、电工、计算机、商贸、旅游管理等领域。

文莱主要的职业技术学校（院）包括拉希达护理学院（Pengiran Anak Puteri Rashidah College of Nursing）、苏丹塞夫尔·瑞贾尔技术学院（Sultan Saiful Rijal Technical Colloge）、杰里弗·博尔基亚工程学院（Jefri Bolkiah College of Engineering）、诺克达·罗根职业学校（Nakhoda Ragam Vocational School）、机械培训中心（Mechanic Training Centre）和苏丹博尔基亚职业学校（Sultan Bolkiah Vocational School）等。其中，拉希达护理学院是知名度最高的职业技术学校。它成立于 1986 年，以苏丹长公主的名字命名。该学院成立的目的是满足文莱对医护人员的需求。它提供护理和妇产专业课程，并为取得护理文凭的学生提供各类进修课程。拉希达护理学院与新加坡、马来西亚、澳大利亚、美国、英国等国家的医护学校开展交流合作。

（四）高等教育

文莱有 4 所高等院校，包括 1 所大学和 3 所学院。截至 2000 年，受过高等教育的文莱人数为 28873 人，仅占全国人口的 8.53%。文莱教育部认为，只有实现 25%～30% 的人接受高等教育，才能满足文莱社会发展的需要。

文莱大学（The University of Brunei Darussalam）　坐落于南海海滨的文莱大学始建于 1985 年 10 月 28 日，最初设在斯里巴加湾市，当时设有 4 个系，即艺术与社会科学系、教育系、管理与行政研究系和科学系。学制为 4 年。设有 10 种学士学位和教育管理与文学两种硕士学位。该大学向东盟国家的学生和向伊斯兰教科文组织提出申请的学生提供奖学金。

1976 年尚未独立时，文莱政府对本国高等教育设施进行了一次全面检查。在这次检查的基础上，有人提出了建立一所综合性大学的设想。经过讨论，在设于文莱的“英国理事会”（负责文化事务）的协助下，成立了一个建校指导委员会，一批专家参与此项工作，但直到1984年这件事仍未进行积极筹划。1985年4月23日，文莱苏丹宣布从国家利益考虑，文莱需要有自己的大学，并指示尽快做出安排。有关部门在相当短的时间内，在文莱教育学院附近找到几座楼房，并进行了一些改造与装修，建成文莱大学临时校舍。在国外一些大学和文莱教育部建校委员会的指导下，大学制定了第一个学位课程计划，与英国的加的夫大学、利兹大学建立了正式的教学联系，由这两所大学帮助执行英语教学计划。马来语教学计划由马来西亚的Sains大学和国立大学执行。当时的教学人员来自英国、马来西亚和新加坡。1985年10月28日文莱大学正式开学，第一批学生176人。1988年，苏丹哈桑纳尔·博尔基亚教育学院并入文莱大学。1995年，文莱大学迁到现在的新校址。文莱苏丹为该大学校长。

本国学生按高中毕业考试成绩或相当于这一级的考试成绩报考该大学。学校接受新生委员会对该学生成绩满意即通知他到校面试，如果面试也满意，再经过政府承认的医生的体格检查，合格者可入学。新学年每年8月开学。本国公民可享受奖学金，奖学金分两类，一类是文莱政府奖学金，另一类是私人企业奖学金。申请文莱政府奖学金的，要到文莱教育部奖学金和福利处领取表格。申请私人企业奖学金的可直接从学校注册官办公室领取申请表，并通过一定的审批手续。外国学生申请奖学金的，分不同情况：来自英联邦国家的学生要申请文莱政府奖学金，必须从文莱教育部奖学金和福利处领取表格；东盟和中东伊斯兰国家的学生要到本国或邻近国家驻文莱使馆领取申请奖学金表格，或直接写信向文大新生注册与学生档案处索取。本国与外国学生的申请表格必须在8月开学前学校通知的截止时间内寄到学校。

文莱大学作为文莱唯一的综合性大学，以教学、科研与服务社会三条渠道，以为国家提供人力资源作为其使命。教学是该校的第一大任务，旨在根据国家指导方针，在知识、技能、仪态、道德和价值观等方面培养学生，使其成为适合国家需要的人才。科研是学校的第二大任务，学校鼓励教职员与学生进行科研活动，特别是从事国家建设与经济发展所需要的实用课题的研究。第三大任务是服务于社会。因为学校的教职员在某些专业方面具有特殊的技能，可走出校园与外界建立联系，为社区提供服务。学校也向社区做适当宣传，以便社区有需求时，可向学校提出。学校制定以下几项目标：①提高学生学习质量；②适当时候为学生提供学后深造机会；③强调实用科学研究；④在社区内积极进行宣传，提供咨询、服务和再教育；⑤继续提高教师的教学质量，把现有人数增加到适当水平；⑥改善后勤服务设施，以保证教学、科研与管理的高水平；⑦对当前与未来的需求和挑战做出及时有效的反应。文莱大学鼓励学生充分利用学校的设施，培养自学与独立思考的能力。

文莱大学是由文莱著名建筑师伊德里斯及其属下的公司设计、施工的。校舍设计风格之精美与中国爱国华侨陈嘉庚先生所建的厦门集美学村有点相似。但作为一个学校，其建筑用料之上乘是少见的。整个校园可以说是一座花园，白墙红瓦的校舍分布在高低不平的丘陵地带，天然森林和灌木与人工栽培的各色花卉点缀其间，蓝天白云与大海相映衬，构成一幅极美的画卷。在这个校园里生活与学习极其舒适与方便。每幢教学楼与图书馆等建筑之间有类似北京颐和园长廊式的建筑相连。师生在校园内走动既晒不着太阳，也淋不到雨。学校为从国外聘请来的教职员工在校园内提供住房。学校出资为本地教师在校外租赁房舍。现有学生一半可在校内住宿，男女生宿舍分在不同的区域，分别严格管理，男女学生一般不可自由到相互宿舍走访。本地学生一般驾私家车上学，学校辟有专用停车场。校舍和教学设施达到国际一流水平。但因建校时间尚短，特别是师资力量不足，教学质量目前尚不尽如人意。学校共分6个学院和研究中心：①苏丹哈桑纳尔·博尔基亚教育学院，内设7个学科，即文科与社会科学、基础教育、心理学教育、语言教育、数学与理科教育、在职教育、儿童早期教育；②管理与行政研究学院；③理科学院，内设6个系，即生物学、化学、石油地质、数学、物理、电气与电子工程；④文科和社会科学学院，内设6个系，即经济学、英语与语言运用学、地理、历史、马来语言与马来文学；⑤伊斯兰研究学院；⑥文莱研究中心。教学辅助单位有图书馆、电脑服务中心和教育技术中心。

在学生管理方面有学生事务处，负责管理学生宿舍与膳食、学生福利、课外活动，以及对学生进行指导与提供咨询。学生自己还成立了学生会和俱乐部等组织。

对于成绩优良、能考取国外大学的学生，政府提供留学期间的学习、膳食、医疗、零用钱、旅费及服装等费用。据统计，每年约有800名学生申请政府奖学金赴国外留学。此外，每年还有相当数量的学生自费赴国外留学深造。在赴国外留学的学生中，40%首选英国，20%去马来西亚，18%去澳大利亚，9%去新加坡。

文莱理工学院（The Brunei Institute of Technology） 成立于1986年。该校原与苏丹塞夫尔·瑞贾尔技术学院在同一院内，1998年迁至新校舍，临近文莱大学。该学院设有商业与金融系、计算机系和电机工程系，是文莱培养科技人才的摇篮。文莱政府在该学院设有奖学金，向一些国际组织、英联邦国家、东盟国家提供奖学金名额。为减轻政府负担，近年来当地一些金融机构与教育部门签订合同，提供资金支持，开始为赞助单位定向培养人才。

拉希达护理学院（The Pengiran Anak Puteri Rashidah Saadatul Bolkiah Nursing College, The PAPRSB Nursing College） 为满足文莱社会日益增长的医疗卫生服务的需要，文莱政府于1986年成立了这所以文莱苏丹长公主名字命名的学院。该院是文莱唯一培养护理人员的学校。该院与一些国外专业院校建立了联系。高级护理人员被送到英国华莱士大学医学院护理系进修。

文莱古兰经学院（Institute Tahfiz Al-Quran Sultan Hassanal Bolkiah） 全称苏丹哈桑纳尔·博尔基亚古兰经学院，建立于1993年1月1日，是苏丹个人给国民的又一份礼物。这是一所研习《古兰经》以及相关学术课程的特别的教育机构。2000年4月13日，男性学生转移到一处造价几百万美元的新建校舍。该学院在培养学生方面取得了良好成绩，目前已有5名学生能够背诵30章《古兰经》，1名学生能够背诵20章《古兰经》，14名学生能够背诵10章《古兰经》，并均通过了相关的考试。2000年9月，有11名学生被送到国外深造，其中6人在埃及攻读学士课程，5 人在阿曼和约旦学习。

（五）创业教育

由于中小企业可以为更多层次的人群提供生存和发展空间，创业教育从 20 世纪 60 年代开始受到各国的重视。文莱政府从 20 世纪 90 年代开始大力倡导创业教育和培训。在第六个和第七个五年国家经济发展计划中，文莱政府再次强调了创业教育和培训对于发展中小企业的重要性，积极鼓励一些组织机构提供创业教育和培训，促进中小企业的发展。

教育机构、政府部门和私企为发展文莱创业教育、培训创业者进行了通力合作。文莱大学是创业教育的先行者，提供商业管理课程，并设立了创业发展中心；文莱工业与初级资源部负责全国的创业教育和培训，组织召开中小企业家研讨会和培训会；文化、青年与体育部为不能继续接受高等教育的青年提供包括小型企业管理和创业教育在内的个人发展培训；包括文莱壳牌石油公司在内的一些文莱企业也参与到创业教育中。在发展创业教育的过程中，文莱非常注重学习环境、设施环境和创业文化三要素的结合，强调前期培训和后期跟踪支持。

四 国际交流

文莱是东南亚教育部长组织（SEAMEO）、联合国教科文组织及亚太经合组织教育论坛的成员，积极参与这些机构的活动和训练计划。SEAMEO 的职业和技术教育中心为东南亚国家培训人员。文莱也向中国学生提供少量的奖学金，供中国学生来文莱学习和进修马来文或英文。

文莱大学自建校之初就与下列国外机构或院校建立了联系，它们是：英联邦大学联合会，澳大利亚国际发展组织，牛津大学伊斯兰研究中心，伦敦皇家地理学会，英国的达勒姆、格拉斯哥、肯特、赫尔、斯特拉斯克莱德和伯明翰等大学，新加坡国立大学，新加坡教育学院，马来亚大学，马来西亚国际伊斯兰大学。

2000 年 6 月，文莱大学与北京外国语大学签署一项谅解备忘录，两校正式建立学术交流与合作关系，其中包括人员交流、联合探讨开发科研和教学项目、交流出版物、为科研提供相关资料和设备、交换留学生等。

第二节　文学艺术

文化、青年与体育部（简称“文青体部”）是文莱主管文化艺术的部门。该部的主要任务是以“马来伊斯兰君主制”国家哲学为基础，以维持和改善文莱人民的生活为目的，巩固人民正确的价值观，提高人民特别是青少年适应社会经济变化带来的挑战和各种问题的能力，减少社会的压力和离心力。

文青体部下设语言文学局、语文图书局、体育与青年局和文莱博物馆。另外，还设有一个历史中心和艺术与手工艺中心。

一　语言与文学

由于马来人占文莱人口的大多数，文莱人使用的主要语言自然也就是马来语。1961 年文莱政府建立了一所语言和文学研究所。该所是一个研究、出版机构，负责研究马来民族的语言、文学和艺术，出版本地作家用马来语撰写的作品。

文青体部下属的语言文学局负责推动文莱的马来语、文学和文化的发展，举办马来语、马来文学与诗歌的研讨会；另一个下属机构语文图书局，负责向全国提供图书服务，出售各种杂志和儿童读物；文莱没有国家级图书馆，仅由语言文学局负责向国民提供图书借阅。该局在全国 4 个区内有分设机构，并且提供图书借阅的城乡流动服务。语言文学局拥有 30 多万册藏书，其中英文和马来文图书几乎各占一半，其余文种的图书只有 1000 余册。

1999 年 5 月 28 日，文莱艺术家协会宣布成立，目前共有 60 名会员。

从 2000 年 5 月 1 日起，文莱政府宣布实行由苏丹 1999 年签署的《著作权紧急法令》。该法令规定，任何未经作者同意非法使用其作品及复制、传播或用其他方法向大众传播包括音像制品在内的行为，均被视为违法行为，将处以最高两年监禁或罚款或两者并施。

二 音乐舞蹈

文莱马来人的民间舞蹈具有浓厚的民族色彩，多在喜庆之日演出，用打击乐器伴奏，通常以男女之爱、丰收的喜悦、劳动的欢乐等为主题。

莎玛林当舞是根据歌曲《西蒂·莎玛林当》创作而成，演员是几位年轻貌美的姑娘，表现莎玛林当姑娘的美丽贤淑、温柔和孝顺，是马来人心目中理想的形象。

安丁舞分林巴安丁舞、南榜安丁舞和普通安丁舞三种。过去表演安丁舞是为了敬鬼求神、除灾祛病。节目达到高潮时，舞蹈表演者做出失去自控状，与鬼神直接对话，动作奇特，语言难懂。现今仅在喜庆或娱乐时演出，通常有歌曲伴唱。

阿都－阿都舞是克达扬人的传统民间舞蹈，多在庆典中演出；也常在收获后表演，表达人们在丰收后的喜悦和对来年丰收的祈望。舞者多为青年男子，衣装艳丽，威武潇洒，每人手持两个半椰壳碰击，舞蹈气氛欢快、节奏轻松。

吉宾舞一般在庆典、仪式上演出，也在舞台上表演。舞者由6对男女组成，有几首固定乐曲伴奏。所用乐器取决于伴奏的歌曲，一般是小手鼓、阿拉伯式六弦琵琶、提琴等。

阿代－阿代舞是根据文莱渔民最喜爱的歌曲《阿代－阿代》编成的。演员扮作渔民，一边摇橹，一边唱歌，表达他们对生活、对劳动的热爱和对真主的感谢。歌词通常是传统的马来板顿诗，舞者多为成双的男女。

波纳里舞常在喜庆或向神灵还愿时演出。演员为3对青年男女，有时只由男青年或女青年组成，以提琴、手鼓、大鼓伴奏。表演时，男女演员互对诗歌，在嬉笑欢乐中展露真挚的爱情。

色卡普舞与菲律宾的竹竿舞基本相同，只是不用竹竿，而是用木杆。据考证，色卡普舞是白拉奕区瓜拉白奕村的第4代子孙创作的，伴奏的大鼓称“沙比高图”。跳色卡普舞最初是为了安慰死了族长一类人物的家庭，后来只在娱乐时或举行婚庆时演出。与文莱马来人其他舞蹈不同的是，色卡普舞不以歌曲伴唱，只用“沙比高图”大鼓伴奏。

三 金银工艺

文莱有各种工匠，其中以制作金银器的工匠最有名。金匠村在文莱制作金银器历史最久，技艺最高。早在 15 世纪初，金匠村有一位名叫瑟贾普的村民开始向爪哇人和中国人学习制作金银器，后来世代相传，技艺不断提高。至今，金匠村依然是文莱的金银器制作中心。这里打制的金银器有手镯、耳坠、戒指、香炉、钵、矛、盾等。文莱的金银器造型优美，做工精细，十分精巧，在东南亚享有较高的声誉。

艺术和手工艺中心负责文莱手工艺品的制作培训和手工艺品的销售。

四 博物馆

文莱国家虽小，但比较重视对国家和王室历史的研究以及对民族文化的保护。文青体部下属的文莱历史中心专门负责文莱历史研究，主要是对王室家谱和家族史进行研究。目前文莱建有 3 座博物馆，均在首都。

文莱国家博物馆 文莱政府十分重视博物馆建设。早在 1963 年政府就出资数百万文元在首都斯里巴加湾市附近的哥达巴都建立了文莱国家博物馆，1972 年对公众开放。该馆距离市区约两公里，位于一个小山坡上，风景极佳。这个博物馆占地 8 英亩，馆内外铺设大理石，选用上乘建筑材料，馆舍分为上下两层，室内装有空调设备，每一道门、每一间楼阁都聘有管理人员。展室里展示的所有实物、图片均分别有马来文和英文说明。当人们踏进博物馆大厅时，一幅巨型油画映入眼帘，斯里巴加湾市街景及“水上人家”住户在这幅油画中得到清晰的展现。其余各个展室陈列着渔网、渔家人的生活图景与实物、一座甘榜（村落）土著房子的全景和生活设施、家禽和武器等。楼上的展厅布置细腻、分门别类。文莱的油田，无论是鸟瞰图、石油的起源、提炼石油的过程，以及矿石底层蕴含石油的科学分析数字等，都在耀眼的灯光下清晰地展现在人们眼前。其他各展室还陈列着艺术品、古剑、古刀、拐杖、铜器、铁器和木器等。还有中国宋、元、明、清至民国初年流传到文莱的陶器、瓷器、玉器和象牙雕塑等。传入文莱的中国器皿包括茶具、碗碟、匙、缸、钵、水烟器，摆件方面则有狮、虎、龙、凤和麒麟等动物，人物则有仙女、寿星翁、罗汉和佛像等。这些都保存完好、富有光泽，它们被分类陈列。总之，文莱国家博物馆陈列着对考古学、人类学颇有研究价值的以及反映北加里曼丹各民族生活等方面的丰富收藏品。

丘吉尔纪念馆 它是文莱前任苏丹奥玛尔·阿里·赛里夫汀下令建造的。该馆位于斯里巴加湾市区，纪念馆的入口处有一座英国前首相丘吉尔的塑像，馆内陈列着丘吉尔的一双鞋，收藏有丘吉尔演讲录音带，并设有一个水族馆。为隆重庆祝现任二十九世苏丹登基 25 周年，文莱政府将该馆进行扩建，并更名为“文莱王室礼仪陈列馆”，1992 年 9 月 30 日对外开放，向公众展示文莱的历史、苏丹家族史，尤其是现任苏丹的生平和王室典礼用品，并介绍了文莱首部宪法的制定和颁布过程。

工艺美术中心 20 世纪 80 年代建成，高达 10 层楼，里面陈列有现代人制作的工艺品和创作的绘画作品。该中心内的马来工艺博物馆于 1988 年 2 月开馆，以微缩实物展示文莱人传统的生活方式和工艺品生产。

五 文化娱乐设施

文莱是个宗教色彩比较浓厚的伊斯兰君主制国家，宗教活动是占人口大多数的伊斯兰教徒业余时间的主要活动。与此相比，娱乐活动相对较少，文化生活比较贫乏。文莱的娱乐设施不多，也很少进行文艺演出，连文莱人比较喜欢的卡拉 OK 活动也于 1994 年被宣布禁止在餐厅、饭店和其他公共场所进行。民间虽有一些行业或企业自办的文化艺术团体，但规模很小，水平不高，活动较少。

杰鲁东游乐场 1994 年 7 月开始对外开放的杰鲁东游乐场是文莱最大的游乐场，内有各种现代化的游乐设施，现已成为最受文莱人喜爱的娱乐场所。

青年宫 青年宫是建在文莱首都的现代化娱乐中心，里面设有大礼堂、体育馆、游泳池、家政室、娱乐室、餐厅等。

电影院 在首都斯里巴加湾市和诗里亚、瓜拉白拉奕及都东市都建有电影院。放映的影片几乎全部是从西方国家进口的，均须经过严格审查方可放映，带有色情镜头的影片禁止上映。1994 年 7 月文莱成立首家影片制作公司——21 世纪影片制作公司，但几乎没有生产影片。

第三节 体育

文莱非常重视发展体育，提高国民体质。政府不仅投入巨额资金在全国修建了大量体育设施，还积极参与国际赛事。虽然获奖不多，但参与热情可嘉。由于人口少，文莱的体育事业并不发达，小球类运动发展相对较好。

一 发展概况

文莱的国家体育事业是独立后才慢慢发展起来的。为发展体育事业，文莱政府修建了大量体育设施。斯里巴加湾市的多功能体育馆中心是文莱最大的体育场所，包括一个能容纳 3.5 万人的体育场。场内设施先进，配套齐全，跑道等均按照国际标准设置。该体育场内配备了大屏幕电子显示器，能即时播报赛事情况。1999 年文莱主办的东南亚运动会就在该馆举行开幕式。国家游泳馆坐落在文莱国际会议中心（ICC）对面，是文莱最大的游泳馆。这是一个按照国际标准建造的露天游泳馆。另外文莱还建有国家体育馆、网球场、曲棍球场、马球场、杰鲁东射击场、塞拉萨水上运动场等体育设施。

截至 2010 年底，文莱共有 34 个体育项目联盟（类似国家队），均为非政府组织，隶属文莱奥委会管理。这 34 个体育项目联盟的国家队运动员只有 150 多人，因此文莱派出的参赛代表团人数都很少，常常是技术官人数超过运动员人数。文莱的国家队运动员的训练管理都很松散。在备赛集训前，队员每天的训练时间很少。因此，文莱在国际赛事中很难获得好成绩。但文莱对参赛选手的选拔还是较为严格的，不仅要求两年内曾在国内外比赛中获得奖牌，还要身体健康，具有潜能，并每天坚持训练。

文莱与他国在体育上也有不少交流。譬如，文莱聘请了多名来自中国的羽毛球、乒乓球和武术教练。2007 年文莱正式成立了国家武术队，由中国派出的专业教练员指导。2010 年，文莱运动员在世界青少年武术锦标赛中获得女子南拳冠军。在参与国际赛事前，文莱也会派出运动员到国外进行专门的训练。

二 国际赛事参与情况

文莱人的体育思想被认为是一种享乐主义思想，运动员参加比赛时没有国家荣誉压力。1990 年，文莱首度参加国际体育赛事，派团参加了在北京举行的亚运会和在奥克兰举行的英联邦运动会。2002 年的釜山亚运会上，文莱空手道选手在 75 公斤级比赛中获得一枚铜牌。这是文莱在国际体育赛事中获得的首枚奖牌。文莱王子穆赫塔迪·比拉是个台球迷，也参加了釜山亚运会。他 2010 年曾到广州备战亚运会，但最终临时退赛。当时文莱共派出了 9 名运动员参加广州亚运会（包括比拉王子），是该届亚运会人数最少的代表团，却是文莱有史以来最庞大的体育代表团。

1996 年，文莱参加了亚特兰大奥运会，此后积极参与了除 2008 年北京奥运会外的历届奥运会。2008 年，因为文莱奥委会没能及时为该国准备参加奥运会的运动员报名注册，国际奥委会取消了文莱的参赛资格。文莱文青体部向国民发表了致歉声明，时任部长也被解职。2012 年伦敦奥运会上，文莱派出了历史上首位出战奥运会的女运动员——马兹亚·马胡辛。她是一位田径运动员，虽然在伦敦奥运会上并没有夺得奖牌，但在女子 400 米预赛中以 59 秒 28 的成绩打破了文莱的全国纪录。2012 年，文莱还首次派出运动员参加残奥会。唯一参赛的运动员阿旺·夏里·哈吉·朱马是东南亚残运会轮椅 F55 标枪的纪录保持者。

与此同时，文莱还积极派团参加一些地区性体育比赛。文莱于 1997 年首次派团参加东南亚运动会。1999 年 8 月 7～15 日，文莱首次主办了第 20 届东南亚运动会。来自东盟 10 国的 4000 多名运动员和工作人员参加了此次盛会。本届运动会共有田径、羽毛球、篮球、台球、草地保龄球、拳击、自行车、足球、高尔夫球、曲棍球、空手道、马来武术、藤球、射击、壁球、游泳、乒乓球、跆拳道、网球、保龄球和龙舟竞赛 21 个比赛项目。在该届运动会的开幕式上，文莱的 10 个文艺团体表演了大型团体操，内容包括“文莱光辉的历史”、“热带雨林里的生活”、“优秀的文化”、“伊斯兰教的壮大”、“石油的发现”和“迈向新世纪的成功之路”等。文莱共派出448名运动员和教练员参加比赛。在这届运动会上，文莱运动员共获得4枚金牌（其中马来武术3枚、草地保龄球1枚）、12枚银牌、31枚铜牌，名列第7，是历史上最好的成绩。按计划，文莱将主办2019年东南亚运动会。

此外，文莱6名女子登山队员于2000年12月31日成功登上了世界第四高峰——坦桑尼亚的乞力马扎罗山，并将文莱国旗插上了顶峰。

三　休闲体育

生活悠闲的文莱人日常喜欢的体育项目有羽毛球、高尔夫球、藤球、马球、曲棍球、武术等。文莱尤其以拥有顶级高尔夫球场而广为人知。

高尔夫球在文莱非常流行，无论是政商名流还是寻常百姓，都热衷于这个既娱乐又休闲的运动。在文莱，最让人意想不到的奢华之一就是它各种各样的世界锦标赛级别的高尔夫球场。无论是高尔夫爱好者还是初学者都将在文莱令人惊异的各种球场上享受到快乐。作为文莱推广生态旅游的最大卖点，文莱有多个世界级的高尔夫球场。帝国饭店高尔夫俱乐部有一个18洞高尔夫球场。该球场由著名高尔夫球员 Jack Nicklaus 设计，坐落于美丽的南海畔，夜间有灯光照明，是文莱最受欢迎的高尔夫球场。杰鲁东公园高尔夫球场也是一个18洞高尔夫球场，由 Ronald Fream 设计，据称是文莱最难打的高尔夫球场，同样十分受欢迎，前去打球一般需提前预订。另外还有RBA高尔夫球场，位于文莱国际机场旁边，由文莱皇家航空公司管理，是一个18洞球场，并设有练习场。

第四节　新闻与出版

文莱法律规定新闻自由，但政府对新闻媒介的管理比较严格。文莱政府强调，新闻自由应该以“马来伊斯兰君主制”为基础。文莱政府认为，新闻工作者对社会、民族和国家负有重大的义务和责任，必须坚持“马来伊斯兰君主制”原则，要有强烈的责任感、良好的品质和职业道德，要为促进文莱社会的和谐和对苏丹、文莱人民、伊斯兰教和国家主权的忠诚做出贡献，并认为良好的新闻职业标准应包括准确的报道、全面的分析，同时要怀有对社会和国家的热爱，而不受报酬、声誉和外来的影响。

近年来，文莱政府采取严厉措施，加强对广播及传媒活动的管理。根据1997年的《广播紧急修正法案》制定的相关法令规定：任何人在文莱从事广播活动必须事先获得批准；节目和广告的内容必须符合规定的标准；对于外国的广播服务，如果主管部长认为该服务质量和内容不可接受，他可以下令禁止该项服务；对于任何违反大众利益或民族和谐以及含有不良或腐朽内容的节目，该部长也可以采取行动。条例还规定：违反上述条例者，将被处以监禁3年或罚款4万文元或两者并罚；非法拥有解码器或卫星天线者，也将同样受到惩罚；非法从事广播活动者，将受到3年监禁或20万文元的罚款或两者并罚。

一 广播电台

文莱广播电台创建于1957年5月，归属首相府，系文莱唯一的广播电台。广播电台创建之初设备简陋，每天只播音2个小时15分钟，现已扩展到相当规模。目前，广播电台的播音工作已在斯里巴加湾市内的广播电视大厦内进行。广播电台配有流动录音与转播设施，还有室外广播和制作各类唱片的设备。

广播电台分两套节目进行广播，其中一台用马来语广播，全天播音，另一台用英语、华语和尼泊尔语播音，英语和华语播音每天分别为7个小时和5.5个小时。在都东地区，还设有无线电台转播站，以便于偏远地区居民收听节目。此外，在白拉奕区还设有一个专门为英国廓尔喀部队广播的英国军队广播服务台。

自2001年7月起，文莱广播电台正式推出网上广播，全球各地人民可通过网络收听文莱广播电台的节目，了解文莱政府、人民、社会及经济发展情况。

二 电视台

文莱电视台从1975年7月开始进行彩色电视播放业务，以英语和马来语进行播放。新的电视中心于1984年启用。位于首都市中心的文莱电视台设备齐全，拥有3个电视节目制作室，1个配备全套录音设备的剧场，配备有流动摄影器材，设有电影与录像的剪辑室、配音室、1个彩色电影研究室和3间播音室。此外，广播电视大厦内还设有控制室、零件修配间、图书资料室和节目管理办公室等。

文莱电视节目的发射范围覆盖全国及邻近国家。电视台采用3波段、高频率、彩色画面，通过第5频道和第8频道传送节目。此外，还建有两个电视节目转播站，使全国各地的电视收视效果良好，并使邻近的马来西亚沙捞越和沙巴地区居民也能收看文莱电视台的节目。除一些娱乐性节目外，文莱电视台的节目大多为新闻、歌曲和讲经节目等，较为单调枯燥。国际新闻主要转播由卫星收录的英国广播公司制作的节目。音乐节目多数为欧洲、东南亚和美国一些地区和国家的音像公司制作的作品。目前文莱有两家电视台，一家是政府广播电视台，另一家是转播外国电视节目的私营“水晶”（Kristal）电视台。文莱的电视台还与政府教育部合作，开设电视教学节目，为初级中学的学生提供学习英语和科学常识的机会。每天上午为5岁以下的学龄前儿童开设特别节目。

为了扩大影响，文莱电视台从1994年1月开始通过印尼的卫星向周围地区每天播放1个小时的英语、马来语节目。目前，通过卫星转播的节目已达10个小时，电视台播放的节目60%为本国制作。

1994年以后，文莱放松了对外国电视节目的控制，目前只要安装必要的译码器便可收看马来西亚电视台和中国香港地区近十个频道的电视节目，很受当地民众的欢迎。晚上收看电视节目，已成为文莱居民主要的娱乐方式。

三 报刊

文莱政府出版3份报刊：《文莱灯塔报》（*Pelita Brunei*）是政府的主

要新闻周刊，1956年创刊，由文莱首相府新闻局主办，每周三用马来文出版发行，每期发行量约45000份，免费供公众索阅；《文莱达鲁萨兰简讯》（*Brunei Darussalam Newsletter*），1985年10月创刊，是一份英文双周刊，由文莱首相府新闻局主办，发行量12000份，免费供公众索阅；《每日新闻摘要》（*Daily News Digest*），由文莱首相府新闻局主办，每天出版发行200份（英文），主要供政府内部人员参阅。此外，还有文莱政府出版的《政府公报》（*Government Gazette*）。

《婆罗洲公报》（*Borneo Bulletin*）是文莱唯一一份独立的商业性报纸。该报创刊于1953年，当时为周报，英文和马来文兼用。该报得到文莱政府的资助，基本上反映官方的观点和立场。1990年改为日报（星期六、日两天合为周末版），现全部以英文进行报道，每天发行量为4万份。2000年3月5日开始发行“星期日专刊”。除文莱外，该报也向新加坡、马来西亚、印尼和菲律宾等东南亚国家发行。

《新闻快报》（*News Express*）于1999年8月3日正式创刊，这是文莱独立以来第二份英文报纸。该报为前司法部长巴赫林担任董事长的AVESTA印刷和贸易有限公司所有。2000年4月10日，该公司又创办了文莱第二份马来文版的《新闻快报》（日报）。

《今日文莱》（*Brunei Today*）由文莱首相府新闻局主办，是一份介绍文莱国情的综合性英文月刊。

《回声》（*Echo*）于2001年10月8日创刊，是一份英文新闻杂志。该刊物主要是宣传“马来伊斯兰君主制”。

《萨拉姆周刊》（*Salam*）由文莱壳牌石油公司主办，1955年创刊，分马来文、英文和华文3种。主要报道文莱国内新闻及石油公司职工所关心的消息。每期发行量约5000份，只供公司内部职工和政府职员索阅。

2001年12月27日，文莱政府网站正式开设。网址：www. brunei. gov. bn。

第八章

外　　交

第一节　外交政策

自1984年1月独立以来，文莱一直奉行独立自主的中立和不结盟的外交政策，反对战争和侵略，维护和平，努力发展同各国特别是东盟邻国的友好关系，积极参与支持国际组织的活动。文莱苏丹在1984年1月1日独立庆典的御辞中阐明了文莱外交政策：相互尊重领土、主权与独立；维护与促进地区和平、安全与稳定。文莱独立不久即加入联合国，是联合国第159个成员国。1984年9月，文莱苏丹首次出席联大会议并发表讲话，表示支持《联合国宪章》，完全承担《联合国宪章》所规定的义务，并愿同其他国家一道努力实现联合国的目标和宗旨。1992年，文莱加入不结盟运动，成为第106个成员国。随着国际形势的变化及本国对外交事务日渐熟悉，文莱在国际与地区事务中逐渐采取较前灵活与积极的姿态。

文莱把同东盟国家的关系作为其外交政策的基石。文莱独立一周年后，即加入东盟，成为东盟第6个成员国。文莱认为，东盟在实现地区稳定、繁荣与和睦方面发挥着重要作用，而东盟作为文莱的近邻，其稳定与繁荣也促进文莱的稳定与繁荣。文莱还认为一国的抗御力必须以地区抗御力为后盾。文莱较快熟悉了东盟机制并力图在东盟中发挥更大的作用。1993年，文莱一名高官被任命担任东盟秘书处副秘书长。现在文莱经常主持召开东盟有关能源、环境、森林与粮食等专题性问题的部长与高官会议。积极支持建立“东盟自由贸易区”（AFTA），希望通过参与地区性经济活动积累经验，提高其参与国际经济活动的能力。1994 年 5 月，文莱外交部常务秘书率领东盟高官与美国进行对话。同年 7 月，文莱加入菲律宾总统拉莫斯倡议的菲、马、印尼与文莱的东盟东部增长区，并力争使增长区总部设在文莱。1995 年 7 月和 2002 年 7 月，文莱先后两次主持召开东盟外长年会。2013 年 10 月，文莱又成功举办第 16 次东盟与中国（10 +1）领导人会议、第 16 次东盟与中日韩（10 +3）领导人会议和第 8 届东亚峰会。

1997 年受亚洲金融危机的冲击，一些东盟国家的经济遭到重创，各国要求加强相互合作，共渡难关。文莱货币虽一度贬值 12%，但因文莱经济结构独特而在金融危机中免遭大的冲击。为了深化与友邻的合作关系，文莱向东盟有关国家伸出援助之手。文莱的慷慨援助对面临金融危机重压的一些东盟国家不啻雪中送炭，深得各国的赞许。可以预料，随着东盟国家在各方面合作的日益加强，文莱将会进一步使自己的政策与东盟整体的政策更加协调一致。

文莱把同伊斯兰国家的关系看作其对外政策的重要组成部分，同这些国家有着密切的经济、文化、科技合作关系，人员往来也较频繁。1984 年文莱独立后，苏丹的首次出访是参加伊斯兰会议组织（OIC）首脑会议并成为其成员国，是年年底访问了阿曼、埃及和约旦等伊斯兰国家。1994 年初，苏丹首次对伊朗和科威特进行国事访问。文莱在国际舞台积极参与穆斯林事务，出席伊斯兰组织首脑会议，并发表讲话，对中东局势的发展表示关切，关注波黑冲突。1994 年 10 月，伊朗总统拉夫桑贾尼访问文莱，双方强调伊斯兰国家内部团结的重要性。

文莱重视与大国的关系，一直与英国保持着特殊关系，与美、日等大国关系密切。冷战结束后，文莱对意识形态问题有所淡化，力图开辟更广阔的外交领域，继与中国建交后，先后与俄罗斯、越南、老挝、缅甸、罗马尼亚等国家建交。

随着国际经济相互依存趋势的发展及本国经济实行多元化的需要，文莱开始积极参与地区与国际经济活动。自 1993 年 11 月以来，亚太经合组织（APEC）共举行了 22 次成员国领导人非正式会议，截至 2014 年文莱苏丹是出席过全部 22 次领导人非正式会议的少数几位领导人之一，文莱支持 2020 年实现亚太地区自由贸易的概念。不仅如此，2000 年 11 月 16～17 日，文莱还成功主办了 APEC 第 8 次领导人非正式会议，为 APEC 的健康发展做出了积极贡献。此次会议就全球化、新经济、亚太地区经济发展、次区域合作、亚太经合组织合作现状及其前景等问题进行了讨论，达成了重要共识，通过了《亚太经合组织经济领导人宣言：造福社会》，取得了重大成果。

为了贯彻落实 APEC 2000 年文莱会议的有关决定，推进和加强人力资源建设，文莱政府和中国政府于 2001 年 5 月 15 日在北京共同举办了“APEC 人力资源建设高峰会议”。与会的 21 个成员国的政府高级官员、企业家、教育学术界专家聚集一堂，围绕新世纪新经济条件下的人力资源建设深刻分析形势、总结交流经验、研究战略对策、探索创新合作，形成了《亚太经合组织人力资源能力建设北京倡议》。

此外，1993 年 12 月，文莱加入关贸总协定，1994 年 4 月在乌拉圭回合谈判最后文件上签字，成为世界贸易组织成员方。在贸易、人权及发展等问题上，文莱与多数发展中国家特别是东盟国家持近似立场。在国际贸易问题上，文莱主张实行开放的地区主义，反对建立过多的贸易集团。

除联合国、东盟、英联邦、伊斯兰会议组织和不结盟运动外，文莱还参加了世界卫生组织、国际海事组织、联合国贸易与发展组织、伊斯兰教育科学及文化组织、伊斯兰发展银行、亚太经社理事会、东南亚教育部长组织、亚太发展中心、亚太电信组织、世界气象组织、万国邮政联盟等国际组织。

截至 2012 年底，文莱已与 163 个国家建交。文莱在 40 多个国家设有使馆或高级专员公署（英联邦成员国对使馆的称谓），向纽约联合国总部和联合国日内瓦办事处派驻常任代表。现在常驻文莱的外国使馆约有 30 家，其中东盟各国在文莱均设有使馆。

第二节 对重大国际问题的态度

一 关于当前国际形势

文莱认为后冷战时代人类面临着全球化带来的新挑战。当前国际形势总体上缓和，区域一体趋势加强。大国之间的矛盾与竞争激烈，一些发展中国家的矛盾和冲突加剧，非洲、中东、东欧和中亚等地区形势仍不稳定，局部战争难免。跨国犯罪、人口膨胀、恐怖主义、失业、资源流失等都严重地威胁着人类的生存，未来充满了不确定因素。

文莱认为全球化使南北差距越来越大，各国要顺应时代潮流，加速调整政策和战略，不断适应迅速变化的形势，使人民获得丰富的知识，迎接各种挑战。同时，国际社会应采取有效措施，开展对话，增进了解，消除歧见，促进合作，利用和平手段，以宽容的态度来解决彼此的矛盾和争端。各国应遵守《联合国宪章》和公认的国际关系准则。文莱坚决反对以各种名义干涉他国内政，认为大国相互之间平衡和建设性的关系有助于世界的和平与稳定。

二　关于联合国

文莱 1984 年独立后即加入联合国，是联合国第 159 个成员国。文莱非常重视联合国的作用和影响。文莱苏丹曾指出："联合国的集体力量是我们小国的希望。对我们小国来说，我们比其他国家更需要联合国为维护和平与安全而行使道义上的劝导性的权威。"

为了庆祝文莱加入联合国，文莱苏丹向联合国儿童基金会捐赠了 100 万美元。文莱加入联合国后，积极支持和参加联合国的国际救援活动，向联合国捐助了 200 万文元，分别用于柬埔寨的战后恢复与波斯尼亚和黑塞哥维那救援穆斯林工作，还派了一支 12 人的警察小组参加联合国驻柬埔寨的维持和平部队。1985 年 6 月，文莱加入联合国的一个专门机构——世界卫生组织。

文莱认为联合国经历了冷战的考验，在维护世界和平与促进各国经济社会发展方面发挥了积极作用。同时，联合国也面临着许多新的问题和挑战。联合国的地位应得到提高，安理会的作用应得到加强。

文莱认为在全球化形势下，联合国应该从全球发展的角度对发展中国家的问题给予更多的关注。联合国是发展中国家的保护伞，发挥着平衡发达国家和不发达国家之间利益的至关重要的作用，更为发展中国家和欠发达国家提供知识和机会，促进其经济、社会和技术的进步，维护稳定的国际秩序，为此，各国要共同承担责任。

文莱支持联合国的改革，并认为任何改革都不应削弱联合国为一般公众服务的职能。在事关和平与安全、发展与合作以及财政问题方面，联合国不能让人失望。改革不仅体现在行政方面，而且要给《联合国宪章》的重大原则注入新的活力。文莱认为面临新的挑战时，联合国必须做出调整。只有改革才能提高效率，使联合国发挥更大的作用。各国应就改革的具体方案达成共识，应该多倾听中小发展中国家的声音，对大国在联合国享有否决权持异议。

三 关于东南亚国家联盟

文莱把东盟当作保持东南亚地区安全与繁荣的可靠支柱。文莱在独立之后一周即加入东盟，表明对东盟的高度重视，把发展与东盟国家的关系视为自己的外交基石。此后，文莱往往以东盟成员国的身份活跃在国际舞台上，为加强东盟各国的合作而采取主动行动，同时积极支持其他东盟国家提出的建设性动议。

1987 年 10 月，文莱苏丹首次参加东盟国家首脑会议。1991 年 2 月，文莱外交部长表示支持菲律宾提出的建立一个“东盟东部增长区”（East Asean Growth Area，EAGA）的建议。1992 年 1 月文莱苏丹出席了在新加坡举行的第 4 次东盟国家首脑会议，他在会上倡议签订关于经济合作的协定和建立东盟自由贸易区的协定，并提议把东盟和大国每年举行的对话会议当作讨论地区安全的论坛。

文莱认为，东盟成立 40 多年来在维护和平与稳定、促进东盟国家的团结与合作方面发挥了重要作用。东盟经受住了各种考验，扩大了组织并逐渐形成了良好的地区合作传统。东盟应该继续坚持平等、协商一致、互不干涉内政的原则，以谅解、宽容和相互支持的东盟方式处理东盟的内部事务。东盟新老成员发展不平衡，加速它们的融合有助于保持该组织的凝聚力和地区稳定。

文莱认为在全球化的形势下，信息通信技术和多边贸易体制给东盟在政治、经济和社会方面的发展带来了空前的挑战，东盟必须保持经济改革的势头，大力推进经济自由化，使经济得到持续发展。落实具体计划，包括建设东盟自由贸易区、东盟投资区，实现电子东盟和开展投资招商活动，以增强东盟的实力。

文莱认为东盟要大力开发人力资源，提高人民的技能和知识水平，提高参与全球竞争的能力。东盟还要增强公众的参与意识，使之积极投身于东盟的发展、安全和建设中去。

文莱认为东盟与中日韩（10+3）领导人非正式会晤对于加强相互了解、增进友谊、促进地区合作、维护本地区和平与稳定具有十分重要的意义。主张积极开展东亚合作，建立合作伙伴关系。认为“10+3”合作应以经济、金融和科技与信息通信技术合作为重点，大力开发人力资源；同时，开展政治和安全问题对话。强调在保持领导人会晤的同时，加强其他各层次、各领域人员的交流。

文莱认为中国在维护本地区和平与稳定方面具有非常重要的作用，东盟与中国在政治、安全以及金融、经济领域有着良好的政策协调和交流关系。中国市场潜力巨大，双方应增进相互了解，发展合作伙伴关系。支持东盟利用日本的经济和技术条件加强和扩大与日本的全面合作，促进东盟的经济增长。文莱赞赏韩国为朝鲜半岛和平以及地区安全所做的努力，主张东盟与韩国发展长期合作伙伴关系，并加强东盟与韩国在青年、新闻和官员方面的交流。

四　关于不结盟运动

1992年9月1日，在印尼雅加达召开的第10次不结盟运动首脑会议上，文莱被接纳为不结盟运动正式成员。文莱认为该组织既要关注政治问题，促进各国团结，又要行动起来加强各国的经济合作。不结盟运动应利用其特殊地位，强化合作、伙伴、对话和容忍等和平手段，采取切实行动解决发展中国家所面临的种种问题，促进建立伙伴关系以迎接全球化的挑战。呼吁加强“南南合作”，愿意为增进发达国家与不结盟国家之间的理解与合作而努力，并承诺为兄弟国家提供尽可能的援助。

五 关于亚太经合组织

文莱认为亚太经合组织是密切亚太地区经济联系、促进成员国之间经济合作的重要论坛。APEC 领导人达成的共识应该得到落实。应该坚持承认差别、自主自愿、协商一致的 APEC 方式，反对把政治问题纳入 APEC。

文莱主张在推进贸易投资自由化的同时开展经济技术合作，保持二者的平衡。应该努力实现茂物目标和大阪行动计划。极力主张加强成员国的能力建设和人力资源开发，大力开展信息和通信技术合作，以适应全球化的新经济带来的挑战。

文莱强调私营工商界更多地参与 APEC 的经济活动，建立同政府的伙伴关系，APEC 应为私营界的发展起到催化作用。认为 APEC 应鼓励公众的积极参与，使公众受益。

文莱认为应对亚太地区所面临的重大挑战是一个亟待解决的问题。文莱苏丹在 2001 年 APEC 人力资源能力建设高峰会议的讲话中指出，技术变革并不是一件新生事物，人们必须迅速不断地学习技术和知识，这才是现今所面临的真正挑战。他表示，亚太经合组织各成员必须以各自的方式来迎接挑战，尽管各成员的步伐会不尽一致。应对挑战绝非易事，但必须成功。为实现这一点，人们必须用不断更新的技术来武装人民；必须使民众感到他们可以从新经济的发展中受益；必须确保知识和传播知识的方式不控制在少数人手中。他说，当前面临一个障碍，就是亚太经合组织各成员处于不同的经济发展阶段。相信通过推动经济发展进程，新技术必将为克服这个障碍发挥更大的作用。他认为，现在正是携手合作制定政策的最好时机。同时，这也是充分利用新技术为民众造福的最好时机。

六 关于世界贸易组织

1993 年 12 月 9 日，文莱正式加入关贸总协定，成为第 117 个成员。1995 年 1 月，关贸总协定被世界贸易组织取代。文莱认为世贸组织大会应促进乌拉圭回合协定的实施，必须确保协定的成果不受损害。支持所有申请加入的国家成为会员，认为世贸组织应竭尽全力，确保没有任何国家受到排挤，主张劳工标准应由国际劳工组织处理。反对某些国家借保护环境推行保护主义的做法。呼吁世贸组织给较落后国家以特别和与众不同的对待，强调世贸组织所实施的规定不应剥夺弱小的发展中国家取得繁荣的机会。

七　关于亚欧会议

文莱积极开展同欧盟（1993 年 11 月前称欧洲共同体）的合作。1988 年 1 月，文莱 - 欧共体联合投资委员会宣告成立。同年 5 月，文莱外交部长到德国出席第七次东盟 - 欧共体外长会议，参与讨论了广泛的政治、经济问题。这次会议的成果之一就是决定在文莱建立一个东盟与欧共体联合管理培训中心，由文莱支付 600 万文元的建设费用，欧共体则负责提供设备和 200 万文元的日常开支。

1996 年 3 月，文莱苏丹亲自率团出席在曼谷举行的首次亚欧国家首脑会议，成为亚欧会议 26 个成员国之一。文莱认为亚欧会议是促进两大洲的对话合作、建立亚欧新型伙伴关系、促进两大洲相互理解和社会发展的重要进程。认为亚欧会议应坚持对话、协商一致、互不干涉内政和沟通说服的原则；反对把人权、劳工标准、南海或东盟有关国家的民主进程等敏感和容易引起争论的问题纳入政治对话中。认为应重点加强贸易和投资合作，并开展其他领域的合作活动，强调亚欧科技合作尤为重要。认为亚欧会议是非正式的，没有必要形成机制化；在接纳新成员问题上，应坚持协商一致的原则。

八　关于地区安全

文莱认为和平与稳定是本地区繁荣和发展的重要保证，对 1997 年亚洲金融危机给各国带来的经济和社会不稳定以及大国在本地区的力量变化甚为关切，希望中、美、日等大国在本地区的力量保持平衡。

文莱认为“东盟地区论坛”有助于各国就本地区安全问题开展对话，对于增加相互信任起重要作用。认为该论坛是一个对话的场所而不是一个解决冲突的机制，论坛应该以各国都能接受的进度发展。认为开展预防外交能有效地防止冲突的发生。

文莱认为东南亚无核区是把东南亚建成和平、自由和中立地区的重要组成部分，有助于防止核扩散，体现了东盟各国对和平与安全的承诺。文莱要求五个核大国签署《东南亚无核区条约》并履行各自的承诺。在与别国军事交往过程中，明确不允许带有核装置或有核动力的舰只进入文莱水域。

九 关于南海问题

1984年独立后，文莱实行200海里专属经济区经济制度，声称对南沙群岛西南端的南通礁（也称“路易莎礁”）拥有主权，并分割南沙海域3000平方公里，成为南海岛屿主权争端国。但文莱一向态度温和，未派遣军队占领任何南沙岛礁。

文莱认为，南海地区的形势相对稳定，南海地区的领土争端是一个复杂的并对本地区安全与和平构成威胁的问题，应把维护南海和平与稳定放在国家安全和地区战略的首位；主张通过外交途径和平解决南海地区的领土争端，反对诉诸武力；欢迎中国提出的以公认的国际法和现代海洋法包括《联合国海洋法公约》所确立的基本制度和法律原则，通过双边谈判解决南海争端；赞同南海问题不应该阻碍有关国家在各个领域的合作。

近年来，随着美国高调“重返”亚太，南海紧张局势再度升级。由于文莱油气田大部分位于南海，因此南海局势对文莱生死攸关。文莱视南海为其战略前沿地带，把应对南海潜在冲突、保卫文莱海上油气田作为武装部队的首要任务。文莱同意美国使用其军事设施，允许美国海军进出海港等老政策也逐渐产生新的安全效益。2011年7月9日，文莱还默许日本、美国和澳大利亚在其近海海域举行了以战术队形航行和通信为主要内容的联合军演。但与越南、菲律宾高调挑起南海争端不同，文莱实行相对温和的南海政策，并未随波逐流，不但未派兵占领南海岛礁，而且主张维护南海地区的和平与稳定，因为南海地区的任何摩擦、冲突或战争，都将使文莱的生存安全受到挑战。

十 关于朝鲜半岛形势

文莱认为朝鲜半岛形势的缓和有利于东亚地区的和平与稳定，对此表示欢迎。赞赏韩国前总统金大中为促进半岛南北双方和平与民族和解所做的努力。希望朝、韩、中、美四方会谈能取得进展，尽早建立半岛和平机制。希望朝鲜的核问题早日得到解决。认为国际社会应给予朝鲜更多的人道主义援助，解决朝鲜实际面临的经济问题，从而对其外交政策产生积极影响。支持朝鲜加入东盟地区论坛。

十一 关于中东问题

文莱支持中东和平进程，赞赏有关各方为争取和平所做的努力和达成的协议，希望中东早日结束纷争实现持久和平，反对任何阻碍中东和平进程的行为。

关于阿以冲突，文莱主张寻求一个顾及巴勒斯坦人民合法权益的公正持久和全面的解决方案；召开国际会议谈判解决阿以争端，让巴勒斯坦民族权力机构作为巴勒斯坦人民的全权代表参加谈判；同情巴勒斯坦穆斯林的遭遇，主张巴勒斯坦人民的合法权益应得到恢复，并愿意提供任何可能的帮助；反对以色列占领包括南黎巴嫩在内的阿拉伯领土。2004 年 11 月，文莱苏丹亲赴埃及参加巴勒斯坦总统阿拉法特的葬礼。

十二 关于人权问题

文莱认为在人权问题上，各国有不同的标准，因此，有必要进行对话与合作，反对通过政治施压或经济制裁来迫使其他国家改变其人权状况的做法，反对借人权问题干涉他国内政。

十三 关于全球化问题

文莱认为信息技术革命引起的全球化打破了传统疆域和界限，给人类带来了空前挑战。全球化不可避免，机遇大于挑战。

文莱认为全球化促进了经济合作，加速了经济增长和社会发展，对于改善人民生活质量、提高生活水平起到积极作用。然而，全球化也使跨国犯罪和恐怖主义等问题更加严重，南北差距加大，发展中国家和欠发达国家有被边缘化的危险。

文莱认为面对全球化：第一，发展中国家应接受这一现实，顺应形势变化，及时调整政策，进行改革。第二，大力开展国际合作，加强国际组织，如联合国、国际货币基金组织、世界银行、亚太经合组织及东盟的作用。发达国家应向发展中国家开放它们的市场，并提供技术援助，缩小“数码鸿沟”。第三，以人为本，重视人的教育和健康，使人民获得并掌握必要的知识和技能以便参与全球化竞争。第四，加强政府职能，维护本国人民的利益。

第三节 与东盟国家的关系

多年来，文莱不仅尽力推进与东盟组织的关系，还积极发展与东盟成员国家的关系。

一 与马来西亚的关系

（一）政治关系不断推进

马来西亚和文莱是山水相连的邻邦，两国人民在民族、宗教、文化传统等方面有着紧密的联系，但在20世纪六七十年代，两国关系起伏不定。1963年文莱加入马来西亚联邦的谈判破裂之后，双方之间的关系一度紧张甚至恶化。马来西亚撤走了派驻文莱的技术专家，停止为文莱发行货币。文莱则取消了马来西亚航空公司在文莱首都的着陆权。

1966年，原先被文莱当局监禁的8名文莱人民党领导人越狱逃到马来西亚，尽管马来西亚在1962年曾派警察部队支持过文莱政府平息文莱人民党的政变，此时它却给予这8名文莱人民党领导人以政治避难权，还允许他们在吉隆坡开设一个办事处。不久，马来西亚政府便正式宣布支持文莱人民党，谴责文莱苏丹实行封建专制统治，还要求英国给予文莱独立，在文莱建立民主政府。1975年，马来西亚甚至还支持文莱人民党派代表团去联合国，向联合国非殖民化委员会提交文莱独立的议案。文莱指责马来西亚干涉文莱的内政，并重新提出林梦地区的主权问题，要求马来西亚把该地区归还文莱。林梦地区人民起而响应，他们举行效忠苏丹的游行，许多人还举家迁往文莱。马来西亚也发起了一系列反文莱的示威游行。文莱政府则禁止马来西亚官方车辆通过文莱领土，还召回了文莱在马来西亚的留学生。两国关系陷入最为严重的危机。

1978 年侯赛因·奥恩担任马来西亚总理之后，两国关系出现转机。奥恩总理意识到，必须结束两国之间的敌对状态，为此，他先派沙巴首席部长前往文莱讲和，接着他本人又亲自到文莱参加文莱王室成员的婚礼，他还决定中止对文莱人民党的支持。这些友好姿态得到了文莱方面的积极响应，不久，两国关系开始解冻，恢复了文化和体育方面的往来。马哈蒂尔继任马来西亚总理之后，双方之间的关系得到全面恢复和发展。1983 年马哈蒂尔总理访问文莱，恢复了对文莱的技术援助和教育培训项目，两国决定互派大使，恢复两国首都之间的航空运输，通过谈判解决两国边界问题。

此后，两国政府首脑及其他高级官员每年都频繁互访。文莱独立后，苏丹第一个进行国事访问的国家就是马来西亚。1993 年，马来西亚总理马哈蒂尔访问文莱时与文莱苏丹商定设立“两国联合委员会”。1994 年 4 月 24 日，“联委会”首次举行会议，双方同意重新讨论搁置已久的林梦领土主权问题，相信可通过协商找出解决办法，无须交第三国仲裁，决定不交国际法庭；并同意成立一个陆地与海上边界联委会及一个临时委员会，研究加强两国在贸易、投资、运输与旅游等领域的合作。两国外长还签订了谅解备忘录，表示希望尽快签订投资保护及免税意向书。1997 年亚洲爆发金融危机后，文莱向马来西亚提供了 10 亿美元的贷款援助。

1998 年 10 月，马哈蒂尔总理访文期间，双方讨论了进一步加强两国间的合作，包括简化文莱和马来西亚沙捞越州和沙巴州公民到对方旅行手续（使用简易旅行证），增加文莱飞行器在马来西亚上空的飞行高度，加大文莱在马来西亚房地产和商业领域投资等。同年，双方签订了《航空搜救服务协议》，同意根据《芝加哥公约》在各自的领海和公海搜救责任区域内互为对方提供搜救服务。

进入21世纪以来，两国的政治关系得到飞速发展，双方高层互访频繁，及时地解决了相互之间的摩擦，为两国关系的发展扫清了障碍。2005年文莱苏丹夫妇对马来西亚进行了国事访问。在2006年8月举行的第10届马文双边年度磋商中，文莱和马来西亚就彼此关心的地区和安全问题进行了坦诚的交流，双方还就两国公务员的相互交流进行了机制设计。2007年6月，马来西亚总理巴达维和副总理纳吉布出席文莱公主玛吉达的婚礼。7月，马来西亚最高元首米赞·扎伊纳尔·阿比丁访问文莱。8月，马来西亚总理巴达维访问文莱，并与文莱苏丹博尔基亚共同主持第11届马文双边年度磋商。2008年5月，文莱苏丹博尔基亚访马。8月，文莱苏丹博尔基亚赴马出席第12届马文双边年度磋商。2009年8月，马来西亚总理纳吉布对文莱进行了国事访问，与文莱苏丹博尔基亚举行第13届马文双边年度磋商。在磋商过程中，双方均表示要加强双边关系和合作，还指出两国在促进地区与国际和平、安全、稳定及繁荣方面保持密切的伙伴关系。2010年5月，文莱苏丹借出席在吉隆坡举行的第六届世界穆斯林论坛之机访问了马来西亚；2010年9月，文莱苏丹到吉隆坡参加第14届马文双年度磋商。

2010年12月13日，马来西亚首相纳吉布短暂访文，与文莱苏丹举行了双边会谈，并共同出席文莱国家石油公司与马来西亚国家石油公司勘探公司关于第二个商业安排区块（CA2区块，原K区块）长达40年的生产分成协议签署仪式。两国会后发布的联合声明称，该协议的签署是两国能源领域合作的新里程碑。

2011年9月，马来西亚总理纳吉布访问文莱，与文莱苏丹进行第15届马文双边年度磋商，双方在会后签署了关于经济与科技、投资、油气开发三项谅解备忘录，并签署了一份关于合作建设连接文莱淡布伦区与马来西亚林梦地区桥梁的协议。关于备受关注的海上争议领土问题，双方在会后的联合声明中称，将继续加强两国在油气领域的合作，并争取在年内完成两国边界勘察与划定谅解备忘录的起草工作。

（二）经贸合作不断加强

随着双边政治关系的加强，文莱和马来西亚的经济联系水平也不断提高。2006～2009 年文莱与马来西亚的国际贸易额一直呈增长状态，2006 年双边贸易额达 6.4 亿文元，2007～2009 年分别为 6.9 亿文元、7.24 亿文元、8.4 亿文元，2011 年，双边贸易额达到了 18 亿文元。在投资方面，目前约有 45 家文莱和马来西亚联合经营的公司处于文莱工业发展部的管理和控制之下，总投资额达到 9.8 亿文元。在 2011 年年度磋商会议上，马来西亚总理纳吉布表示计划与化工巨头巴斯夫公司合作投资 16 亿美元在文莱建设一个综合炼化厂。为了加强双方的经济联系，为两国经济往来提供便利，文莱和马来西亚也非常注重两国间互联互通基础设施的建设。为了从陆路上将文莱淡布伦区与马来西亚林梦地区连接起来，经过 2006 年和 2010 年文莱和马来西亚双方领导人谈判之后，两国决定修建双溪班达鲁安大桥，以增强两地在经济、贸易与旅游业之间的合作关系。2011 年，文莱派出代表团前往马来西亚，就两国共同兴建大桥有关事宜进行了讨论，随后两国在文莱王宫签署了合作兴建大桥的协议。该项目于 2013 年正式动工，预计 5 年内竣工并投入服务。在电信合作方面，2008 年 1 月 10 日，文莱电信局与马来西亚沙巴州天地通移动通信公司和 SACOFA 公司签署合作协议，开展东马沙捞越州、沙巴州和文莱 3 地间移动通信和信息技术发展合作项目。该合作项目的内容包括铺设从古晋开始至文莱、林梦、沙捞越和哥打基纳巴卢之间的陆上电缆，以及连接和提升各地之间的通信网络。此项目将铺设总长 3815 公里的陆上电缆，其中 SACOFA 公司负责 2800 公里，文莱电信局建 410 公里，沙巴州天地通移动通信公司建 605 公里。另外，马来西亚是当前文莱最主要的旅游人口来源国。据统计，2010 年 1 月至 7 月，到文莱旅游的马来西亚人一共达到 27736 人。同样，文莱也是马来西亚外来旅游人口的主要来源。2011 年，到马来西亚旅游的人数达到了 1239404 人。

（三）妥善解决陆地和海域争端

独立以来，尽管与马来西亚的关系取得了进展，但领土争端和互信不足一直是文莱与马来西亚两国关系中的不利因素，阻碍着两国关系的深化。早在独立之前，文莱和马来西亚两国就对林梦地区的主权存在争议。为了解决陆地领土和海域争议，文莱和马来西亚一直对该问题进行着谈判。在 1994 年举行的首次“两国联合委员会”会议上，两国同意重新讨论林梦领土争端问题。经过长达 20 年多达 39 轮的政治谈判，文莱和马来西亚最终通过了“一揽子”方案，解决了林梦地区的主权争端和两国在中国南沙海域的海域争端。尽管他们私自绕开中国签署的有关南通礁附近海域油气资源的开采协议是非法的，但是仅从文莱和马来西亚在该海域的争端来看，的确已经得到了解决。

2006 年，文莱和马来西亚同意通过互换书讨论解决两国的陆地和海上边界问题，并根据相关的 5 个历史性协议划分两国的边界线，其中的两个协议直接关系到两国在林梦地区的边界线。经过艰难的谈判，2009 年 3 月 16 日，马来西亚总理巴达维和文莱苏丹哈桑纳尔·博尔基亚在文莱首都斯里巴加湾市签署互换书，根据这份互换文本，文莱正式放弃对东马来西亚沙捞越州林梦地区的领土要求。作为交换，马来西亚则向文莱让渡了对南通礁附近两个产油区块的开采权。

林梦地区主权争端和两国在中国南沙群岛海域争端的解决为文莱和马来西亚关系的推进扫除了最大的障碍。马来西亚和文莱两国都认为两国双边关系与合作将进入一个新纪元。据文莱媒体 2012 年 3 月报道，文莱和马来西亚签署了联合勘测和划定陆地边界谅解备忘录，以进一步落实两国元首于 2009 年签署的解决边界争议的换文。双方一致同意遵守现有的五个陆地边界协议，在现有协议未涵盖区域，则完全依据分水岭原则进行划界。马外交部声明称，此举是文、马进一步加强双边互惠合作伙伴关系的又一个里程碑。

此外，双方在军事领域有着良好的合作关系。1992 年 2 月，双方签订了成立两国“防务委员会”协议，其中包括训练、军事演习、人员交流、侦查、后勤支援和海事研究等。自 1993 年以来，两国之间的海军联合演习每年一次，轮流主办。此外，两国在毒品管制和共同对付毒品犯罪方面也进行了有效的合作。

二 与新加坡的关系

文莱与新加坡的关系一直都十分密切。1965 年 8 月新加坡脱离马来西亚而独立之后，两国的利益趋于一致，因为两国都是小而富裕的国家，都有受制于人的相似经历，又都面临着维护自己的主权和独立的任务，共同的命运使两国从一开始就建立起亲密的友好关系。1975 年，流亡的文莱人民党领导人搞了一份“文莱独立”的方案提交联合国大会讨论表决，当时的东盟成员国中只有新加坡站在文莱苏丹政府一边，未投赞成票。1980 年新加坡总理李光耀与印尼总统苏哈托一道提议让文莱加入东盟。1984 年文莱独立并加入东盟后，文莱与新加坡在保持原有联系的基础上，在政治、外交、经济、军事、文化等各方面开展了全方位的合作。在政治和外交上，两国政府首脑和高级官员频繁进行互访，在多年的交往中，两国领导人之间建立了一种亲如一家的私人友谊。自 1990 年以来，在两国政府交流计划下，双方定期进行部长级互访活动。在行政管理方面，新加坡为文莱的大多数行政管理部门提供咨询指导和培训服务。在国际上，两国相互支持。

（一）政治关系日益密切

1984 年后，文莱和新加坡的政治外交关系不断推进，两国高层频繁地进行相互访问。从 1990 年起，文莱和新加坡就建立了定期部长级互访机制，以加强两国的友好合作。进入 21 世纪以来，在东南亚地区一体化进程不断加深的背景下，文莱和新加坡的政治外交关系更加密切。2004 年 8 月，李显龙在就任新加坡总理后把文莱作为东盟之行的第一站，新加坡对文莱的重视程度可见一斑。2006 年 5 月，文莱王储比拉对新加坡进行了为期 5 天的访问，因为比拉在推进两国警务合作中做出了积极努力和贡献，新加坡总统纳丹授予比拉“卓越服务勋章”。2010 年 8 月至 2011 年 3 月，文莱和新加坡之间的高层互访多达 13 次，互访的官员涉及各个部门。2012 年 4 月 24 日，新加坡副总理张志贤对文莱进行正式访问。

（二）经贸关系不断加强

在经济方面，双方的互补性很强，文莱盛产的石油和天然气正是新加坡所需要的，而新加坡充裕的技术力量又正是文莱所缺乏的，双方的合作有着现实的基础。两国的经济合作最突出的是金融业和贸易。在金融方面，自1967年以来，两国一直维持着货币等值流通，双方金融机构保持着良好的合作关系。据报道，文莱有60亿美元存放在新加坡银行。当新元遭受1997年亚洲金融危机冲击时，文莱即与新加坡联手提高银行隔夜拆借利率，并抛出8亿美元购入新元，用以维护新元的地位。2005年8月，两国签署了避免双重征税协定。在贸易方面，新加坡是文莱在东盟中最大的贸易伙伴，也是世界上向文莱出口商品最多的国家，连美国和日本都分别落在第4位和第5位。近年来，文莱和新加坡的双边贸易额更是急剧增长，2011年达到了22亿美元，较2005年增长了80%。同期，新加坡对文莱的投资从6300万美元增至1.81亿美元，同比增长近20%。此外，2000年11月，新加坡港务集团投资1亿文元（约合6000万美元），协助穆阿拉港口的管理、发展及经营集装箱码头。在航空运输方面，两国签订的民航合作协定规定，双方的客机可以从对方的领土飞往第三国，并且允许彼此的航班在两国首都之间使用任何类型的客机，飞行次数不限。2004年初，文莱、新加坡、泰国还共同签署了《全面开放货物空运协议》。

（三）其他领域合作不断拓展

文莱和新加坡在科教文卫方面的合作也非常引人注目。1998年11月，文莱和新加坡签署了谅解备忘录，双方约定在包括数码音频广播和数码电视服务在内的新闻广播技术方面开展合作。双方还原则上同意开展电视与广播节目的交流，在卫星电视服务、教育、培训和研究方面开展切实合作。自1990年，文莱和新加坡还轮流举办科技联合会议。2005年8月，文莱发展部和新加坡环境与水资源部签署了一项合作备忘录，商定两国在固体和危险废物管理、水资源管理与再循环、环境教育等方面展开合作。在教育合作方面，2006年2月，文莱教育部长与新加坡教育部长签署了有关5所文莱学校与5所新加坡学校结成姐妹学校的合作谅解备忘录。2008年8月24日，文莱 DINA Oroup Brunei 公司与新加坡 Christel Technologies Group 公司签署合作意向书，于2009年1月在文莱合资设厂组装 GSM 智能 PDA 手机。在卫生领域，2007 年 2 月，文莱与新加坡签署了一项有关双方在传染病监控、人力资源、医药器材、食品安全、疾病监管等领域加强合作的谅解备忘录。

此外，两国在防务方面有着“特殊联系”。因新加坡国土比文莱还小，文莱为新加坡在淡布伦提供军队训练基地，在穆阿拉区驻有新加坡军营。文莱也有 300 多名官兵在新加坡参加 70 个军事项目的训练，相当于文莱派往海外（包括英国、澳大利亚和新西兰等国）受训人员的一半。自 1997 年起，两国海军开始进行例行的联合军事演习。

三　与印度尼西亚的关系

印度尼西亚是文莱的另一个近邻，两国之间在宗教、文化、民族等方面也有很多共同点，双方民间来往较为密切。但在苏加诺总统执政时期，两国官方之间的关系较为冷淡和疏远，原因是苏加诺对文莱人民党给予了军事、资金和道义上的支持。苏加诺总统公开把文莱人民党称为“新兴力量”，并断言它必将在文莱获胜。印尼政府同意文莱人民党的成员到印尼接受军事训练。据称，1962 年底文莱人民党发动政变时得到了苏加诺政府提供的 35 万美元资助。政变失败后，人民党领导人阿扎哈里逃往印尼，印尼政府为他提供了避难权。苏加诺等还发起成立了一个“印尼支持北加里曼丹人民革命全国委员会”，共有印尼的 160 个政党和团体参加了这个委员会，准备在物质上和道义上大力支持文莱人民党再次进行夺权斗争。

1965 年苏哈托上台后，印尼政府改变了以前对文莱的政策，停止对文莱政府进行攻击性宣传，也不再支持文莱人民党，还把阿扎哈里软禁在茂物市。1980 年苏哈托总统与新加坡总理李光耀一道建议让文莱加入东盟。1981 年文莱苏丹对印尼进行了访问，由此开始了两国官方之间的正式往来，双方互派了首任大使，还开辟了两国首都之间的航空交通。两国关系步入健康稳定发展轨道。

（一）两国高层互访不断

1984 年两国建交后，双方高层政治互访不断，文莱苏丹多次出访印尼，时任印尼总统苏哈托两次访问文莱。1998 年 2 月，文莱苏丹赴印尼出席不结盟运动“南南技术合作中心”揭幕仪式。该中心由文莱和印尼合作建成，耗资 1060 万美元，大部分由文莱捐献。1998 年 5 月苏哈托下台后，瓦希德总统于 2000 年 2 月访问文莱。之后，梅加瓦蒂总统于 2001 年 8 月和 2003 年 8 月两次赴文莱访问。2006 年 2 月，印尼苏西洛总统访问文莱；4 月 22 日至 24 日，文莱苏丹率领外交与贸易部长等 28 人对印尼进行访问。访问期间，两国签署了谅解备忘录，就旅游文化、国防、情报交换、信息交换以及救灾联合演习等领域合作进行磋商。印尼政府向文莱苏丹颁发了“空军徽章”和“荣誉公民”，以表彰文莱苏丹为发展印尼和文莱关系做出的贡献。2008 年 11 月，文莱苏丹再次访问了印尼。2010 年 8 月至 2011 年 3 月，文莱与印尼的高层互访多达 10 次，有力地推动了两国关系的发展。

（二）经贸关系不断加强

由于两国长时期无海运相通，两国的商品贸易只能通过新加坡转口，因此贸易额相对较小。1999 年 4 月，在两国共同努力下，文莱穆阿拉港与印尼的泗水港才正式通航，每周 1 个航班。为了推进两国相互投资便利化，文莱和印尼于 2000 年 5 月同意在婆罗洲的边界地区设立一个投资中心。两国还签署了《经济贸易合作备忘录》和《避免双重征税协定》。

在多重政策效应下，文莱和印尼之间的贸易额在 2003 年实现突破，达到 2.58 亿文元，2006～2009 年，文莱和印度尼西亚之间的贸易额分别为 2.48 亿、2.885 亿、3.084 亿、1.207 亿文元，2010 年回升至 7.271 亿美元。2011 年双边贸易额为 11 亿美元。在双边贸易结构中，文莱处于顺差地位，其向印尼的出口额远远高于进口额。2009 年，印尼已成为文莱第三大贸易伙伴。在经济援助方面，1997 年亚洲经济危机期间，文莱允诺向印尼提供 12 亿美元的备用贷款，帮助印尼克服金融危机带来的困难。在人力资源互补方面，印尼约有 3 万人在文莱当劳工，占文莱外籍劳工人数的第二位。

（三）社会文化合作日益拓展

为了推进两国社会文化的相互理解和合作，2003 年 7 月，在文莱－

印尼联合委员会第一次会议上，双方同意成立友好协会。友好协会的宗旨是为两国关系的推进提供一个“二轨外交”的平台和渠道，继而促进两国经济、贸易、旅游、社会、教育和文化的合作。2008 年 4 月 22 日，印尼和文莱签署了有关文化合作的谅解备忘录。2009 年 3 月 24 日，文莱 - 印尼友好协会举办官方庆典。

此外，文莱和印尼在军事领域的合作也取得了进展。印尼还向文莱提供军事援助和军事训练。2003 年 4 月文莱苏丹访问印尼期间，两国签署了双边防务合作协定。2012 年 3 月 19 ~ 23 日，文莱、印尼两国海军举行了联合军演，旨在进一步完善两军联合行动准则、程序和战术。双方各派出两艘军舰参加演习，演习项目包括夜间遭遇战、海上拦截训练等。

四　与泰国的关系

早在文莱独立前，文莱和泰国就有经贸和高层往来。文莱每年都要从泰国购买大量的大米。在文莱加入东盟问题上，泰国也持赞成和欢迎态度。1981 年 4 月，泰国副外长访问文莱，表示“泰国乐见文莱独立后加入东盟”。1983 年 10 月，文莱就在曼谷成立了官方外交机构，文莱独立后，该机构直接升级为文莱驻泰国大使馆。

1984 年后，文莱与泰国的关系发展顺利，两国在政治、经济、投资、贸易、教育等领域都保持了紧密的合作关系。在政治领域，文莱和泰国高层互访频繁。2002 年，文莱苏丹访问泰国；2003 年 4 月，文莱苏丹赴泰国参加“中国 - 东盟领导人有关非典问题的特别会议”；同月，文莱外交部长又前往泰国参加两国双边合作委员会首次会议。2010 年 3 月至 2011 年 1 月，文莱和泰国的高层互访更是多达 6 次。2012 年 6 月 29 日至 7 月 2 日，文莱苏丹访问泰国。双方就农业、清真产品、能源和教育等领域合作广泛交换意见。博尔基亚和英拉表示，两国争取 8 月签署有关开展水稻种植、渔业、畜牧业、土地开发和水资源管理等合作的备忘录。两国还初步讨论共同建立合资公司，使用文莱清真品牌，将泰国发展成为出口基地。泰方提出加强两国在再生能源方面的合作。

在经贸关系领域，文莱是泰国大米的重要进口国，而泰国则是文莱石油的重要出口对象。2002 年，文莱与泰国间的贸易额达到了历史最高值，为 9.809 亿文元；随后，文莱与泰国的贸易额有所下降。2013 年，两国签署了农业合作谅解备忘录，双方将加强在水稻种植、大米进出口、清真食品加工等领域的合作。文莱消费大米现基本由泰国进口，年均进口量为 3.2 万吨。

在其他领域，文莱与泰国也有广泛合作。泰国对文莱军人、医学院学生提供培训，文莱还外聘泰国医生到文莱医院工作。在 1997 年的亚洲金融危机中，文莱提供 5 亿美元参加了国际货币基金组织对泰国的救援。目前，文莱每年向泰国穆斯林学生提供 10 个奖学金名额，资助他们到文莱学习宗教、医护、石化工程和电脑管理等课程。泰国每年也会为文莱学生提供一些课程培训的机会。文莱还与泰国签署了《信息与广播合作谅解备忘录》和《卫生合作谅解备忘录》。

五　与菲律宾的关系

文莱和菲律宾 1984 年建交，多年来两国间合作的领域主要集中于防务、农业、教育和贸易。

1987 年 8 月 24 日，文莱和菲律宾签署了《航空服务合作谅解备忘录》。1988 年 8 月，菲律宾总统阿基诺夫人访问了文莱，文莱苏丹向她表示，文莱将参加向菲律宾提供 100 亿美元的多国援助计划。双方发表联合公报希望加强两国间关系，鼓励私营部门的商人促进两国贸易和投资的发展。双方签订了《航空修正协定》，文航增加了飞往菲律宾南部达沃等城市的 4 条航线。随着“东盟东部增长区”的建立，文菲关系日趋密切。1998 年 3 月，文莱苏丹对菲律宾进行回访。拉莫斯总统称文莱苏丹无私地致力于扩大人员间的交流，为更深的兄弟般友谊和谅解做出了贡献，为实现两国和整个地区的稳定和繁荣做出了努力，是菲律宾人民一位真正和伟大的朋友，其作为领导者和政治家的风范赢得了菲律宾人民的敬仰。1999 年 8 月，菲律宾总统埃斯特拉达访问文莱期间，两国签署了关于建立文莱菲律宾双边合作委员会的谅解备忘录，表示双方将探讨今后在海空运输、捕鱼、贸易与投资、劳务与人力资源开发等领域的合作。文莱航空公司与菲律宾巴拉望省的合作航空公司签订了航空合作议定书，规定从1999年10月起，菲律宾合作航空公司将开辟从普林塞萨港至斯里巴加湾市的航线，每周两班。双方还就南海问题发表了一项联合声明，重申有必要根据公认的国际法，包括1982年《联合国海洋法》所确定的原则和平解决争端，并在南中国海的活动上继续保持克制。2000年11月，文莱和菲律宾签署了《技术贸易和渔业合作谅解备忘录》。2001年8月，菲律宾总统阿罗约访问文莱，两国签署了《防务合作谅解备忘录》。2003年1月，文莱苏丹访问菲律宾，双方签署了两国海域合作协定，并启动了两国2001年签署的防务合作协定，两国还举行了代号为“海鸥1号”的联合军演。2005年3月7日，文莱和菲律宾签署了《高等教育学术合作谅解备忘录》。2008年10月5日，菲律宾国际货柜码头公司受文莱经济计划和发展局委托接管摩拉港货柜码头。据报道，菲律宾公司协助文莱设计和建造大摩拉岛长约660米的货柜码头，并获得文莱政府特许经营权，接手储放、进出口处理等港口业务。2009年4月27日，两国签署了《农业合作谅解备忘录》。

2011年6月1~3日，菲律宾总统阿基诺三世对文莱进行正式访问。6月1日抵达当日，阿基诺三世见证了菲律宾和文莱在食品安全及农业、造船和港口建设、旅游和体育发展4个领域签署加强合作的谅解备忘录。两国一致同意通过合资企业加大对食品和农业的投资，并加强该领域的培训和能力建设；在旅游开发方面，两国将鼓励互访，通过共享宣传册及其他促销材料共同推出促销计划，并通过信息交换及参与两国间展览，共同促进医疗旅游的发展。访问期间，他同文莱政府有关部门以及企业举行会谈，探讨进一步加强双方在油气、基础设施、农业和渔业领域的合作。

2013年4月，文莱苏丹再次对菲律宾进行为期两天的国事访问。阿基诺总统在为文莱苏丹举行的国宴上发表祝酒词时表示，菲律宾承诺加强与文莱及其他所有东南亚国家的合作，不仅加强经济与文化合作，也要加强在海上安全方面的对话，并称“菲律宾保证会继续与邻国合作，以落实东盟成员国在《南海各方行为宣言》中所做的承诺，并推动有关制定‘南海行为准则’的谈判”。文莱苏丹表示，文莱期待提升与菲律宾的贸易与合作，并将继续支持菲南部的棉兰老岛和平进程。他还称赞了在文莱的2万多名菲律宾劳工对该国经济发展的重要贡献。

在贸易方面，文莱和菲律宾的贸易额呈不稳定状态，波动和起伏比较大。2006年为996万文元；2007年为1120万文元；2008年激增到2.39亿文元；2009年又回落到4220万文元。从贸易结构来看，文莱长期处于顺差地位，如2008年，文莱对菲律宾的出口额达到21500万文元，进口额却只有2490万文元，造成这种局面的原因是双方贸易商品品种单一，菲律宾需要从文莱进口大量的石油。

此外，菲律宾约有3万多名劳工和女佣在文莱就业，因菲籍劳工具有能讲英语的优势，在文莱就业相当方便。

六　与越南的关系

1984年文莱独立时，越南宣布予以承认并要求建立外交关系，但文莱表示对越南入侵柬埔寨感到不安，要求越南按照联合国决议从柬埔寨撤军。直至90年代初，文莱才开始与越南进行交往。1991年11月，文莱交通部长访问越南，与越南签订了一项航空运输协定，还会见了越南总理武文杰。武文杰表示对两国关系的积极发展感到满意。

1992年2月底，武文杰总理到文莱访问，与文莱苏丹达成建立大使级外交关系的协议。同年6月29日，文莱外交部副部长率领一个代表团到越南进行一个星期的访问，两国官员讨论了两国建交之后扩大合作的途径，还讨论了海运协定和电信协定。越南总理武文杰对文莱代表团表示，他希望这次访问能扩大双边合作并吸引文莱商人到越南投资。

1998年5月，文莱苏丹应邀访问越南。访问期间，两国领导人就地区形势、亚洲金融危机和双边关系等问题交换了意见。文方表示愿继续向越南提供人力资源培训方面的技术援助，进一步加强双方的人员往来。越方感谢文莱在越南加入东盟时所给予的帮助和支持，赞赏文莱苏丹为维护东盟团结所做出的努力，认为这对东盟各国的合作具有重大意义。双方决定成立经济文化联合合作委员会。

1999 年 9 月，越南航空公司与文莱皇家航空公司签署了一项《航空合作谅解备忘录》。2000 年 6 月，越南外长访问文莱期间，两国外长签署了一项《双边贸易联合委员会协议》。

2001 年 11 月，越南国家主席陈德良对文莱进行为期 3 天的访问。访问期间，双方签署了《旅游合作谅解备忘录》、《经贸合作协定》和《海事合作协议》。

2005 年 11 月，文莱和越南签署了《防务合作谅解备忘录》；2007 年 8 月，文莱和越南签署了《体育合作谅解备忘录》，文莱石油公司和越南石油公司签署了《油气资源合作谅解备忘录》；2008 年 6 月 2 日，文莱和越南签署了《审计合作谅解备忘录》。

2012 年是文莱和越南建交 20 周年纪念。2 月，越南外长范平明访问文莱，双方就双边关系和其他共同关心的问题进行讨论，一致同意召开越南文莱联委会首次会议，审议和确定双方合作方向，并强调签署投资鼓励和促进协议以及大米贸易备忘录的必要性。越南还希望同文莱加强油气专业人员培训。由于文莱 2013 年将承办东盟峰会，作为 2010 年东道主，越南愿同文莱密切合作，给予大力支持。同年 11 月，越南国家主席张晋创对文莱进行正式访问。其间，文莱金管局和越南国家银行、文莱国家石油公司与越南石油公司分别签署了关于金融和能源领域的两项合作协议。

2013 年 5 月，越南农业与农村发展部长高德发访问文莱，双方签署了《农业合作谅解备忘录》，确定未来双方将加强农渔业、畜牧业和清真食品加工等五个领域的合作。高德发对文莱水稻种植区考察后表示，越南将加强对文派遣水稻种植专家，并引进先进水稻品种和农业机械，帮助文莱种植水稻，实现大米 60% 自给率的目标。目前，越南在文已开发两块水稻合作种植区，面积分别为 1 公顷和 23 公顷，未来双方水稻合作种植区规模有望进一步提升。

在贸易往来方面，随着 2000 年两国双边贸易委员会的成立和运行，当年两国的双边贸易额达到了 206 万美元，比 1999 年增加了 150%。文莱与越南的贸易额一直呈持续增长状态。2011 年，文莱和越南双边贸易额达 2 亿美元，主要产品包括电器、鲜果和咖啡等。

此外，文莱在越南的投资业非常引人注目。截至 2010 年，文莱在越南有 129 个投资项目，投资总额 49 亿美元，在 92 个对越投资国中列第 12 位，主要是私营企业投资酒店、度假村、工厂和工业品等。

七 与老挝的关系

文莱和老挝 1993 年 7 月建交，但两国直到 1997 年才互设使馆、互派大使。1997 年 5 月，老挝国防部长对文莱进行了访问，双方就加强两国关系等问题交换了意见。7 月，文莱外交部长博尔基亚亲王前往吉隆坡参加第 30 届东盟外长会议，对老挝加入东盟表示祝贺。1998 年 4 月，老挝国家主席坎代・西潘敦访问了文莱，两国领导人就共同关心的地区问题和双边关系进行了交流。文莱苏丹表示，将继续与老挝保持各个方面的合作；坎代也表示愿意加强与老挝在各个领域的合作。访问期间，文莱交通部长同老挝交通、运输、邮电与建设部长代表两国政府签署了一项航空合作协定。同年 5 月，文莱苏丹回访了老挝，表示将继续帮助老挝进行人力资源开发，同意成立一个双边委员会，促进两国在各个领域的合作。1999 年 4 月，文莱外交部长穆罕默德・博尔基亚亲王对柬埔寨进行了工作访问；2005 年 3 月，老挝总理本扬・沃拉吉对文莱进行了国事访问；2006 年 3 月，文莱哈吉・比拉王储访问了老挝；2007 年 1 月，老挝总理布阿索内访问了文莱；2010 年 11 月，老挝国家主席朱马利访问了文莱。密切的高层互访极大地推动了文莱与老挝之间的关系。

从双边贸易来看，由于双边贸易结构不稳定，两国之间的贸易额也一直处于波动状态。2010 年，两国贸易额仅为 12361 文元。

八 与柬埔寨的关系

文莱与柬埔寨 1992 年 6 月建交。建交后，文莱和其他东盟国家一起支持柬埔寨的和平进程，支持柬埔寨加入东盟、积极融入地区一体化进程。1995 年 1 月，柬埔寨外长访问文莱。1996 年 10 月，文莱外交部无任所大使玛斯娜公主到柬埔寨参加关于《柬埔寨问题巴黎协定》签署五周年纪念活动。1997 年 7 月，文莱对柬埔寨联合执政党与奉新比克党发生军事冲突一事发表声明，希望柬埔寨各方保持克制，和平解决分歧，维护地区和平与稳定。对此，文莱对东盟其他成员国倡议无限期推迟柬埔寨加入东盟的提议表示支持。

1998年7月26日，柬埔寨举行大选。文莱派代表参加联合国国际联合观察团对柬埔寨的大选进行监督。1999年柬埔寨加入东盟后，文莱对柬埔寨表示祝贺，认为柬埔寨的加入进一步壮大了东盟的实力，并对西哈努克亲王多年来为国家所做出的巨大贡献表示赞赏。

此后，文莱和柬埔寨的关系得到了平稳发展。2000年8月，柬埔寨首相洪森访问了文莱，两国领导人就如何推进双边关系交换了意见，双方还签署了一项航空协定。2003年2月，文莱成立了一个专门资助柬埔寨贫困穆斯林的基金会。2006年7月15日，柬埔寨首相洪森参加了文莱苏丹60岁生日庆典。2007年4月4～7日，文莱苏丹对柬埔寨进行了国事访问。2008年3月24～25日，柬埔寨国王西哈莫尼访问了柬埔寨。2009年5月27～28日，文莱外交部长穆罕默德·博尔基亚亲王出席了在柬埔寨举行的第17届东盟－欧盟部长会议。2012年4月2日，文莱苏丹哈桑纳尔·博尔基亚率团参加了在柬埔寨金边举行的第20届东盟峰会。

从双边经贸往来来看，文莱和柬埔寨之间的贸易额一直处于波动状态。2010年1月至6月，文莱和柬埔寨的贸易额为52040文元。

九　与缅甸的关系

文莱和缅甸1993年9月21日正式建立外交关系。建交以来，两国关系发展良好，一直处于平稳发展状态。尽管一些西方国家在人权问题上采取与缅甸对抗的政策，但文莱与其他东盟国家一样主张同缅甸保持“建设性接触”。1995年6月，文莱主办第28届东盟外长会议，缅甸被邀请作为文莱政府的客人出席开幕式和闭幕式；7月，昂山素季在缅甸获释，文莱对此发表了表示欢迎的声明，并表示希望昂山素季获释能够推动缅甸民族和解与经济发展的重要步骤；8月，文莱交通部长访问缅甸，两国签署了航空服务协定。1997年2月，文莱开始在仰光设立文莱驻缅甸大使馆并派驻缅大使；同年5月，缅甸也在文莱首都斯里巴加湾市设立驻文莱大使馆并派驻大使。随后，两国高层保持着密切的往来。

1998 年 4 月，缅甸国家和平与发展委员会主席丹瑞将军访问了文莱，与文莱苏丹就地区问题和两国关系交换了意见。文莱苏丹表示缅甸为文莱的经济发展做出了贡献，希望两国间继续加强商贸往来，共同致力于东盟自由贸易区的发展；加强在东盟地区论坛中的合作，共同应对金融危机。丹瑞将军对文莱支持缅甸加入东盟表示感谢，希望两国在各个方面加强合作。同年 5 月，文莱苏丹访问了缅甸，双方达成了互免外交、公务签证的协议，两国还同意成立经济、贸易、社会和文化联合委员会。1999 年 5 月，文莱苏丹特别顾问兼内政部长伊萨出席在仰光举办的第 13 届东盟劳工部长会议并访问了缅甸，双方签署了《信息和广播领域合作谅解备忘录》。2001 年 4 月，东盟外长退休会在缅甸召开，文莱穆罕默德·博尔基亚亲王应邀出席，顺访缅甸。2006 年 11 月，缅甸副外长吴觉都访问了文莱。2008 年 1 月，缅甸总理吴登盛访问文莱；据《缅甸时代周刊》2008 年 3 月 20 日报道，缅甸工商联合会与文莱就如何促进两国间的贸易，特别是缅甸的宝石、玉石和珠宝贸易，签订了谅解备忘录。2008 年 8 月，缅甸外长吴年温访问文莱。

在双边贸易方面，2005 年文莱和缅甸的贸易额为 259.6 万文元，2006 年实现了巨大的突破，达到了 415.4 万文元。2007 ~ 2009 年，文莱和缅甸的贸易额出现了逐年递减的情况，2007 年为 305 万文元、2008 年为 259.717 万文元，2009 年仅有 20.5894 万文元。

第四节　与西方国家的关系

一　与英国的关系

英国是与文莱关系最为密切的西方国家，也是对文莱影响最大、最深远的国家。从 1847 年沦为英国的“半殖民地”到 1984 年完全独立，除了 1941 年底至 1946 年 7 月处于日本控制之下，英国对文莱不同程度的殖民统治长达 130 多年。在二战结束前约 100 年间里，文莱的内政外交被英国全方位控制；二战后，在全球非殖民化浪潮席卷下，文莱逐渐地从英国手中获得了自治权，1946～1984年，文莱的内政外交逐渐走向独立化。1984年1月1日，英国放弃了其掌握的文莱外交和国防权力，文莱宣布完全独立。同年2月，查尔斯王子代表英国女王伊丽莎白二世出席了文莱独立庆典。

文莱独立后，两国之间特别两国王室之间保持着特殊关系和友好交往。文莱与英国这个前宗主国仍有着多方面的千丝万缕的联系，对英国还有着一定程度的依赖。文莱苏丹在文莱独立前夕就曾说过，文莱与英国之间有着特殊的关系，文莱独立之后将继续维持这种关系。1985年3月，英国首相玛格丽特·撒切尔夫人访问文莱，与文莱苏丹就英军继续驻留文莱等问题进行了会谈。1992年11月3日，文莱苏丹到英国进行首次国事访问，英国女王授予他英国最高荣誉勋章——大十字骑士勋章。在访问期间，他还获得牛津大学授予的民法荣誉博士学位和英国皇家空军授予的荣誉元帅头衔。文莱苏丹还经常以私人身份到英国逗留，因为他在英国有多处房产。

1998年9月，英国女王应邀对文莱进行国事访问，这是自1984年文莱独立后英国女王首次访问文莱。在欢迎宴会上，苏丹称颂两国王室和两国之间的亲密友谊，表示将继续努力使之得到不断加强，共同迈向21世纪。苏丹赞赏英国给予文莱的帮助和支持，特别是在本地区政治、经济形势发生巨大变化的时候，英国给了文莱可靠的指导；强调两国友谊是建立在相互尊重、相互信任和友好的基础上的。苏丹感谢英国为文莱政府、武装力量和工商界人士所提供的各种教育和培训，认为两国在经济、军事和教育方面的合作使文莱受益匪浅，希望英国继续在本地区发挥积极作用。文莱保证将继续同英国合作，为协助英国继续保持对东南亚的参与尽自己的努力。英国女王表示，她注意到自上次在1972年访问文莱以来，文莱发生了重大变化，并高兴看到文莱在许多方面的发展都有英国的参与，特别是两国的防务关系得到了加强，希望今后两国的友好合作关系不断发展。1999年2月，英外交国务部长德里克·法切特访问文莱。2008年，威尔士王子访问文莱。2011年5月，文莱苏丹访问英国，会见了英国首相卡梅伦。

在司法合作方面，1995 年 1 月，文英双方签署了新的司法安排协议，规定自 1995 年 1 月 31 日以后，文莱上诉法庭将成为刑事案件的终审庭，但仍允许民事案件上诉到英国枢密院。

文莱在军事上与英国的联系最为紧密。文莱独立以来，一直让英军的一个廓尔喀营留驻文莱，负责守卫其油田，文莱每年为此向英国支付 300 万英镑。在文莱皇家武装部队中也有 130 名英国军事顾问在指导工作。英国为文莱的剑式地对空导弹系统提供技术和培训援助。两国海军还定期举行联合军事演习。2003 年 1 月，文莱苏丹访英期间与布莱尔首相举行了双边会谈，共同签署了廓尔喀部队驻防文莱的谅解备忘录。同月，两国第一次防务合作会议在文莱举行，双方讨论了军队训练和联合军事演习等事宜。

在贸易方面，英国向文莱出口的商品数量仅次于新加坡而居第二位。为促进双边贸易，两国于 2000 年 6 月成立了“商业论坛”，计划通过举办讲座、研讨会等活动，为文莱商人提供英国的商业信息，寻找合作伙伴。在双边贸易中，军品交易所占的比重较大。文莱是英国除在中东地区以外的第二大军备采购国。从 2001 年下半年至 2002 年 3 月，文莱从英国共购买了价值 5.8 亿英镑的军事装备。1998 年文莱从英国订购的 3 艘巡逻艇已于 2002 年 6 月正式交文莱使用。2006 ~ 2013 年文莱与英国贸易情况见表 8 – 1。

表 8 – 1　2006 ~ 2013 年文莱与英国贸易情况

单位：百万文元

类别＼年份	2006	2007	2008	2009	2010	2011	2012	2013
出口额	15.96	12.09	15.66	8.61	14.10	14.20	12.59	12.61
进口额	73.07	117.21	92.80	95.81	149.03	95.52	108.85	91.42

资料来源：文莱首相府经济计划和发展局。

此外，目前文莱在英国约有 1700 名留学生，其中大部分享受文莱政府和壳牌石油公司提供的奖学金，另一部分是在职的文莱政府公务员。

二　与美国的关系

文莱与美国最早的接触可以追溯到1845年。这年的4月6日，美国“宪章号”船来到文莱，要求文莱给予美国人独家开采所有煤矿的权利，并表示愿向文莱提供直接保护，但遭到文莱拒绝，原因是英国人已捷足先登，在文莱获得了优先权。1850年文莱与美国签署《和平友好通商通航协定》，该协定至今仍然有效。1865年美国在文莱开设了领事馆，但两年后因故关闭。1963年10月公布的《文莱新石油法案》取消了禁止非英国公司在文莱进行地质勘探活动的规定，这为美国石油公司进入文莱打开了方便之门。1964年3月，美国克拉克石油采炼公司同文莱政府签订了关于在都东地区勘探石油的合同。这家公司在都东一处面积约1125平方公里的地域开始勘探作业。从此在文莱历史上，美国第一次打开了文莱的石油大门。

文莱十分重视与美国的关系。1984年1月1日文莱独立这一天，美国在文莱首都设立了大使馆。文莱则于同年3月在华盛顿设立大使馆。1986年6月24日，美国国务卿舒尔茨到文莱访问，同文莱苏丹就东盟的发展、地区安全、国际毒品等问题进行会谈，这是美国高级官员首次访问文莱。1987年1月31日，文莱苏丹登上停泊在文莱近海的美国第七舰队的一艘航空母舰进行参观访问。海湾战争期间，文莱支持美国出兵科威特赶走伊拉克占领军。1994年，文莱和美国开始互免签证。2001年9月，美国东亚及亚太事务助理秘书凯利访问文莱。2002年12月，文莱苏丹访美期间与布什总统举行了会谈，双方发表了联合声明并签署了《双边贸易投资框架协定》。

2012年9月，美国国务卿希拉里对文莱进行其2009年1月21日出任美国国务卿以来首次正式访问。访问期间，希拉里拜会文莱苏丹并会见文莱外交暨贸易部长莫哈末柏嘉亲王，并赴文莱大学发表演讲。美国国务院表示，希拉里短暂访文，望同文莱苏丹“重塑友好关系”，并开展教育和商业合作。2013年3月，文莱苏丹哈桑纳尔·博尔基亚访问美国。访问期间，苏丹与奥巴马举行了会谈，探讨文莱作为东盟轮值主席国举办东亚

峰会和美国 - 东盟峰会相关准备工作情况，双方还就如何推动 TPP 谈判交换意见。

在军事上，文莱与美国开展了密切的合作，美国每年都在文莱举行代号为“翠鸟”的军事演习。1994 年文莱与美国签订了谅解备忘录后，两国开始实行公民互免签证，并进一步加强了两国的军事关系。文莱认为，美国在本地区的军事存在对地区经济发展及稳定有积极意义。1994 年 11 月，两国签订了《国防合作谅解备忘录》。曾有人推测，美国将在文莱建立军事基地，但文莱外交部长排除了这种可能性。根据两国签订的一项谅解备忘录，美国每年有 1 ~ 3 艘军舰应邀访问文莱，与文莱海军一道训练。文莱外交部长表示，这项备忘录不是防卫协定，而是为进行联合训练而达成的默契。

文莱与美国的经贸关系也较为密切。早在 1988 年，文莱政府就给予美国 3 家石油公司特许权，让其勘探文莱近海一处 9 万公顷海域的石油。目前文莱 28% 的出口原油输往美国。美国不仅是文莱石油出口的重要市场，也是文莱进口货物的第 4 大供应国。因此，文莱和美国的双边贸易额不菲。2006 ~ 2013 年，文莱对美国的进出口额如表 8 - 2 所示。

表 8 - 2 2006 ~ 2013 年文莱与美国贸易情况

单位：百万文元

类别 \ 年份	2006	2007	2008	2009	2010	2011	2012	2013
出口额	815.17	582.44	95.21	65.16	19.34	15.76	118.66	11.35
进口额	240.13	403.72	501.20	453.87	335.80	445.50	348.16	539.92
总额	1055.30	986.16	596.41	519.03	355.14	461.26	466.82	551.27

资料来源：文莱首相府经济计划和发展局。

文莱和美国在航天航空、高新技术方面的合作非常引人注目。1995 年 3 月，两国签署《民航服务与训练合作备忘录》。1997 年 2 月，双方签署了《两国航空开放协议（草案）》，并于同年 6 月生效。协议规定，两国航空公司将不受限制地开辟航线，同时能自由载客和载运货物；协议国政府不能以经济原因限制对方民航班机来往的次数，也不能限制民航班机的票价和飞行路线。此项协议的签订意味着文莱航空公司可为美国的任何城市提供航空服务。1998 年 9 月，文莱与美国的朗讯全球技术服务公司签订一项合同，由该公司投资 5500 万文元（约合 3300 万美元），并采用光缆纤维等高新技术，全面改进文莱的电信服务系统，以加强基础设施建设，提高多媒体、电子办公和电子商务的质量，实现把文莱建成“多媒体全球村”的宏愿。

在卫生领域，文莱卫生部于 2012 年 9 月 22 日与美国 Innova 公司正式签约，指定该公司为文莱医疗体系建设总体规划单位，为文莱卫生体系发展制定计划，并提出财政及公私合作方面的建议。

三　与法国的关系

文莱与法国于 1984 年建交。法国于 1986 年初在文莱开设大使馆。同年 6 月，法国贸易代表团访问文莱，表示希望扩大法国产品在文莱市场所占的份额。这年年底在文莱举办了法国消费品博览会。1991 年两国互派常驻大使。1996 年 12 月，苏丹首次对法国进行国事访问。两国领导人就双边关系、地区和国际形势进行了会谈。苏丹积极评价法国作为联合国安理会常任理事国在维护国际和平与安全及人道事务方面所发挥的作用。苏丹还前往法国南部城市图卢兹参观了宇航公司和空中客车飞机的装配和生产线及法国军方使用的超级美洲豹直升机。访问结束前，苏丹宣布文莱将于 1997 年在法国设立投资基金办事处，以推动双方投资。双方还就法国在文莱的 ELF 石油公司与文莱壳牌石油公司有关出售天然气问题达成了协议。1998 年 ELF 石油公司参与文莱天然气生产，次年 5 月开始投产，日产 300 万立方英尺液化天然气和 2000 桶原油。

此后，两国高层交往明显增多。1999 年、2001 年、2008 年，文莱苏丹三次对法国进行了工作访问。在访问期间，文莱王室和法国就共同关心的地区和国际问题交换了意见。2006 年 6 月，文莱王储还对法国进行了工作访问。

文莱和法国在经济领域的合作内容也比较丰富。在贸易领域，文莱向法国的进口额远远大于出口额。2006～2013 年，文莱与法国进出口额如表 8－3 所示。

表 8－3 2006～2013 年文莱与法国贸易情况

百万文元

类别＼年份	2006	2007	2008	2009	2010	2011	2012	2013
出口额	1.58	0.69	0.62	0.49	0.98	3.02	4.15	0.20
进口额	26.96	34.22	36.03	58.88	16.34	48.75	38.77	21.45
总额	28.54	34.91	36.65	59.37	17.32	51.77	42.92	21.65

资料来源：文莱首相府经济计划和发展局。

此外，双方在其他领域的合作在逐步拓展。1997 年 5 月，ELF 石油公司在离文莱海岸 32 海里处发现一艘古代商船的残骸。随后文莱政府成立特别委员会，在军方等单位的配合下，与法国文化部合作，经过两个月的时间将海底沉船及文物打捞上来。这批文物共计 13500 件，包括各种瓷器、石器、铜锣、象牙等，大部分来自中国江西景德镇和广东地区，另一些来自泰国和越南，许多文物保存完好无损。据法国文化部初步考证，该沉船是 15 世纪末 16 世纪初的一艘商船。目前，这些文物被全部保存在文莱博物馆，对研究文莱历史具有很大的参考价值。1999 年 4 月，文莱博物馆与法国文化部及 ELF 石油公司在文莱联合举行海底沉船文物展览仪式。2000 年 9 月，两国又在法国举办了类似的展览，苏丹专程赴法并主持了展览开幕式。

两国在军事领域也有着良好的合作关系，1999 年 2 月，两国曾签订防务和军事装备协议。

四 与德国的关系

1984 年文莱与德国建交后，两国关系发展顺利。1985 年 3 月，德国在文莱开设了大使馆。1991 年，文莱在德国波恩设立了大使馆，1999 年迁到柏林。1987 年 4 月，文莱外交部长对德国进行了一周的访问，同科尔总理和根舍外长讨论了加强德国在文莱经济发展中的作用等问题。文莱方面让德国西门子公司承包了一项价值3500万文元的电信工程。1988年5月底，文莱－德国友好协会成立，由文莱交通部常务秘书担任该协会的会长，其宗旨是促进两国之间的友好关系。

1997年5月，德国总理科尔对文莱进行正式访问。苏丹与科尔就双边关系及亚欧两大洲形势交换了意见。苏丹称赞科尔在德国近代史上做出了杰出贡献，特别是在克服困难实现德国统一以及在推行欧洲货币统一和北约组织内所起的积极作用，并赞赏德国对亚洲经济发展的积极投入。苏丹呼吁德国政府与商人积极参与文莱的基础设施建设和经济多元化，表示文莱将派更多人员到德国学习高科技。在科尔访问期间，双方签署了三项文件：①文莱石油与天然气局与德国IAB公司签署了在文莱建立炼油厂可行性调查谅解备忘录。该炼油厂耗资12亿文元，每日提炼12万桶原油。该厂将由德国提供技术，而文莱人可参与策划、设计和建筑。工程完成后，文莱将从纯粹原油出口国变为石油产品出口国。②签订了双方投资促进与保护协议。③文莱工商会与德国贸工商理事会签订谅解备忘录，以加强双方合作。

继1998年3月科尔回访后，文莱苏丹于2002年6月再次赴德国访问，双方就反恐、亚洲安全、扩大两国经贸合作等问题交换意见。2008年6月30日，文莱工业与初级资源部长出席在德国波恩举行的第9届生态多样性公约（CBD）部长会议时宣布，文莱将自2008年7月27日开始履行“婆罗洲之心”（Heart of Borneo）计划。该计划是由文莱、印度尼西亚、马来西亚三国政府为保护婆罗洲热带雨林和生物多样性而共同推出的一项绿色环保计划。文莱涉及热带生物多样性中心、海上公园、海上生物系统和环境管理等19项环境计划。2009年6月，文莱苏丹访问了德国。同年11月，德国驻文莱新任大使马克斯·莫拉斯特（Max Morast）对文莱苏丹6月的出访给予了高度评价，他说：“文莱苏丹的此次访问显示了文莱与德国高质量的双边关系，也进一步推动了两国关系的深化和发展。”此外，他还高度评价了文莱在欧盟－东盟关系中的协调作用，认为“文莱在欧盟－东盟外长机制中发挥着积极的作用”。

文莱和德国的经济联系非常紧密。1997 年德国总理访问文莱期间，双方签署了有关经济合作的三个文件。1998 年 9 月，文莱航空公司与德国汉莎航空公司曾签订一项为文莱培训飞行员和航空机械师的协议。2009 年 11 月，德国经济技术部副部长德劳茨、劳工和社会事务部副部长希勒布兰德率团访文莱，两国就卫生医疗领域的合作进行了商谈。其间，代表团分别拜会了文莱工业与初级资源部长叶海亚和卫生部长苏约伊，听取了有关文莱卫生医疗体系的介绍，并参观了文莱健康促进中心等医疗卫生机构。德方邀请文莱参加斯图加特旅游贸易展览会。

文莱与德国的贸易在文莱的对外贸易中占有重要地位，文莱从德国进口的商品主要有汽车、机械和电子产品。2006～2013 年，文莱与德国的进出口额见表 8－4。

表 8－4 2006～2013 年文莱与德国贸易情况

单位：百万文元

类别 \ 年份	2006	2007	2008	2009	2010	2011	2012	2013
出口额	6.11	6.61	2.57	4.83	5.79	11.13	18.49	3.40
进口额	62.89	88.45	107.90	84.40	105.84	127.11	123.51	155.84
总额	69.00	95.06	110.47	89.23	111.63	138.24	142.00	159.24

资料来源：文莱首相府经济计划和发展局。

五 与澳大利亚的关系

1983 年澳大利亚在文莱设立了外交代办处，该代办处在 1984 年文莱独立后升格为大使馆。两国建交后，双方关系发展良好，澳大利亚与文莱贸易关系密切。澳大利亚向文莱出口商品主要是汽车、电器和建筑材料，还有牛羊肉、肉食加工品、水果、蔬菜。文莱向澳大利亚出口主要是油气产品。文莱在澳大利亚北部投资 6500 万澳元，购买了一块面积为 5868 平方公里（比文莱本土还要大）的牧场；还有一个控股牧场，进行牛肉加工。另有 3 处房地产开发，文莱共投资 3850 万澳元。1994 年成立“文莱-澳大利亚商会”。

近年来，双边贸易额多有增长。根据澳大利亚外交与贸易部的数据，2011年双边贸易额达13.09亿澳元，约合13.31亿美元。其中，澳对文出口3700万澳元，进口12.72亿澳元。澳自文进口绝大部分为原油，而对文出口以肉类和牲畜为主。此外，在服务贸易领域，2010年澳向文莱提供总值5400万澳元的服务，其中运输和交通服务占2300万澳元。

两国之间的军事合作非常密切，军事人员往来频繁。每年都举行双边防务会谈，彼此向对方通报各自的长期防务计划。根据1985年11月两国签订的防务合作协定，文莱派步兵连队到澳大利亚昆士兰州的一个地面作战训练中心进行丛林作战训练，并派文莱军官到澳大利亚的几所参谋学院深造。自1986年9月以来，两国海军定期举行联合军事演习。

此外，两国文化联系也比较密切，澳大利亚每年给文莱300名学生颁发签证，目前大约有1000名文莱留学生在澳大利亚学习。

第五节　与其他国家的关系

一　与日本的关系

1984年两国建交。同年，文莱苏丹正式访问日本。2002年3月，比拉王储应邀赴日本访问。同年12月，文莱苏丹赴日本出席首届“日本-东盟特别峰会”，并会晤了明仁天皇和小泉首相。另一方面，日本数任首相也曾多次访问文莱，双边关系密切。1991年5月日本首相对文莱进行了访问，这是文莱独立后日本首相第一次访问文莱。在会谈中，文莱方面表示支持日本派扫雷艇到海湾地区。

近年来，两国关系高层交往明显增多。2013年5月，文莱苏丹作为东盟（ASEAN）轮值主席访问日本。安倍首相在其官邸与文莱苏丹举行了会谈，双方在相互合作以助该会议顺利举行方面达成了共识，双方还确认将强化灾害救助、海上安全和青少年交流等方面的合作。同年10月安倍赴文莱出席第八届东亚峰会。其间，安倍与文莱苏丹举行会谈，双方一致同意在石油、天然气进出口等能源和经贸领域加强合作及人员交流。同年12月，文莱苏丹又赴日本出席“日本东盟特别首脑会议”。日本首相在与文莱苏丹会谈时称，日本要求中国撤销东海防空识别区，希望文莱对日本立场予以支持。文莱苏丹则表示，“希望中日两国通过协商解决问题”。

文莱与日本的经济关系最为密切。日本是文莱最大的贸易伙伴之一，两国年贸易额为15亿美元左右，但文莱在与日本贸易中有大额顺差。日本向文莱主要出口汽车与机械产品；文莱向日本主要出口石油与液化天然气，文莱石油产量的19%出口日本。2006～2013年文莱与日本贸易情况见表8－5。

表8－5　2006～2013年文莱与日本贸易情况

单位：百万文元

类别＼年份	2006	2007	2008	2009	2010	2011	2012	2013
出口额	3709.24	3865.96	6455.99	4809.74	5267.07	6797.14	7158.92	2691.73
进口额	340.25	268.12	309.50	312.03	343.88	262.01	334.77	261.52
总额	4049.49	4134.08	6765.49	5121.77	5610.95	7059.15	7493.69	2953.25

资料来源：文莱首相府经济计划和发展局。

自1972年开始，文莱向日本出口液化天然气。两国签订了为期20年的向日本出口液化天然气合同，1993年又续签合同20年。根据两国新的协议，从1994年开始，文莱每年向日本供应600万吨液化天然气。目前，日本约10%液化天然气从文莱进口。1999年3月，文莱液化气油轮公司与日本三菱公司签订一项合同，由三菱公司为文莱建造一艘容积为13.5万立方米的液化气货轮，造价为1.18亿文元（约合6900万美元），于2002年6月完工。2012年9月，文莱又同日本续签每年供应3400万吨液化天然气、为期10年的供应合同。

2011年8月，文莱苏丹批准日本三井集团在文投资28亿美元建设天然气下游综合产业基地。该产业基地选址在双溪岭工业园区内，将建立包括生产氨、尿素、二铵磷酸盐、硫酸铵、三聚氰胺和己内酰胺的六个工厂，生产制造化肥、纺织品和塑料的原料。三井集团同意文方最高可入股该项目49%，项目建成后预计将为当地提供470个就业岗位。

另外，三菱集团筹划在文莱设立化肥厂、生物制药厂和太阳能电站3个项目，增大对文天然气领域以外的投资，广泛参与文经济多元化发展。不仅如此，日本的三菱公司还在文莱同当地企业合营一家牧场。文莱工业与初级资源部农业局与三菱商事株式会社签署了题为《合作与协助发展及改进文莱农业实习技术》合作谅解备忘录，旨在通过各项作物生产，提高文莱农民和工作人员对农业和化肥应用技术的认识与了解，提高农民的管理能力，以有效提高作物产量和粮食安全的管理水平。该合作谅解备忘录主要合作项目包括：在淡布伦县、都东县和摩拉县进行实地和土壤调查；在淡布伦县、都东县和摩拉县进行实验栽培，发展更好的栽培技术和施肥方法；为文莱政府提供建议协助发展稻田种植和化肥使用；向政府官员提供在职培训等。

此外，1994年8月，两国签署航空协议，同年12月，文莱首都斯里巴加湾市与日本大阪市通航。2007年6月，文莱和日本签署了《经济伙伴关系协定》。2009年1月，两国签署了《避免双重税收协定》。日本还给文莱提供技术合作，每年派数名专家赴文莱工作，并为文莱培训100余名人员，提供文莱4名高等院校学生奖学金，100名青年参加21世纪友好活动和东南亚青年友好活动。2001年11月，文莱－日本友好协会成立。

二　与韩国的关系

1983年韩国在文莱建立领事馆。1984年文莱独立时，韩国予以承认并正式建立外交关系。1986年7月，文莱外交部长访问韩国，与韩国外长讨论了发展和加强双边关系问题，文莱方面答应让韩国公司参与文莱1986～1990年五年计划中拟定的建筑和农业开发项目。1987年2月，文莱在汉城开设了大使馆。文莱外交部长在当年的联合国大会上发言时表示支持韩国加入联合国。2000年11月，韩国总统金大中正式访问文莱，并出席了在文莱举行的第八次亚太经合组织领导人非正式会议。

两国之间的贸易发展迅速，1981 年两国的贸易额只有 340 万美元，到 20 世纪 80 年代末剧增到 3 亿多美元，其中韩方出超。1988 年 6 月，韩国贸易促进会在文莱首都斯里巴加湾市举办了韩国贸易博览会。韩国是文莱重要的贸易伙伴和油气出口国，韩国所进口的石油占文莱石油产量的 15%。从 1994 年开始，文莱向韩国出口液化天然气，双方为此签订了为期 20 年的合同，规定文莱每年向韩国供应 70 万吨液化天然气。韩国出口文莱的商品品种繁多，主要是电子、电器、汽车与日用消费品。2000 年 10 月，两国签署了投资保护协定。2011 年韩文双边贸易额已升至 26 亿美元，且韩已发展成仅次于日本的文第二大出口贸易伙伴。2006 ~ 2013 年文莱与韩国贸易情况见表 8 - 6。

表 8 - 6　2006 ~ 2013 年文莱与韩国贸易情况

单位：百万文元

类别 \ 年份	2006	2007	2008	2009	2010	2011	2012	2013
出口额	1824.87	1401.50	2211.06	1205.82	2022.05	2504.30	2553.68	2333.84
进口额	43.83	51.35	116.83	87.23	76.38	725.89	169.21	155.65
总额	1868.70	1452.85	2327.89	1293.05	2098.43	3230.19	2722.89	2489.49

资料来源：文莱首相府经济计划和发展局。

2012 年 12 月，韩国现代重工宣布已获总额 10.5 亿美元建造液化天然气运输船合约，其中包括为文莱天然气公司建造一艘价值 2.1 亿美元的天然气运输船，预计 2015 ~ 2016 年间交货。

不仅如此，韩国在文莱的建筑业中有大量投资，还参与文莱的小型农业开发项目。在文莱的韩国侨民主要从事养殖与汽车修理业，少数为建筑承包商。为加强两国之间的交往，“文莱 - 韩国友好协会”于 2004 年 2 月正式成立，文莱苏弗里亲王任该协会的名誉顾问。

近年来，文莱和韩国在科技、教育方面的合作也开始崭露头角。2012 年 6 月 28 日，文莱大学与韩国京畿道科技推广研究所签订谅解备忘录，双方将进行商用医药和健康产品研发合作。

三　与巴基斯坦的关系

文莱与巴基斯坦同属伊斯兰国家，在文莱独立前，两国就已有友好往来，巴基斯坦曾派顾问到文莱的财政部门协助工作。1984 年 2 月，巴基斯坦齐亚·哈克总统应文莱苏丹的邀请，参加了文莱的独立庆典。访问期间，两国决定建立外交关系，使双方的友谊得到巩固和发展。1985 年 3 月，巴基斯坦在文莱开设大使馆。1992 年，文莱也在伊斯兰堡设立了大使馆。

建交以来，文莱和巴基斯坦的友好关系一直得以保持。1992 年 9 月，文莱苏丹对巴基斯坦进行了 4 天的正式访问，两国领导人同意在教育和农业方面开展合作，并由巴基斯坦向文莱提供劳动力。

1999 年 5 月，巴基斯坦总理谢里夫应邀访问文莱。两国领导人就双边关系和经济、教育、文化合作、地区和国际问题交换了意见。谢里夫表示，加强同东盟国家的关系是巴基斯坦“东向政策”的一部分。两国领导人还讨论了伊斯兰团结、南亚安全与稳定以及科索沃等问题，访问结束时，双方发表的联合公报同意根据 1996 年双方达成的协议，成立“双边合作联合委员会”。

2000 年 4 月，巴基斯坦首席执行官穆沙拉夫对文莱进行了为期 3 天的工作访问，两国同意成立贸易联合委员会，以加强双方的经贸合作。2004 年 5 月，文莱苏丹再次对巴基斯坦进行正式访问。访问期间，文莱苏丹在巴基斯坦总统穆沙拉夫为其举行的国宴上发表讲话，高度评价文莱与巴基斯坦的友好关系。巴基斯坦总统高度赞赏文莱在维护伊斯兰国家利益方面的作用。2006 年 3 月，文莱和巴基斯坦“双边合作联合委员会”召开了第三次会议。2008 年 3 月，由杰出商人组成的“文莱－巴基斯坦友好协会”开始就推动两国贸易、商业和文化合作展开工作。

1984 年以来，文莱和巴基斯坦为了推进两国在各个领域的合作，签署了一系列协议，主要有《航空服务合作协定》（1987 年）、《防务合作谅解备忘录》（2004 年 5 月）、《文化合作谅解备忘录》（2005 年）、《文莱投资机构和巴基斯坦投资机构合作谅解备忘录》（2005 年）、《成立联合投资公司的协定》（2006 年 11 月）、《避免双重征税协定》（2008 年 11 月）。

四　与印度的关系

1984 年 5 月 10 日文莱和印度正式建立外交关系。1992 年 9 月，文莱苏丹访问印度，印度总统夏尔玛在为文莱苏丹举行的宴会上说，印度与东盟的对话伙伴国关系将为印度与文莱发展紧密的关系提供更多的机会。夏尔玛总统还表示，印度愿意为文莱提供科学和工业技术方面的帮助。印度在文莱工作的多为医生、教师和专业人员，也有相当数量的劳工。

1993 年，文莱和印度在对方首都开设了大使馆，文莱则将其原先派往新德里的常驻代表升格为大使级代表。1995 年 2 月，文莱和印度设立了双边联合会议机制，加强两国间的合作。近年来，双方经贸合作开始起步，2000 年两国贸易额超过 3000 万美元。2004 年，印度石油公司和文莱壳牌石油公司签署合约，印度计划当年从文莱进口原油 360 万桶，相当于每天 1 万桶。2011 年文莱印度双边贸易额达 5 亿美元，其中文莱对印度石油出口占 90%。印度向文莱出口纺织品、车辆组件和少量油田用材料。2010 年，两国自由贸易协定生效，但双边贸易额随后未见明显增长。文莱市场规模有限，印度制造产品亦多经过新加坡和马来西亚转口进入文莱。2012 年 10 月，印度外长访问文莱时表示，印度希望与文莱扩大能源领域合作，尤其希望自文进口天然气，以满足印度国内日益增长的需求。印度目前为文原油第三大出口国，排在韩国和澳大利亚之后。

与此同时，2012 年 10 月，印度旅游部长访问文莱，双方表示将进一步加强旅游合作。文方提出考虑到印度酒店业允许外资 100% 控股，未来可能对其投资。印方表示将资助文莱旅行社赴印考察，并进一步探讨在文推出印度旅游套餐的可能性。

五　与尼泊尔的关系

文莱与尼泊尔有着特殊的关系，这是因为驻扎在文莱负责保卫文莱油田的廓尔喀营的士兵全都是尼泊尔人。

1985年9月和1986年初，尼泊尔国王比兰德拉和一个尼泊尔代表团先后访问了文莱，两国决定扩大贸易和旅游业方面的联系。1986年底，文莱开始按国际市场价格向尼泊尔出售石油。但近年来两国间交往不多，关系一般。

六　与中东国家的关系

1984年12月，文莱苏丹对约旦进行国事访问。次年3月两国建立了外交关系。1990年9月，文莱苏丹宣布捐赠25万美元帮助约旦应付来自伊拉克占领下的科威特的难民潮。

文莱谴责伊拉克入侵科威特，并按照联合国有关制裁伊拉克的决议，对伊拉克实行了禁运。

文莱明确支持巴勒斯坦解放运动。1984年7月30日，巴勒斯坦解放组织主席阿拉法特访问文莱，与文莱苏丹及外交部长举行了会谈，讨论了伊斯兰运动面临的各种问题，还探讨了文莱为巴勒斯坦解放运动提供物质援助的可能性。阿拉法特表示，巴勒斯坦可以帮助满足文莱对工程师、医生、教师及其他技术工人的需求。2004年11月，文莱苏丹还亲赴在埃及举行的巴勒斯坦总统阿拉法特的葬礼。

1979年伊朗发生伊斯兰革命之前，文莱与伊朗的关系良好。此后，伊朗转向“原教旨主义”，两国关系便趋于冷淡。1985年8月，伊朗外交部亚洲司司长访问文莱，希望发展与文莱的关系，两国之间的交往逐步得到恢复。1990年两国正式建交，1994年双方互设常驻使馆。1994年2月和10月，文莱苏丹和伊朗总统拉夫桑贾尼实现了互访，两国领导人就双边关系和共同关心的国际问题交换了意见，并签署了一项合作谅解备忘录。1995年4月，文莱外交部长穆罕默德·博尔基亚亲王应邀访问伊朗，两国外长发表了一项联合声明，内容包括：①两国的外交和公务人员进行短期访问或过境互免签证；②双方原则同意根据互惠原则，在各自首都为对方提供土地建筑使馆馆舍；③文莱外交官可赴伊朗接受短期培训；④建立外长级联委会，其他部门也有人员参加，首次联委会于1996年初在文莱举行。

七 与俄罗斯的关系

1984 年文莱独立时，苏联宣布予以承认并要求同文莱建立外交关系。1991 年 7 月，文莱外交部长在吉隆坡参加东盟外长会议时，与苏联副总理进行了会谈，他在会谈前证实，建交问题已列入议事日程，并将在年底得到解决。但因苏联在催促建交中态度粗暴，文莱对此感到不满。苏联解体后，文莱与俄罗斯就建交问题进行谈判。双方于 1991 年 10 月正式建交，但迄今未互设常驻使馆。1995 年 10 月，文莱外交部无任所大使玛斯娜公主访问俄罗斯，先后与俄罗斯代理外长和副外长进行会谈，双方就双边关系、地区和国际形势等问题交换了意见。1998 年 5 月，文莱同俄罗斯签订航空合作协定。2000 年 11 月，普京总统赴文莱出席在斯里巴加湾举行的第八届亚太经合组织领导人非正式会议，并与文莱苏丹进行了会晤。

2012 年 1 月，俄罗斯外交部长拉夫罗夫对文莱进行为期一天的访问。在随后新闻发布会上拉夫罗夫表示，俄希望同文莱在油气产业，特别是同文莱国家石油公司进行合作，同时也希望文莱投资俄罗斯，包括俄东西伯利亚地区林业资源。同年，文莱国家石油公司同俄罗斯国有 Zarubezhneft 油气公司签署全面合作备忘录。此外，俄方还计划派遣专家有望加入文莱国家能源研究院的国际顾问委员会担任职务。

第六节 与中国的关系

一 中文友好交往源远流长

中国与文莱（史称“渤泥”）是同濒一海的友好邻邦，两国人民之间有着长期友好交往的历史，仅有文字可考者，便有两千年以上。远在中国西汉时期，两国间就有了商品交换关系。唐代（公元 669 年），两国政府间开始了正式交往。自宋代以后，两国间官方和民间的商业和文化往来日益频繁，并开始载入了中国的正史。到了明代，两国友好关系发展到最高峰。

据《明史》记载，永乐三年，即公元 1405 年 11 月，渤泥国加那王派人到中国朝贡。同年 12 月，明成祖（朱棣）派官员封加那为王，并赠予厚礼。与此相反，当时渤泥国王不堪忍受位于爪哇岛的屠婆国每年强索片脑 40 斤的重负，在听取了出使明朝归来的使者的汇报，看到中国皇帝回赠的厚礼，很高兴。第二年再次派使者前往中国朝贡。

永乐六年，即公元 1408 年，年仅 28 岁的渤泥国加那王毅然决定亲自偕王妃（一说王后）、弟、子和陪臣等 150 人浩浩荡荡前往中国访问。当加那王一行抵达福建后，明成祖立即派官员前往迎接，并命令所到之处设宴款待。是年 8 月末，渤泥国加那王一行到达明朝都城南京，受到明成祖热烈欢迎，两国关系有了较大发展。

同年 9 月，加那王不幸得病，明成祖令御医精心治疗调理，天天派人探病。加那王感激万分，对其妻室说，他若一病不起，以其儿子继承王位，但世世代代不要忘记中国皇帝的恩情。是年 10 月，加那王病逝于明朝都城南京，明成祖异常悲痛，后赐渤泥国加那王谥号为“恭顺”。根据他“体魄托葬中华”的遗嘱，以王礼将加那王厚葬于南京安德门外之石子岗，即现在的雨花台区铁心桥乡东向花村乌龟山。

明成祖安葬加那王后，命其子遐旺袭承渤泥王职，朝贡从每年 1 次改为 3 年 1 次。是年 12 月，明成祖遣太监张谦、行人周航护送王子遐旺等 150 人返回渤泥。从此，中国与文莱结下了特殊关系。公元 1410 年，张谦、周航等自渤泥国返回中国，渤泥王遣其叔等 180 人随行到中国向明成祖谢恩，并进贡土特产。第二年 2 月，王叔返渤泥，“帝赐锦绮、彩绢等 120 匹”。公元 1412 年 8 月，渤泥王偕母等来中国，刚到福建，明成祖便命张谦、柳昌前往迎接，并设盛宴招待。9 月渤泥王抵达南京，进贡土特产，明成祖数次设宴款待。次年 2 月，渤泥王等启程返渤泥，“帝赐物甚众”。

公元 1415 年、1417 年和 1421 年，渤泥王又先后派使臣和王叔前来中国朝贡，明成祖皆以重礼回赠。公元 1425 年和 1426 年，渤泥王派人前来进贡时，明朝皇帝均指示下属厚礼回报。但明世宗嘉靖九年，即公元1530年，渤泥王派人再度朝贡后去世，朝贡停止，断绝往来。可见自15世纪初至16世纪的一百多年中，中文两国交往十分繁密。据《明实录》记载，仅永乐三年至宣德八年的28年内，渤泥国向明朝皇帝朝贡就有10次之多，两国关系达到鼎盛时期，而遗留在中国南京的渤泥王墓就成了中文友好的历史见证。16世纪末西方殖民主义者入侵文莱后，两国间的友好关系被中断，但两国的民间交往并未中止。

二 两国关系开启新的历程

1984年文莱独立后，中文双边关系开启了新的历程。1984年1月1日，中华人民共和国主席李先念致电文莱苏丹国苏丹哈桑纳尔·博尔基亚，热烈祝贺文莱苏丹国获得全面独立，并宣布中国政府决定承认文莱苏丹国政府。

1988年联合国大会期间，中国外长钱其琛会见了文莱外交部长博尔基亚亲王。1989年9月，应文莱政府工业暨主要原产业部的邀请，中国对外经济贸易部部长助理谷永江率领的中国官方经济贸易代表团对文莱进行首次正式访问。代表团这次访问旨在与文莱就建立双边直接贸易关系、开展多种形式的互利合作问题交换意见。1990年，文莱奥委会主席苏弗瑞·博尔基亚亲王率团参加在北京举行的第11届亚运会。1991年4月，中国外交部副部长徐敦信率团访问文莱。他与文莱副外交部长达图·穆罕默德·阿里和外交部常务秘书达图·林玉成举行了会谈，双方就包括两国建交在内的双边关系问题以及共同关心的地区和国际问题交换了意见，取得了广泛的共识。双方表达了在和平共处五项原则和《联合国宪章》基础上进一步发展两国关系的愿望。穆罕默德·博尔基亚表示，虽然文莱同中国尚未正式建立外交关系，但两国之间不存在任何问题，文莱方面正在考虑同中国建交的问题，并愿意与中方进行经济、文化等方面的交往。1991年7月，钱其琛外长会见了文莱外交部长穆罕默德·博尔基亚，双方就两国建交和领导人互访问题进行了交流。钱其琛说："中国对中文两国之间的关系逐步发展感到高兴，随着中国同文莱关系的不断发展以及中国同东盟关系的密切，中文两国建交的时机已经到来。"博尔基亚外长也对文中两国关系的发展表示满意。他说："文莱对文中建立外交关系持积极态度，文中两国往来历史悠久，文莱对中国发生的水灾深表同情，并将对中国灾民提供援助。"1991 年 9 月 30 日，中国外交部长钱其琛和文莱外交部长穆罕默德·博尔基亚亲王在联合国总部签署了《中华人民共和国政府和文莱达鲁萨兰国苏丹陛下政府关于两国建立外交关系的联合公报》。公报称文莱和中国根据两国人民的利益和愿望，决定自本联合公报签字之日起两国建立大使级外交关系。两国政府同意在和平共处五项原则和《联合国宪章》的基础上发展两国之间的友好合作关系。大使级外交关系的建立掀开了文莱和中国关系新篇章，钱其琛外长和博尔基亚部长都一致认为中国和文莱建交意义重大。

三　中文友谊谱写新的篇章

文莱是东盟第 6 个成员国，也是最后与中国建交的东盟国家。中文外交关系的建立，标志着中国与东盟国家关系的全面发展。双方当时商定，两国各自驻马来西亚大使兼任驻对方国家的大使。为适应两国关系不断发展的需要，1993 年 8 月双方商定在各自首都互设使馆，并互派常驻大使。中文建交 20 多年来，在双方的共同努力下，两国在政治、经济、文化、教育等领域的交流与合作取得了长足进展，在地区和国际事务中相互支持，密切合作，两国的传统友谊显示了新的蓬勃生机。

第一，两国政治关系稳步发展。双方领导人保持互访势头。钱其琛副总理兼外长于 1992 年 7 月正式访问文莱，1995 年 7 月又赴文莱出席第二届东盟地区论坛会议。1995 年 1 月和 1998 年 6 月，罗干国务委员和谢非副委员长分别对文莱进行了友好访问。2000 年 11 月，江泽民主席赴文莱出席第八次亚太经合组织领导人非正式会议，并首次对文莱进行了国事访问。2001 年 5 月，李鹏委员长对文莱进行正式访问。

同年 11 月，朱镕基总理赴文莱出席东盟与中、日、韩领导人（“10 + 3”）会议。此后，胡锦涛主席（2005 年 4 月）、温家宝总理（2012 年 12 月）和全国政协主席贾庆林（2012 年 4 月）也先后访问了文莱。就文莱方面来说，文莱苏丹自 1993 年 11 月首次对中国进行国事访问后，也多次来华访问或出席国际活动。2002 年 3 月，文莱比拉王储首次正式访华。此外，文莱外交部长穆罕默德·博尔基亚亲王和文莱苏丹的胞妹、外交部无任所大使玛斯娜公主也多次对华进行了友好访问，多数文莱内阁部长访问过中国。

双方高层互访对增进两国友好关系和两国人民之间的传统友谊、相互信任与合作起到了不可取代的重要作用。特别是 1999 年 8 月文莱苏丹陛下访华期间，双方发表了关于中文两国未来关系发展方向的联合公报，更为双边关系的长远发展勾画了蓝图。在联合公报中，双方同意根据 1997 年《中国 - 东盟首脑会晤联合声明》的精神，进一步发展两国在相互信任和相互支持基础上的睦邻友好合作关系；双方确认，《联合国宪章》《东南亚友好合作条约》所确定的原则、和平共处五项原则及其他公认的国际法原则应成为指导两国关系的基本准则；双方强调，国家不分大小，一律平等，在相互尊重主权和领土完整、互不侵犯、互不干涉内政、平等互利及和平共处五项原则的基础上，各国有权选择自己的社会制度和发展模式；双方同意继续保持高层接触和交往，继续开展政府各部门及各级官员之间的年度磋商，讨论双边关系和共同关心的国际及地区问题。文莱还重申承认中华人民共和国政府是中国唯一的合法政府，台湾是中华人民共和国领土不可分割的一部分。

2013 年 4 月，文莱苏丹应习近平主席邀请再次对中国进行国事访问并出席博鳌亚洲论坛 2013 年年会。两国元首积极评价中文关系发展，决定将中文关系提升为战略合作关系，并发表了联合声明。双方重申，将相互尊重主权和领土完整，互不干涉内政。文方重申将继续坚持一个中国政策，支持两岸关系和平发展与中国和平统一大业，中方对此表示赞赏。双方同意秉持友好和善意的精神，以和平共处五项原则、《东南亚友好合作条约》以及其他公认的国际法准则为指导，建立中文战略合作关系，以增进两国和本地区的和平、稳定与繁荣。双方同意进一步提升两国经贸合作水平，在交通、通信、基础设施建设、金融等领域开展密切合作，鼓励双方企业探讨在基础设施建设等领域建立合资企业的机会，支持两国有关企业本着相互尊重、平等互利的原则共同勘探和开采海上油气资源。双方同意进一步深化防务安全合作，保持两军经常性互访，加强在人员培训、非传统安全领域及地区安全机制中的合作，进一步促进地区和平与稳定，并将继续致力于维护南海地区的和平与稳定，敦促有关各方继续保持克制，增进互信，加强合作。强调应由直接有关的主权国家根据包括1982年《联合国海洋法公约》在内的公认的国际法原则，通过和平对话和协商解决领土和管辖权争议。希望有关国家进一步落实《南海各方行为宣言》，朝最终制定“南海行为准则”而努力。

第二，双方经贸合作取得了长足进展。由于两国经贸合作起步较晚，加上文莱市场有限，双边贸易额相对较小。2000年，由于中方增加从文莱进口原油，两国贸易额升至7436.6万美元，创历史最高水平，增速跃居中国与东盟国家贸易之首。2001年，双边贸易额首次突破1亿美元，达1.65亿美元。此外，2003年10月，中国国际石油化工联合公司与文莱壳牌石油公司签订了《钱皮恩原油长期合同》，每年从文莱进口石油130万吨，当年两国贸易额达3.46亿美元。近年来，两国经贸合作得到进一步提升。2011年，双边贸易额突破10亿美元大关，达到13.1亿美元，同比增长27.1%。2012年和2013年为16.08亿美元和17.94亿美元，比上年分别增长了22.75%和11.57%。

从商品结构看，中国向文莱出口产品为：工业制品占86%，主要是纺织品和服装、钢材、金属制品、机械设备、家具、塑料制品、电子产品、运输工具、铝材、蓄电池、自行车、灯具；初级产品占14%，主要是肉制品、蔬菜及水果。中国从文莱进口产品：初级产品占99%，主要是原油；工业制品占1%，主要是金属制品。2006~2014年中国对文莱贸易情况见表8-7。

表 8-7 2006~2014 年中国对文莱贸易统计

单位：亿美元

年份	出口	进口	总额
2006	1.00	2.15	3.15
2007	1.33	2.42	3.75
2008	0.08	0.0018	0.0818
2009	1.40	2.82	4.22
2010	3.68	6.58	10.26
2011	7.44	5.67	13.11
2012	12.52	3.55	16.07
2013	17.04	0.9	17.94
2014(1~9月)	10.61	1.74	12.35

资料来源：中华人民共和国商务部。

第三，双方的投资合作不断拓展。2001 年 11 月，文莱和中国签署了《相互鼓励和相互保护投资协定》，为两国相互投资提供了保障。2002 年，文莱在中国的投资额实现了突破。一年中，文莱对华投资项目达到 67 个，是两国建交 10 年来总计投资项目数的 5 倍。2004 年 9 月，文莱和中国签署了《促进贸易、投资和经济合作的谅解备忘录》，有力地推进了两国的经济合作。截至 2005 年 6 月底，文莱对华投资项目总和就达到了 562 个，实际利用外资金额 2.46 亿美元，合同外资额 12.77 亿美元。2008 年文莱新增在华投资 180 项，实际利用外资 3.40 亿美元；截至 2010 年 3 月，文莱对华直接投资项目 1540 个，合同外资额 52.32 亿美元。近年来，随着中国经济腾飞，中国在文莱的投资也在加快步伐。2011 年 12 月，浙江恒逸石化有限公司在文莱投资建设年加工 800 万吨原油的石化项目，建设内容包括 800 万吨常减压装置、220 万吨加氢裂化装置、150 万吨芳烃联合装置、150 万吨柴油加氢装置、100 万吨煤油加氢装置，以及码头、罐区、电站、海水淡化等配套工程建设。项目总投资 43.2 亿美元，资金来源由股东单位自筹 15 亿美元，其余 28.2 亿美元申请银行贷款解决。

与此同时，双方的劳务合作逐步开展。2008年，中国企业在文莱签署承包工程、劳务合作、设计咨询合同总额为66万美元，完成营业额72万美元。2009年下半年以来，陆续有文莱都东水坝、德里塞鲁木高速公路和365套政府住房项目由中国和当地联营企业中标，由中国公司承建。目前，越来越多的中国企业关注文莱市场，到文莱访问的经贸团组日益增多，在文莱注册公司并正常开展业务的中资企业已有10多家，业务范围包括电信服务、房地产开发、地质勘探、中医药、渔业、农业、水电和道路施工等。此外，2003年4月8日，文莱与中国首次实现海运直航。以前中国出口到文莱的货物要在新加坡组柜、配船，时间长、成本高；直航后从上海启程、经香港抵文莱只需一个星期，现在两国海运直航每周一班。新航线的开辟将刺激文莱本地的消费市场，为本地商家提供更多简便、价格合理的货运途径。

第四，其他领域的交流与合作逐步扩大。双方在文化、卫生、体育、教育、旅游等领域的交流与合作不断拓宽。两国先后签署了《民航协定》《卫生合作谅解备忘录》《文化合作谅解备忘录》《中华人民共和国最高人民检察院与文莱总检察署合作协议》和《中国公民自费赴文莱旅游实施谅解备忘录》，以及北京外国语大学与文莱大学签署的合作谅解备忘录。为进一步促进两国之间的人员往来，中国政府宣布，从2003年7月1日起，凡持普通护照来华经商、旅游观光、探亲访友或过境的文莱公民，停留时间从入境之日起不超过15天出境者，均免办签证，并可从中国对外国人开放的口岸出境。此外，双方体育团组互有往来，中方已有数名体育教练应聘赴文莱执教。文方向中方提供了数名奖学金名额，用以赴文莱进修英语和马来语。双方认为，两国尚有潜力扩大现有水平上的合作，并同意进一步促进教育、卫生、文化领域的合作。双方还表示，有兴趣探讨在科技和防务领域进行双边合作的可能性。

与此同时，两国军方也逐步开展友好交往。文莱武装部队司令分别于1999年5月和2002年6月访华。2003年9月，中国人民解放军总参谋长梁光烈上将应邀访文，双方签署了《中文关于开展军事交流谅解备忘录》。同年11月，由南海舰队副司令员薛天培少将率领的中国人民解放军南海舰队编队对文莱进行了友好访问。2004 年 9 月，文莱武装部队司令再次访华，并观摩了中国人民解放军“铁拳－2004”军事演习。

第五，在地区和国际事务中保持良好的协调和配合。双方对中国与东盟国家间友好关系的发展感到满意，认为中文两国合作推动了中国和东盟在各领域的关系。双方认为，进一步巩固和发展上述关系符合有关国家的共同利益，有利于亚太地区的和平、稳定与繁荣。双方愿意在联合国、东亚领导人非正式会晤、东盟地区论坛、亚欧会议、亚太经合组织等多边场合加强磋商与配合。双方还认为，国际形势正经历着深刻变化，世界多极化和经济全球化正在发展，这既带来了挑战，也提供了机遇。双方决心进一步加强合作，为维护国际和平及繁荣做出共同努力。

综上所述，中国同文莱的友好关系不仅保持着良好的发展势头，而且有着很大的潜力。中文两国关系堪称大、小国家睦邻友好的典范。展望未来，相信在和平共处五项原则的基础上，中文两国的传统友谊在未来岁月里必将谱写出更加美丽的篇章。

第七节　文莱华人社会

一　华人概况

据史书记载，早在中国古代的宋元时期，文莱与中国就开始了贸易往来。从公元 6 世纪开始，华商就陆续到过文莱。明朝时期，两国的交往更趋频繁。17 世纪清朝解除海禁之后，许多华人移居到婆罗洲北岸（当时文莱所属的沙捞越和沙巴一带），从事胡椒和水稻的种植以及淘金和商业贸易。华人大量移居并定居文莱始于 20 世纪 30 年代，1931～1947 年为文莱华人人口增长最快的时期。1931 年华人人口为 2683 人，占文莱总人口的 8.9%；1947 年达 8300 人，占文莱总人口的 20.4%。1960 年达 21795 人，占文莱总人口的 26%，这是华人人口占文莱总人口比例最高的时期。70 年代以来华人人口增长速度减慢。2001 年文莱有华人 5.23 万人，占文莱总人口的 15.2%。按他们的地位和待遇可分为三个类别：一是已入籍拿到“黄卡”身份证的，只占华人总数的 23%，这部分人享有文莱国民待遇；二是永久性居民，只取得“红卡”的，占 29%，他们实际上是无国籍者，其下一代虽然在文莱出生，但要取得“黄卡”仍然必须经过特别申请和严格的马来文考试及马来风俗习惯的知识考试；三是临时性居民，占 48%，文莱政府只发给工作准许证，或称“绿卡”，只允许有 1 年或 3 年的居留。还有为数不少马来西亚、新加坡籍的华人作为临时居民在文莱经商或从事其他工作。

文莱 80% 华人祖籍为福建省大、小金门岛及福建省的其他县市；还有 18% 来自广东省和海南岛等地，主要是客家人和揭阳人。华人早期主要分布在白拉奕区，多数就职于油田，或务农经商。随着首都斯里巴加湾市所在的文莱－穆阿拉区的经济发展，华人逐渐向城市地区转移，白拉奕至斯里巴加湾市高速公路的通车和穆阿拉港口与文莱国际机场的建成，更加速了文莱华人大量移居首都附近。

尽管文莱是一个以马来人为主的国家，在各个领域奉行马来人优先的政策，对外来群体和文化持排斥态度，但许多文莱华人在语言文化和宗教信仰乃至生活习俗等各个方面仍保持着自身的传统。在首都街头，到处都可见到中文招牌。在语言方面，华人十分重视华语的传播和运用，不仅用华语交流，而且积极发展华文教育。华人有自己的传统节日；保持自己传统的宗教信仰，如道教和佛教，供奉各自的传统神位。近年来，也有少数华人皈依伊斯兰教。

总体而言，比起东南亚一些国家，华人在文莱生活的社会环境比较宽松。当地马来人与华人一般相处融洽，每逢穆斯林开斋节或华人春节期间，都相互上门祝贺，互致问候。每年苏丹寿辰之际，也都有些华人社会名流受到苏丹的册封。

二　华人经济

文莱以石油、天然气为国家支柱经济，其他经济包括华人经济都是国家支柱经济的补充。二战前，文莱华人多从事商业和种植业。二战后，随着石油、天然气生产的迅速增长，推动了整个国民经济的发展，加上战后文莱政府对华人的政策较为宽松，华人可以和原居民一样经营各种行业（除石油业外）。在这种政策下，华人经济发展较为顺利，经济活动几乎遍及各行各业，主要以杂货业最多，大多是经营杂货的零售、批发、进出口及国外烟酒或大宗货物的代理。文莱华人几乎垄断了文莱所有的零售业。中西药业大部分由华人经营。此外，华人经营的食品、家用电器、车辆、水果、蔬菜、五金机械等销售业在当地市场也占有重要地位。华商还同新加坡、中国香港及台湾等地的厂商建立了业务网络。随着文莱的经济发展，商业行业出现了转向现代化大型超级市场发展的趋势，近年来，文莱首都新开设的现代化超级市场，其业主几乎都是华人。

工业是文莱华人经济中的重要行业，除炼油厂、液化气厂及大型橡胶厂外，70%以上的中小型工业多由华人经营，主要有锯木厂、碾米业、小型橡胶厂、食品加工业、家具制造以及工艺品制作等。20世纪80年代后期，文莱政府实施以实现经济多元化为目标的第五个国家发展计划（1986～1990），为华人经济发展开辟了新天地。华人经营的新行业涉及化工、电子、印刷等，特别是他们经营的化工业已占到文莱同行业的30%。机械、运输也是文莱华人经济的主项，与运输业相伴的车、船、电器维修行业几乎全为华人所包揽。目前，文莱华人经济已逐渐转向企业化、现代化和国际化方向发展，华人企业现代化的程度不断提高。近年来，文莱市政建设发展带动了建筑业的发展。华人从事的建筑企业就有20多家，占当地的90%。文莱一些较大的工程建设项目大多由华人承包完成。文莱华人在金融业方面虽然不占重要地位，但也有一定规模的发展，目前有多家华资银行、保险机构，占当地同类机构的50%。

农业是文莱华人经济的保留行业。直至50年代，文莱华人经营的农业仍以种植胡椒、橡胶和谷物为主。由于文莱土地资源有限，石油的开发又造成农田面积的缩减，劳动力的短缺也制约了文莱的农业发展。目前从事农业的华人以种植蔬菜、瓜果及饲养禽畜为主。此外，华人与日本人合资的渔业公司是文莱最大的海上捕捞企业，可满足国内市场60%的需要。

旅馆餐饮业是文莱华人经济的传统行业。随着文莱经济的发展，华人从事的这一传统行业也日趋兴旺，并吸引了一些香港资本和业内人士前往投资经营。由于文莱政府十分注重社会福利，而马来民族又不愿从事服务性行业，这使文莱的旅馆餐饮业几乎成为华人的垄断行业。华人经营的餐馆已有几十家，其中华人德源集团下属的喜来登饭店是文莱一家老牌的五星级酒店。

总的来说，由于文莱政府长期以来实行马来人优先的经济政策，在很大程度上限制了华人经济的发展。加上文莱市场狭小、产业结构单一等因素不利于华人经济的扩展，一些华人移居他国。华人经济在文莱经济中所占比例不大，远不如新加坡、马来西亚、菲律宾、印尼等国华人的经济实力强大，文莱华人中很少有殷商巨富。早期在文莱定居的华人多数都有较好的经济基础和产业。1996 年被苏丹封为天猛公的文莱华人领袖林德甫和达图·王金纪可算是文莱华人中实力较为雄厚的两个家族业主（林、王两位华人领袖已于 1997 年和 2000 年相继故去），资产估计达 1 亿文元左右（约合 7000 万美元）。还有一些华人富商，实力不小，但隐名埋姓，不愿抛头露面。

三　华文教育

文莱华人开办华文学校的历史较早，现有的文莱华校开办于 1918 年。1922 年创办华人中学，二战后已初具规模。50 年代是文莱华文教育的鼎盛时期，华校一度发展到 126 所。文莱现有的华校大都创办于此时，一些较早创办的华文小学也陆续于此时开办初中部和高中部。

英国殖民政府对华文教育的政策是允许其合法存在，给予部分资助，但逐步加强管理和同化。从 1956 年开始，政府规定给华文学校津贴的最高额，以学校年经费的半数为限。1969 年 8 月 20 日，文莱政府宣布停止对华校的资助，这使部分华校停办或陷入困境。此后，华校只有依靠由一些热衷于华文教育的华人组成学校董事会集资来维持。

文莱独立后，于 1984 年 2 月颁布新的教育政策，加快了华文学校的同化进程。规定华文小学除须以马来语（国语）和英语为必修课外，仍可用华语作主要教学媒介语。但华文中学大部分课程须以英语为教学媒介语，只有汉语课才能用华语教学，而且马来语也是华文中学的必修课。规定华校高中毕业生必须参加全国高中毕业统一考试（须考马来文），统考及格，政府才承认其毕业成绩，方可报考国立大学。从90年代开始，文莱政府在所有私立学校（包括华文学校）中推行马来语和英语的双语教育。这些都对华文学校产生很大的影响。

文莱华校的中文教师主要由文莱留学中国台湾地区的毕业生和马来西亚的华人担任，也有少量印度籍与菲律宾籍教员，使用的教材大部分也由中国台湾地区提供（现主要采用新加坡和马来西亚的华文教材）。华人子女高中毕业后，大部分都到英国、澳大利亚等西方国家或到新加坡和中国台湾地区接受高等教育，以取得学位。具有文莱籍的华人子女出国留学可享受政府津贴。因此，文莱青年华人的文化水平较高，而且不少人学有所成。

目前，文莱有华文学校8所，其中中学3所，小学5所。华文中学设有高中部、初中部、小学部和幼儿部。华文小学也设有幼儿园。学制一般实行幼儿园3年、小学6年、初中3年、高中2年。华校现有学生7000多人，教职员工近400人。因为教学质量较好，管理有序，也吸引当地一些马来人把子女送到华文学校上学。各华人社团在促进华语教学与华人子女教育方面都不同程度地有所贡献，每年一般都要向本社团属下的品学兼优的子女发放奖学金。文莱主要华校有文莱中华中学、白拉奕中华中学、诗里亚中正中学。

四 华人社团

旅居海外的华人都有建立会馆和社团的传统，以“联络乡谊、互相帮助”，文莱华人也是如此。1984年文莱独立后，政府允许华人社团存在。目前文莱大约有40个社团，每个社团会员多的达三四百人，甚至上千人，少则几十人。有的社团人员相互交叉，也有一人参加几个社团的。因文莱华人人数少和文莱政治体制的关系，文莱不存在宗亲会与姓氏社团，也从未有过政治团体和政党。现有社团主要分地缘、业缘、宗教、福利与互助、文化与娱乐及面向全体华人的社团6类。这些社团都是在自愿参加的基础上组织起来的，会员以部分时间参与会务，是独立于政府之外、非营利性的组织。

华人社团的宗旨主要是联络乡情，为同乡谋取福利，增进团结，发扬互助。一般社团每年都要举行几次大的活动，如周年庆典、新年与春节晚会等。此外，华人社团对文莱政府所主办的活动，如每年苏丹的寿辰和文莱国庆庆典，都积极出资与出力。目前，文莱主要华人社团有：斯里巴加湾市中华商会、马诗华人机器公会、文莱福建会馆、文莱海南会馆、文莱客属公会、文莱群声音乐社、文莱广惠肇公会、文莱留台同学会。

大事纪年

早期

公元前	尼亚比（Niab）洞窟发掘的头颅骨证明，3500 年前就有土著人生活在文莱一带。公元前时期属来人移居此地。中国史书称文莱为“婆利”、“婆罗”、“婆泥”、“佛泥”和“渤泥”，明朝后期改称为“文莱”或“汶莱”。
14 世纪中叶	文莱国王阿旺·阿克拉·贝塔塔尔与马六甲一位穆斯林公主结婚后皈依伊斯兰教，成为文莱一世苏丹（1363～1402），建立起了苏丹国。二世苏丹的女儿与阿拉伯人沙里夫·阿里结婚。沙里夫接任三世苏丹（1425～1432）后，大力传播伊斯兰教，取文莱全名为“文莱达鲁萨兰国”，意为“和平之邦”。
15 世纪	文莱五世苏丹博尔基亚（1485～1524）时期，文莱国力达到鼎盛时期。苏丹曾多次派军远征加里曼丹岛东海岸、爪哇、马六甲和吕宋等地，控制了包括沙巴和沙捞越在内的大部分地区。
16 世纪初	西方探险者开始抵达文莱。1571 年，西班牙人占领菲律宾后，曾两次进攻文莱，但未能站住脚。此后，西班牙人和葡萄牙人多次企图侵入文莱，但都无法对

文莱进行有效控制。后因欧洲人的袭扰和国内的互相倾轧，文莱国力日渐衰败。

英国殖民地时代

1841 年　文莱将沙捞越割让给英国人詹姆斯·布鲁克（James Brooke）。

1846 年　文莱将纳闽岛割让给英国。

1847 年　英国与文莱签订关于加强商业关系和联手围剿海盗活动的条约。同年，布鲁克迫使文莱苏丹同他签订一项不平等的《英国文莱友好通商条约》，使文莱变为受英国支配的半殖民地。

1848 年　文莱将婆罗洲北部割让给英国商业辛迪加（British Commercial Syndicate）。

1888 年　英国同文莱签订“保护协定”，规定文莱接受英国的保护，文莱苏丹继续行使其国内统治权，但英国享有苏丹王位继承决定权和文莱外交权。从此，文莱沦为英国的保护国。

1906 年　英国又同文莱签订“补充协定”，开始向文莱派遣常驻专员，掌握文莱的全部实权，只留宗教和习俗事务由苏丹负责。

1913 年　文莱开始勘探石油。

1929 年　诗里亚（Seria）发现石油。

1941 年　文莱被日本占领，日本对文莱的自然资源进行了疯狂掠夺，给文莱经济和人民生活造成严重灾难。各行各业遭到严重破坏，交通瘫痪，粮食极度匮乏，贸易萧条，石油开采几乎完全陷于停顿。同年，文莱出现新的政府形式，包括成立国家理事会。

1945 年　日本投降，英国恢复对文莱的管制。此后文莱经济得到一定恢复，石油产量也逐年稳步增长。随着经济的

	发展，民族民主运动逐步兴起，文莱人民要求摆脱英国的殖民统治，重新恢复文莱的国家主权和民族尊严。
1959 年	9 月 29 日，文莱第一部成文宪法诞生。文莱与英国签订协定，规定英国给予文莱自治，英国保留其对文莱国防、治安和外交事务的管辖权。
1961 年	5 月 31 日，文莱马来兵团成立。
1962 年	文莱人民党起义流产。
1967 年	6 月 12 日，文莱发行自己的货币。10 月 4 日，二十八世苏丹奥玛尔·阿里·赛义夫汀自动退位。10 月 5 日，二十九世苏丹哈桑纳尔·博尔基亚登基继位。
1968 年	8 月 1 日，二十九世苏丹加冕典礼。
1970 年	10 月 4 日，国家首都文莱城被立名为斯里巴加湾市（Bandar Seri Begawan）。
1971 年	11 月 23 日，1959 年订立的宪法根据新的形势进行了修改。文莱与英国重新签约，收回除外交和国防外的内部自治权。
1973 年	4 月 4 日，世界最大的液化天然气厂正式启用。
1975 年	5 月 14 日，文莱皇家航空公司开业。
1979 年	1 月 7 日，文莱和英国签订友好与合作条约，规定文莱于 1983 年 12 月独立。
1981 年	文莱苏丹将现今的沙巴领土授予英国北婆罗洲渣打公司，致使文莱仅保留目前的领土。

完全独立时代

1983 年	12 月 31 日午夜后，文莱恢复其国际责任，成为一个完全独立的主权国家。
1984 年	1 月 7 日，文莱加入东南亚国家联盟。1 月 16 日，文莱成为伊斯兰会议组织成员。2 月 23 曰，文莱庆祝

	第一个国庆日。9 月 21 曰，文莱成为联合国第 159 个成员国。
1986 年	9 月 7 日，第二十八世苏丹逝世。
1989 年	7 月 30 日至 8 月 3 日，举行阿尔穆塔迪·比拉王子成人仪式。
1992 年	10 月 5 日，二十九世苏丹登基二十五周年。同年，文莱加入不结盟运动（Non – Aligned Movements）。
1998 年	8 月 10 日，比拉王子被正式册立为文莱王储，成为王位的合法继承人。
2000 年	11 月 16～17 日，文莱主办 APEC 第八次领导人非正式会议。
2001 年	11 月 5～6 日，文莱举办第七届东盟领导人会议。
2004 年	7 月 15 日，文莱苏丹在他 58 岁华诞时，通过全国广播宣布重开立法委员会的决定。同年 9 月，立法会在中止 20 年后恢复运作。
2004 年	9 月 9 日，比拉王储成婚大典，迎娶平民出身少女萨拉·萨莱赫。
2005 年	5 月，文莱苏丹大幅改组内阁。
2007 年	1 月 17 日，文莱成为国际劳工组织第 180 个成员国。
2008 年	1 月 20 日，文莱首相署经济计划和发展局发布了《文莱长期发展规划》（又称《2035 年宏愿》）。
2013 年	4 月 24～25 日，文莱举办第 22 届东盟领导人会议。
2013 年	10 月 9～10 日，文莱举办第 23 届东盟领导人会议和第 8 届东亚峰会。

资料来源：刘新生、潘正秀：《和平之邦　汶莱》，香港城市大学出版社，2004。（部分条目内容系作者根据文莱驻华大使馆提供的资料补充）

参考文献

一　中文文献

郭渊：《2012～2013 年文莱南海油气开采及南海政策》，《新东方》2013 年第 3 期。

黄云静：《伊斯兰教与当代文莱政治发展》，《当代亚太》2007 年第 4 期。

季士家：《中国文莱交往史考略》，《史学月刊》1987 年第 2 期。

鞠海龙：《文莱海洋安全政策与实践》，《世界经济与政治论坛》2011 年第 5 期。

李杰、徐松涛：《周边国家海军巡礼之二：超微舰队——文莱海军》，《水兵》1994 年第 4 期。

廖小健：《文莱政府的华侨华人政策》，《东南亚研究》1996 年第 6 期。

刘新生主编《中国与文莱关系史料汇编》，世界知识出版社，2006。

罗满秀、汤希：《论中国与文莱关系特点及前景》，《长春工程学院学报》2009 年第 2 期。

骆永昆：《文莱的南海政策》，《国际资料信息》2012 年第 9 期。

马金案、黄斗主编《文莱国情与中国－文莱关系》，世界知识出版社，2008。

马金案：《文莱：政局稳定经济持续发展》，《东南亚纵横》2004 年第 3 期。

马静、马金案：《文莱：2005～2013年回顾与展望》（系列），《东南亚纵横》，2005～2013。

彭运锋：《文莱教育简介》，《基础教育研究》2008年第7期。

阮一凡编译《“袖珍之国”的防御——文莱出台首部〈防御白皮书〉》，《环球军事》2005年第3期。

王青：《历代中国与文莱的友好交往》，《东南亚》1998年第2期。

邵波：《试析文莱对外关系的特点》，《东南亚纵横》2010年第12期。

邵建平、杨祥章编著《文莱概论》，世界图书出版公司，2012。

〔苏联〕拉·维·叶法诺娃：《文莱：历史、经济和现状》，中山大学东南亚历史研究室译，商务印书馆，1978。

孙德安：《文莱华教之现状》，《暨南大学华文学院学报》2003年第4期。

孙佳梅：《宋代至清末中国和文莱关系研究》，海南师范大学硕士学位论文，2013。

万晓宏：《文莱华人现状分析》，《东南亚研究》2004年第5期。

汪诗明：《论文莱的民族独立进程》，《东南亚之窗》2008年第3期。

汪诗明：《论文莱多元经济发展之路》，《东南亚研究》2004年第5期。

汪诗明、王艳芬：《论文莱独特的君主政体》，《东南亚研究》2006年第1期。

王青：《历代中国与文莱的友好交往》，《东南亚》1998年第2期。

王云娇：《对文莱能长期保持政治社会稳定的几点看法》，《东南亚纵横》2005年第5期。

王志和、徐卫东：《文莱达鲁萨兰国立宪运动及其特点》，《当代法学》1993年4月。

吴崇伯：《文莱的华侨、华人经济》，《华侨华人历史研究》1994年第3期。

杨新华、杨建华编著《浡泥王墓探源》，南京大学出版社，2002。

〔英〕赫尔大学 A. V. 霍顿：《英国对文莱的管理》（1906～1959），《南洋资料译丛》1989 年第 1 期。

俞亚克、黄敏编著《当代文莱》，四川人民出版社，1994。

张学刚：《文莱民族宗教概况》，《国际资料信息》2003 年第 12 期。

中华人民共和国外交部政策研究室主编《中国外交》，世界知识出版社，2004～2014。

庄国土：《马来化、伊斯兰化和君主制度下文莱华人的社会地位》，《东南亚研究》2003 年第 5 期。

二 英文文献

A. J. Stockwell, "Britain and Brunei, 1945 - 1963: Imperial Retreat and Royal Ascendancy", *Modern Asian Studies*, Vol. 38, No. 4, Oct., 2004.

B. A. Hussainmiya, *Sultan Omar Ali Saifuddien Ⅲ and Britain—The Making of Brunei Darussalam*, Oxford University Press, 1995.

B. A. Hussainmiya, *The Brunei Constitution of 1959*, *An Inside History*, 2nd Edition.

Borneo Bulletin: *Brunei Yearbook* (2005 - 2013).

Brunei, *Country Profile 2003*, The Economist Intelligence Unit Limited, 2003.

Brunei Darussalam in Brief, the 7th Edition, Published by the Information Department, Prime Minister's Office.

Brunei Darussalam in Profile, Revised Edition 1992, Printed by the Government Printing Department in the Ministry of Law, Brunei Darussalam.

Brunei Darussalam INVESTMENT GUIDE, Published by Ministry of Industry & Primary Resources, March 2002.

Directory of Women's Organizations of Brunei Darussalam, Women's Unit, Social Affairs Division in the Ministry of Culture, Youth & Sports of Brunei Darussalam, 1991.

Eighth National Development 2001 - 2005, Printed by the Government

Printing Department of Brunei Darussalam.

Haji Zaini Haji Ahmad, the People's Party of Brunei, Selected Documents, the Institute of Social Analysis, 1987.

Hj Md. Yusop Hj Damit, "Brunei Darussalam: Steady Ahead", *Southeast Asian Affairs*, Volume 2004.

Hj Mohd Yusop Hj Damit, "Brunei Darussalam: Towards a New Era", *Southeast Asian Affairs*, Volume 2007.

Lord Chalfont, *By God's Will —A Portrait of the Sultan of Brunei*, George Weidenfeld & Nicolson Limited, 1989.

Oleynik, Igor S., and Alexander Natasha, *Brunei Foreign Policy & Government Guide*, International Business Publications, USA, 2003.

Pushpa Thambipillai, "Brunei Darussalam and ASEAN: Regionalism for a Small State", *Asian Journal of Political Science*, Volume 6, Number 1, 1998.

Pushpa Thambipillai, "Brunei Darussalam: Making a Concerted Effort", *Southeast Asian Affairs*, Volume 2008.

Seventh National Development 1996 - 2000, Printed by the Government Printing Department in the Ministry of Law, Brunei Darussalam.

Simon Francis, "Brunei Darussalam: Stresses and Uncertainty 50 Years on from the 1959 Agreement with Britain", *Asian Affairs*, Vol. XI, No. II, July 2009.

Social Customs & Courtesies of Brunei Darussalam, Published by the Information Department of the Prime Minister's Office of Brunei Darussalam, 1996.

三　主要网站

文莱国防部网站　http://www.mindef.gov.bn/

文莱首相府网站　http://www.pmo.gov.bn/

文莱外交部网站　http://www.mofat.gov.bn/

中华人民共和国商务部网站　http://www.mofcom.gov.cn/

中华人民共和国外交部网站　http://www.fmprc.gov.cn/

中华人民共和国驻文莱大使馆（及经商处）网站　http://bn.chineseembassy.org/

中华人民共和国驻文莱大使馆经商处网站　http://bn.mofcom.gov.cn/

索 引

M

S

W

X

Y

后　记

应中国社会科学院科研局和社会科学文献出版社之邀，我们对2005年5月出版的《列国志·文莱》进行了修订。

此次修订除更新数据、增补最新情况之外，还从章节设置、行文逻辑、语言文字等方面对书稿做了进一步的打磨，对旧有内容做了进一步的精简，以力求提高书稿质量。

本修订版一共分为八章，系统介绍了文莱的自然地理、民族宗教、历史、政治、经济、社会、军事、文化、外交等方面内容。其中，刘新生负责全书框架的拟定，并修改了第一、二、三、四章；潘正秀修改了第五、六、七、八章。

在本书修订过程中，我们得到了文莱驻华大使馆相关官员的大力协助和社会科学文献出版社人文分社总编辑张晓莉女士的宝贵指导。特别是中国驻文莱大使杨健女士和文莱驻华大使张慈祥女士在百忙之中为此书作了序。与此同时，我们还大量参考和借鉴了前人的研究成果，在此一并致以最诚挚的感谢！

由于编者水平有限，不妥和错误之处在所难免，恳请学术界各位专家和广大读者不吝批评指正。

编著者

二〇一五年一月

新版《列国志》总书目

亚洲

阿富汗
阿拉伯联合酋长国
阿曼
阿塞拜疆
巴基斯坦
巴勒斯坦
巴林
不丹
朝鲜
东帝汶
菲律宾
格鲁吉亚
哈萨克斯坦
韩国
吉尔吉斯斯坦
柬埔寨
卡塔尔
科威特
老挝
黎巴嫩
马尔代夫
马来西亚
蒙古
孟加拉国
缅甸
尼泊尔
日本
塞浦路斯
沙特阿拉伯
斯里兰卡
塔吉克斯坦
泰国
土耳其
土库曼斯坦
文莱
乌兹别克斯坦
新加坡
叙利亚
亚美尼亚
也门
伊拉克
伊朗
以色列
印度
印度尼西亚
约旦

越南

非洲

阿尔及利亚
埃及
埃塞俄比亚
安哥拉
贝宁
博茨瓦纳
布基纳法索
布隆迪
赤道几内亚
多哥
厄立特里亚
佛得角
冈比亚
刚果共和国
刚果民主共和国
吉布提
几内亚
几内亚比绍
加纳
加蓬
津巴布韦
喀麦隆
科摩罗
科特迪瓦
肯尼亚
莱索托
利比里亚
利比亚
卢旺达
马达加斯加
马拉维
马里
毛里求斯
毛里塔尼亚
摩洛哥
莫桑比克
纳米比亚
南非
南苏丹
尼日尔
尼日利亚
塞拉利昂
塞内加尔
塞舌尔
圣多美和普林西比
斯威士兰
苏丹
索马里
坦桑尼亚
突尼斯
乌干达
西撒哈拉
赞比亚
乍得
中非

欧洲

阿尔巴尼亚
爱尔兰

爱沙尼亚
安道尔
奥地利
白俄罗斯
保加利亚
比利时
冰岛
波黑
波兰
丹麦
德国
俄罗斯
法国
梵蒂冈
芬兰
荷兰
黑山
捷克
克罗地亚
拉脱维亚
立陶宛
列支敦士登
卢森堡
罗马尼亚
马耳他
马其顿
摩尔多瓦
摩纳哥
挪威
葡萄牙
瑞典
瑞士
塞尔维亚
圣马力诺
斯洛伐克
斯洛文尼亚
乌克兰
西班牙
希腊
匈牙利
意大利
英国

美洲

阿根廷
安提瓜和巴布达
巴巴多斯
巴哈马
巴拉圭
巴拿马
巴西
玻利维亚
伯利兹
多米尼加
多米尼克
厄瓜多尔
哥伦比亚
哥斯达黎加
格林纳达
古巴
圭亚那
海地
洪都拉斯
加拿大
美国
秘鲁

墨西哥
尼加拉瓜
萨尔瓦多
圣基茨和尼维斯
圣卢西亚
圣文森特和格林纳丁斯
苏里南
特立尼达和多巴哥
危地马拉
委内瑞拉
乌拉圭
牙买加
智利

大洋洲

澳大利亚
巴布亚新几内亚
斐济
基里巴斯
库克群岛
马绍尔群岛
密克罗尼西亚
瑙鲁
纽埃
帕劳
萨摩亚
所罗门群岛
汤加
图瓦卢
瓦努阿图
新西兰

图书在版编目(CIP)数据

文莱/刘新生，潘正秀编著. -2版. —北京：社会科学文献出版社，2015.12
(列国志：新版)
ISBN 978-7-5097-7287-4

Ⅰ. ①文… Ⅱ. ①刘… ②潘… Ⅲ. ①文莱-概况 Ⅳ. ①K934.4

中国版本图书馆CIP数据核字(2015)第058730号

·列国志(新版)·
文莱(Brunei)

编　著 / 刘新生　潘正秀

出 版 人 / 谢寿光
项目统筹 / 张晓莉
责任编辑 / 张晓莉　叶　娟

出　版 / 社会科学文献出版社·人文分社(010)59367215
地址：北京市北三环中路甲29号院华龙大厦　邮编：100029
网址：www.ssap.com.cn
发　行 / 市场营销中心(010)59367081　59367090
读者服务中心(010)59367028
印　装 / 三河市尚艺印装有限公司

规　格 / 开　本：787mm×1092mm　1/16
印　张：19.5　插　页：1　字　数：286千字
版　次 / 2015年12月第2版　2015年12月第1次印刷
书　号 / ISBN 978-7-5097-7287-4
定　价 / 69.00元